职业教育“十四五”规划教材
职业教育课程改革规划创新教材

U0809405

# 小企业财务会计

张　卿　闫雅雯　孙富秀　主　编

中国石化出版社
HTTP://WWW.SINOPEC-PRESS.COM
中国经济出版社
CHINA ECONOMIC PUBLISHING HOUSE
·北　京·

**内 容 提 要**

本书面向职业教育会计类专业学生的培养目标和小企业会计实务的实际需要，根据《小企业会计准则》编写而成，精简了不必要的理论阐述和在小企业中不常发生的经济业务的内容，更贴近企业实际。每项经济业务均给出了仿真的原始凭证，实现了教学与实际工作的零距离对接，做到了理论实践一体化。内容以工业会计为主，还包括商业、服务业、运输业、建筑业、房地产开发业、物业管理业会计的内容，可满足学习各类企业会计核算方法的需要。第十二章至第十八章也可作为选学内容。

本书既可作为高职、中职会计教材，也适用于应用型本科院校，还可作为企业会计人员业务学习和继续教育学习用书。

**图书在版编目（CIP）数据**

小企业财务会计 / 张卿，闫雅雯，孙富秀主编．北京：中国石化出版社，2025. 7. -- ISBN 978-7-5114-8012-5

Ⅰ. F276.3

中国国家版本馆 CIP 数据核字第 2025UW8720 号



**中国石化出版社出版发行**

地址：北京市东城区安定门外大街 58 号

邮编：100011　电话：（010）57512500

发行部电话：（010）57512575

http://www.sinopec-press.com

E-mail：press@sinopec.com

宝蕾元仁浩（天津）印刷有限公司印刷

全国各地新华书店经销

*

787 毫米 ×1092 毫米 16 开本 18.5 印张 421 千字

2025 年 7 月第 1 版　2025 年 7 月第 1 次印刷

定价：58.00 元

# 《小企业财务会计》

## 编委会

# 前言

PREFACE

本教材按照职业教育会计类专业的教学要求编写而成。职业教育会计类专业的培养目标定位为小企业会计人员。据国家有关资料统计，我国小企业占企业总数的95%以上，小企业一般不对外发行股票、债券，无须向公众公开财务报告，因此，小企业无须采用适用大中型企业的《企业会计准则》。小企业外部对其会计信息一般没有需求，小企业的会计信息主要提供给企业内部管理者、税务机关及贷款银行。

基于上述情况，职业教育会计类专业的会计教材，应当以小企业的需要为依据，不应追求内容的大而全，不必按照《企业会计准则》的内容编写，而应以必需、够用为原则，本书就是根据这一指导思想编写的。其中会计处理方法只涉及常用的和适用于小企业的方法，不涉及小企业不需要用且难度较大的方法，以使学生学得懂、用得上。

由于小企业的会计信息对外主要提供给税务机关，因此，本教材中的会计处理方法按照税法的规定进行编写，避免会计处理与税法规定不一致而导致复杂的纳税调整。本教材以《小企业会计准则》和税收法规为依据，同时根据小企业会计业务的实际需要编写，融入了作者会计工作中的实践经验，注重实用性。每项经济业务均提供或注明了原始凭证，实现教学与实际工作的零距离对接，做到了理论实践一体化，使学生能学以致用。本教材还包括工业之外常用的商业、服务业、运输业、建筑业、房地产开发业、物业管理业会计的内容，使学生能够适应各类企业的会计工作。为加强技能训练，每章后均附有仿真式训练题。

本书致力于职业院校会计课程教学改革，若有不妥之处，希望同行提出宝贵意见，以便不断完善。

编　者

# 目　录

CONTENTS

# 第一章

## 资金筹集业务的核算

会计从业人员应当爱岗敬业，做到以下要求：热爱会计工作，敬重会计职业；严肃认真，一丝不苟；忠于职守，尽职尽责。

小企业筹集资金的类型，包括权益资金和负债资金两种。权益资金筹集主要是资本金筹集；负债资金筹集主要是银行借款，另外还有民间借款。

# 第一节　资本金筹集业务的账务处理

## 一、企业设立时的注册资本筹集

公司设立，应筹集注册资本。注册资本由股东出资缴付，股东以出资比例分享股利和行使表决权。股东的出资形式，可以是货币，也可以是实物（如房屋、生产设备等）和无形资产（如专利技术、土地使用权等）。

### （一）接受股东货币出资

接受股东货币出资的账务处理方法为：

借：银行存款

　　贷：实收资本——股东名称

【例 1–1】永兴机械有限责任公司设立时，股东李兴华出资 100 000 元，已转入公司银行账户。

原始凭证如图 1–1、图 1–2 所示。

账务处理如下：

借：银行存款　　100 000

　　贷：实收资本——李兴华　　100 000

**收 款 收 据**

20××年　1 月　21　日　　　　编号：1

| | | | | | | | | | |
|---|---|---|---|---|---|---|---|---|---|
| 交款人（单位） | 李兴华 | | | | | | | | |
| 摘　　要 | 股份出资 | | | | | | | | |
| 金额（大写） | 壹拾万元整 | 十 | 万 | 千 | 百 | 十 | 元 | 角 | 分 |
| | | 1 | 0 | 0 | 0 | 0 | 0 | 0 | 0 |

主管　　　　会计　　　　出纳　赵利　　　　制票　张娟

图 1–1　收款收据

**中国工商银行**（网上银行电子回单）

电子回单号码：1111-1100-2354-1221

<table>
<tr><td rowspan="3">付款人</td><td>户　名</td><td>李兴华</td><td rowspan="3">收款人</td><td>户　名</td><td colspan="2">永兴机械有限责任公司</td></tr>
<tr><td>账　号</td><td>6222612546120000</td><td>账　号</td><td colspan="2">1010147886809200119</td></tr>
<tr><td>开户银行</td><td></td><td>开户银行</td><td colspan="2">工行人民路支行</td></tr>
<tr><td>金　额</td><td colspan="6">壹拾万元整　　小写 100 000.00</td></tr>
<tr><td>摘　要</td><td colspan="2">股份出资</td><td colspan="2">业务（产品）种类</td><td colspan="2"></td></tr>
<tr><td>用　途</td><td colspan="6"></td></tr>
<tr><td>交易流水号</td><td colspan="2">23412</td><td colspan="2">时间</td><td colspan="2">20××-01-21</td></tr>
<tr><td rowspan="2">中国工商银行 长安路支行 转讫</td><td colspan="6">备注：</td></tr>
<tr><td colspan="6">验证码：</td></tr>
<tr><td>记账网点</td><td></td><td>记账柜员</td><td></td><td>记账日期</td><td colspan="2">20××-01-21</td></tr>
</table>

打印日期：20×× -01-21

**图 1–2　网上银行电子回单**

## （二）接受股东实物出资

接受股东实物（通常为房屋、设备）出资，应按照出资协议确认的价值作为出资额，由出资方开具增值税专用发票，取得的固定资产以发票价款金额和支付的相关税费（如受让房产契税、产权转移书据印花税、房屋产权过户费等）作为其入账价值，根据出资协议书、增值税专用发票和支付或应交相关税费的凭证，其账务处理方法为：

借：固定资产——名称（发票价款金额 + 相关税费）

　　应交税费——应交增值税（进项税额）

　　贷：实收资本——股东名称（发票价税合计，即协议价值）

　　　　银行存款或应交税费（支付或应交的相关税费）

【例 1–2】大明机械厂以 5 台机床出资，公司出资协议确认 5 台机床的价值为 67 800 元，大明机械厂开具了增值税专用发票，发票金额 60 000 元，增值税 7 800 元。

原始凭证如图 1–3~ 图 1–5 所示。

**出资协议书**

经协商一致，大明机械厂以伍台机床折价陆万柒仟捌佰元（67 800 元）向永兴机械有限责任公司出资，从 20××年9月 1 日起成为公司股东，占有公司股份陆万柒仟捌佰元，按《公司法》享有股东的一切权利义务。

公司法人代表：王振华

出资人：大明机械厂

20××年 9 月 1 日

**图 1–3　出资协议书**

**出资财产交接清单**

CA6140A 车床　3 台
TPX6111B 镗床　1 台
Z3025 钻床　　1 台

交付人：赵平
接收人：张成
交接日期：20××.9.1.

图 1–4　出资财产交接清单

动态二维码

**电子发票（增值税专用发票）**

发票号码：24612000000103674906
开票日期：20××年9月1日

| | |
|---|---|
| 购买方信息　名称：永兴机械有限责任公司<br>统一社会信用代码/纳税人识别号：91610402MA6XT10888 | 销售方信息　名称：大明机械厂<br>统一社会信用代码/纳税人识别号：91610552MAB0W6NW69 |

| 项目名称 | 规格型号 | 单位 | 数量 | 单价 | 金额 | 税率/征收率 | 税额 |
|---|---|---|---|---|---|---|---|
| *机床*机床 | | 件 | 5 | 12 000.00 | 60 000.00 | 13% | 7 800.00 |
| 合　计 | | | | | ¥60 000.00 | | ¥7 800.00 |
| 价税合计（大写） | ⊗陆万柒仟捌佰元整 | | | | （小写）¥67 800.00 | | |
| 备注 | | | | | | | |

开票人：××

图 1–5　电子发票

账务处理为：

借：固定资产——机床　　60 000
　　应交税费——应交增值税（进项税额）　　7 800
　　贷：实收资本——大明机械厂　　67 800

## （三）接受股东无形资产出资

股东以无形资产出资，一般为以专利技术或专有技术、土地使用权等作价入股，作价按出资协议确认的价值为准。由出资方开具增值税专用发票，取得的无形资产以发票价款金额和支付的相关税费（如受让土地使用权契税、产权转移书据印花税、产权过户费等）作为其入账价值，根据出资协议书、增值税专用发票和支付或应交相关税费的凭证，账务处理方法为：

借：无形资产——专利（专有）技术或土地使用权（发票价款金额 + 相关税费）

应交税费——应交增值税（进项税额）

贷：实收资本——股东名称（发票价税合计，即协议价值）

银行存款或应交税费（支付或应交的相关税费）

【例 1–3】智能设备研究所以一项专利技术出资，公司出资协议确认的价值为 106 000 元，智能设备研究所开具了增值税专用发票，发票金额 100 000 元，增值税 6 000 元。缴纳专利权产权转移书据印花税 50 元，另支付专利权转让手续费 200 元。

原始凭证如图 1–6~ 图 1–9 所示。

**出资协议书**

经协商一致，智能设备研究所以（201012 号）新产品设计专利作价壹拾万零陆仟元（106 000 元）向永兴机械有限责任公司出资，从 20××年 5 月 1 日起成为公司股东，占有公司股份壹拾万零陆仟元，按《公司法》享有股东的一切权利义务。

公司法人代表：王振华

出资人：智能设备研究所

20××年 5 月 1 日

图 1–6 出资协议书

动态二维码

**电子发票（增值税专用发票）** 发票号码：24612000000103674306

开票日期：20×× 年5月5日

| | |
|---|---|
| 购买方信息 名称：永兴机械有限责任公司<br>统一社会信用代码/纳税人识别号：91610402MA6XT10888 | 销售方信息 名称：智能设备研究所<br>统一社会信用代码/纳税人识别号：91610112MAB0W6NW69 |

| 项目名称 | 规格型号 | 单位 | 数量 | 单价 | 金额 | 税率/征收率 | 税额 |
|---|---|---|---|---|---|---|---|
| *无形资产*专利技术 | | 件 | 1 | 100 000.00 | 100 000.00 | 6% | 6 000.00 |
| 合计 | | | | | ¥100 000.00 | | ¥6 000.00 |
| 价税合计（大写） | ⊗壹拾万零陆仟元整 | | | （小写）¥106 000.00 | | | |
| 备注 | | | | | | | |

开票人：××

图 1–7 电子发票

**中国工商银行**（网上银行电子回单）

电子回单号码：1111-1100-2354-2339

| | | | | | |
|---|---|---|---|---|---|
| 付款人 | 户　名 | 永兴机械有限责任公司 | 收款人 | 户　名 | 国库长安路支库 |
| | 账　号 | 1010147886809200119 | | 账　号 | 21371859091002 |
| | 开户银行 | 工行人民路支行 | | 开户银行 | |
| 金　额 | 伍拾元整　　小写 50.00 | | | | |
| 摘　要 | 缴纳专利权转让印花税 | | 业务（产品）种类 | | |
| 用　途 | | | | | |
| 交易流水号 | 12655 | | 时　间 | 20××-05-10 | |
| 中国工商银行 长安路支行 转讫 | 备注： | | | | |
| | 验证码： | | | | |
| 记账网点 | | 记账柜员 | | 记账日期 | 20××-05-10 |

打印日期：20××-05-10

图 1-8　网上银行电子回单（一）

**中国工商银行**（网上银行电子回单）

电子回单号码：1111-1100-2354-3340

| | | | | | |
|---|---|---|---|---|---|
| 付款人 | 户　名 | 永兴机械有限责任公司 | 收款人 | 户　名 | 陕西省知识产权局 |
| | 账　号 | 1010147886809200119 | | 账　号 | 21371859091008 |
| | 开户银行 | 工行人民路支行 | | 开户银行 | |
| 金　额 | 贰佰元整　　小写 200.00 | | | | |
| 摘　要 | 专利权转让手续费 | | 业务（产品）种类 | | |
| 用　途 | | | | | |
| 交易流水号 | 12666 | | 时　间 | 20××-05-10 | |
| 中国工商银行 长安路支行 转讫 | 备注： | | | | |
| | 验证码： | | | | |
| 记账网点 | | 记账柜员 | | 记账日期 | 20××-05-10 |

打印日期：20××-05-10

图 1-9　网上银行电子回单（二）

账务处理为：

借：无形资产——专利技术　　100 250

　　应交税费——应交增值税（进项税额）　　6 000

　　贷：实收资本——智能设备研究所　　106 000

　　　　银行存款　　250

## 二、增加实收资本

公司设立后，随着规模不断扩大，可能会增加注册资本，吸收新的股东出资。由于公司经过多年经营，积累了一定的盈余公积，新股东加入后要与老股东同股同权，必须缴纳较多的股金，才能享受公司以前的积累。因此，新股东的出资额会大于其在公司享有的股份金额，两者差额计入资本公积。账务处理方法为：

借：银行存款或无形资产等

　　贷：实收资本——新股东名称

　　　　资本公积

【例 1-4】本公司因扩大经营规模，吸收新股东周明货币出资 150 000 元，按投资协议，周明享有公司的股份为 100 000 元，出资已转入本公司的银行账户。

原始凭证如图 1-10~ 图 1-12 所示。

**收 款 收 据**

20××年　8 月　21 日　　　　　编号：1

| 交款人（单位） | 周明 | | | | | | | | |
|---|---|---|---|---|---|---|---|---|---|
| 摘　　要 | 股份出资 | | | | | | | | |
| 金额（大写） | 壹拾伍万元整 | 十 | 万 | 千 | 百 | 十 | 元 | 角 | 分 |
| | | 1 | 5 | 0 | 0 | 0 | 0 | 0 | 0 |

主管　　　　会计　　　　出纳　赵利　　　　制票　张娟

图 1-10　收款收据

**中国工商银行**（网上银行电子回单）

电子回单号码：1111-1100-2354-1222

| 付款人 | 户　名 | 周明 | 收款人 | 户　名 | 永兴机械有限责任公司 |
|---|---|---|---|---|---|
| | 账　号 | 6222612546120022 | | 账　号 | 1010147886809200119 |
| | 开户银行 | | | 开 户 银 行 | 工行人民路支行 |
| 金　额 | 壹拾伍万元整　　小写 150 000.00 | | | | |
| 摘　要 | 股份出资 | | 业务（产品）种类 | | |
| 用　途 | | | | | |
| 交易流水号 | 23413 | | 时间 | | 20××-08-21 |
| 中国工商银行 长安路支行 转讫 | 备注： | | | | |
| | 验证码： | | | | |
| 记账网点 | | 记账柜员 | | 记账日期 | 20××-08-21 |

打印日期：20××-08-21

图 1-11　网上银行电子回单

**出资协议**

经股东会通过，接受周明向永兴机械有限责任公司出资壹拾伍万元整(150 000元)，从20××年12月1日起成为公司股东，占有公司股份壹拾万元整（100 000元），按《公司法》享有股东的一切权利义务。

公司法人代表：王振华

出资人：周明

20××.8.20

图 1-12　出资协议

账务处理为：

借：银行存款　　　　　　　　　　　　　　　　　　　　　150 000

　　贷：实收资本——周明　　　　　　　　　　　　　　　　　100 000

　　　　资本公积　　　　　　　　　　　　　　　　　　　　　50 000

经股东会决议，可以将资本公积转增实收资本，转增的实收资本按各个股东占有的股份比例分配。根据股东会决议，账务处理方法为：

借：资本公积

　　贷：实收资本——各股东名称

如果公司需要减少实收资本（减资），账务处理与增加实收资本的会计分录相反。

## 三、股份转让

这里所讲的股份转让是指有限责任公司的某一股东将其在该公司拥有的股份转让给公司内部其他股东或公司之外的人。股东转让股份要经股东会同意，否则不得转让。若转让给外部新股东，还需要到工商局办理变更登记。股份转让不改变注册资本总额，只改变股东的出资额比例或股东名称，因此，会计处理只需进行实收资本明细账户调整。根据股份转让协议，账务处理方法为：

借：实收资本——转让股东名称

　　贷：实收资本——受让股东名称

【例 1-5】某公司经股东会同意，股东李兴华将其股份 50 000 元转让给公司另一股东吴青。

原始凭证如图 1-13 所示。

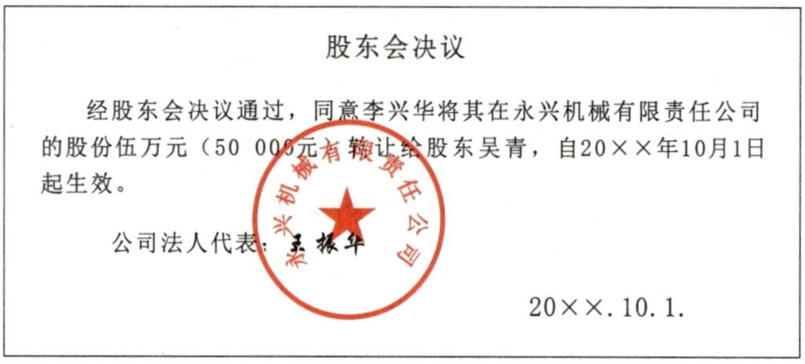

股东会决议

经股东会决议通过，同意李兴华将其在永兴机械有限责任公司的股份伍万元（50 000元）转让给股东吴青，自20××年10月1日起生效。

公司法人代表：吴振华

20××.10.1.



**图 1-13　股东会决议**

根据股东会决议，账务处理为：

借：实收资本——李兴华　　　　　　　　　　　　　　　　　50 000

　　贷：实收资本——吴青　　　　　　　　　　　　　　　　　50 000

股份转让时，转让方为个人的，应当按照转让收入减去股份金额的差额缴纳财产转让个人所得税，还应按照转让价款各自缴纳产权转移书据印花税，这两种税由相关个人自行申报缴纳，本企业不做账务处理。

## 四、股东退股

有限责任公司股东在公司经营期间一般不得要求退股（撤资），但根据《公司法》和公司章程规定的情形下，在股东会全体股东一致同意的条件下方可退股。

退股金额按下式计算：

股东应收退股款 = 公司净资产金额（所有者权益合计）×
该股东在实收资本中的持股比例

退股的账务处理分为两种情况。

### （一）股东应收退股款大于其股份金额

这种情况下账务处理方法：首先，冲销该股东股份（注销其在公司中的股份）；其次，依次冲减资本公积、盈余公积、未分配利润，直至冲满股东应收退股款。

【例 1-6】某公司股东王忠申请退股，经股东会一致同意予以退股。公司现有净资产（所有者权益）10 000 000 元（实收资本 1 000 000 元、资本公积 200 000 元、盈余公积 5 000 000 元、未分配利润 3 800 000 元），王忠持股比例为 20%，王忠在本公司股份为 200 000 元。

王忠应收退股款 =10 000 000 × 20%=2 000 000（元）

王忠应收退股款金额 2 000 000 元，大于股份金额 200 000 元，根据股东会决议和银行付款回单，账务处理为：

| | | |
|---|---|---|
| 借：实收资本——王忠 | 200 000 | |
| 资本公积 | 200 000 | |
| 盈余公积 | 1 600 000 | |
| 贷：应交税费——应交个人所得税 | | 360 000 |
| 银行存款 | | 1 640 000 |

王忠应交个人所得税 =（2 000 000−200 000）× 20%=360 000（元）

退股股东为个人的，支付退股款时，应当按照 20% 的税率扣缴财产转让个人所得税（财产转让所得为应收退股款与原始出资额之差），本例支付给王忠 2 000 000 元退股款时，扣除了 360 000 元个人所得税，实际付给 1 640 000 元。扣除的个人所得税，由本公司向税务机关代缴。

### （二）股东应收退股款小于其股份金额

这种情况下账务处理方法：首先，冲销该股东所占股份（注销其在公司中的股份），公司支付的退股款小于该股东所占股份的差额，冲减累计亏损（股东应承担的亏损），即贷记利润分配——未分配利润账户。

假如公司净资产为 500 000 元（实收资本 1 000 000 元、资本公积 200 000 元、盈余公积 0 元、未分配利润 -700 000 元）。

王忠应收退股款 =500 000×20%=100 000（元）

王忠应收退股款 100 000 元，小于所占股份 200 000 元，根据股东会决议和银行付款回单，账务处理为：

借：实收资本——王忠　　200 000

　　贷：利润分配——未分配利润　　100 000

　　　　银行存款　　100 000

王忠财产转让所得 =100 000-200 000=-100 000（元）

财产转让所得为负值不交个人所得税。

本应退王忠 200 000 元股份，但公司累计亏损，王忠应承担亏损 100 000 元，实际应付给王忠 100 000 元。

# 第二节　银行借款业务的账务处理

企业资金不足时，可以向银行（或其他金融机构）申请借款。银行借款按期限可分为长期借款和短期借款，按用途可分为专门借款和一般借款。

## 一、短期借款

短期借款是指期限在一年（12 个月）内的银行借款。短期借款的账务处理包括借入、支付利息和到期还本。

### （一）借入

企业从银行借入短期借款时，贷款银行会将所借款项转入企业在贷款银行开立的账户中，企业收到收账通知后进行账务处理，方法为：

借：银行存款——贷款银行名称

　　贷：短期借款

【例 1-7】永兴机械有限责任公司向中国工商银行借入一年期借款 200 000 元，款已到账。

原始凭证如图 1-14 所示。

中国工商银行 **借款凭证**（回单）

20××年 7月 1日

| | | | | | |
|---|---|---|---|---|---|
| 借款人 | 全　称 | 永兴机械有限责任公司 | 收款人 | 全　称 | 永兴机械有限责任公司 |
| | 账　号 | 1010147886809200119 | | 账　号 | 1010147886809200119 |
| | 开户银行 | 工行人民路支行 | | 开户银行 | 工行人民路支行 |
| 金额 | 人民币（大写） | 贰拾万元整 | | 亿千百十万千百十元角分 | ¥ 2 0 0 0 0 0 0 0 |
| 借款用途 | 生产周转 | | 上述借款已转入你单位账户，借款到期时应按期归还<br>此致 | | 中国工商银行 长安路支行 转讫<br>银行签章 |
| 借款利息 | 6% | | | | |
| 借款期限 | 20××年6月30日 | | | | |
| 复核 | 记账 | | | | |

图 1-14　借款凭证

账务处理为：

借：银行存款——工商银行　　　　200 000

　　贷：短期借款　　　　200 000

## （二）支付利息

每月结算的借款利息，贷款银行会主动从企业贷款账户中扣回，企业根据银行转来的贷款利息通知单进行账务处理。短期借款利息为筹资费用，应记入财务费用账户。根据贷款利息通知单和增值税专用发票，账务处理为：

借：财务费用（不含增值税金额）

　　应交税费——应交增值税（进项税额）

　　贷：银行存款——贷款银行名称

【例 1-8】月末，公司收到当月银行贷款利息通知单，利息金额为 1 000 元，增值税 60 元。

原始凭证如图 1-15 所示。

中国工商银行借款利息通知单

户名：永兴机械有限责任公司

| 计　息　期 | | 积　数 | 利息额 | 增值税 |
|---|---|---|---|---|
| 20××年7月1日—20××年7月31日 | | 6 000 000.00 | 1 000.00 | 60.00 |
| 人民币（大写） | 壹仟零陆拾元整 | | | |
| 上列借款利息已如数从你单位账户转出 | | 中国工商银行 长安路支行 转讫<br>20××年7月31日 | | |

图 1-15　贷款利息通知单

根据贷款利息通知单和增值税专用发票，账务处理为：

借：财务费用　　　　　　　　　　　　　　　　　　　　　　1 000

　　应交税费——应交增值税（进项税额）　　　　　　　　　　60

　　贷：银行存款——工商银行　　　　　　　　　　　　　　　　1 060

如果利息是按季支付，则每月应按借款本金和月利率计提当月应付利息，季满后支付利息。

【例 1-9】若上例公司的借款利息是按季支付，年利率为 6%，则每月应付利息为多少？

月应付利息 =200 000 × 6% ÷ 12=1 000（元）

原始凭证如图 1-16~ 图 1-19 所示。

借款利息计提计算单

工商银行借款额：200 000元

年利率：6%

7月份应付利息：200 000×6%÷12=1 000(元)

**图 1-16　借款利息计提计算单（一）**

借款利息计提计算单

工商银行借款额：200 000元

年利率：6%

8 月份应付利息：200 000×6%÷12=1 000(元 )

**图 1-17　借款利息计提计算单（二）**

借款利息计提计算单

工商银行借款额：200 000元

年利率：6%

9 月份应付利息：200 000×6%÷12=1 000(元)

**图 1-18　借款利息计提计算单（三）**

## 中国工商银行借款利息通知单

户名：永兴机械有限责任公司

| 计息期 | | 积数 | 利息额 | 增值税 |
|---|---|---|---|---|
| 20××年7月1日—20××年9月30日 | | 18 000 000.00 | 3 000.00 | 180.00 |
| 人民币（大写） | 叁仟壹佰捌拾元整 | | | |
| 上列借款利息已如数从你单位账户转出 | | 中国工商银行 长安路支行 转讫 20××年9月30日 | | |

图 1–19　贷款利息通知单

每月计提利息时，账务处理为：

借：财务费用　　1 000

　　贷：应付利息　　1 000

季满支付利息时，根据贷款利息通知单和增值税专用发票，账务处理为：

借：应付利息　　3 000

　　应交税费——应交增值税（进项税额）　　180

　　贷：银行存款——工商银行　　3 180

### （三）到期还本

借款到期后，根据银行转来的还款凭证，转销短期借款账户。账务处理方法为：

借：短期借款

　　贷：银行存款——贷款银行名称

【例 1–10】依例 1–7，公司借款到期归还借款本金。

原始凭证如图 1–20 所示。

**中国工商银行 还款凭证**（回单）

20××年12月31日

| | | | | | |
|---|---|---|---|---|---|
| 借款人 | 全称 | 永兴机械有限责任公司 | 收款人 | 全称 | 中国工商银行长安路支行 |
| | 账号 | 1010147886809200119 | | 账号 | |
| | 开户银行 | 工行人民路支行 | | 开户银行 | |
| 金额 | 人民币（大写） | 贰拾万元整 | 亿千百十万千百十元角分 | | ¥ 2 0 0 0 0 0 0 0 |
| 还款用途 | | 生产周转 | 上述借款已从你单位账户转还 此致 | | |
| 还款利息 | | 6% | | | |
| 还款期限 | | 20××年12月31日 | | | |
| 复核 | | 记账 | 银行签章（中国工商银行 长安路支行 转讫） | | |

图 1–20　还款凭证

账务处理为：

借：短期借款　200 000

　　贷：银行存款——工商银行　200 000

## 二、长期借款

长期借款是指期限在一年（12 个月）以上的银行借款，按用途可分为一般借款和为购建、改扩建固定资产借入的专门借款（银行称固定资产贷款或项目贷款）。长期借款的账务处理包括借入、支付利息和到期还本。

### （一）借入

根据借款合同，企业取得长期借款，银行将借款转入企业贷款账户后，企业根据借款凭证回单进行账务处理。

【例 1-11】永兴机械有限责任公司从建设银行借入 3 年期借款 1 000 000 元，年利率 6%，已转入公司贷款账户。

账务处理为：

借：银行存款——建设银行　1 000 000

　　贷：长期借款　1 000 000

### （二）支付利息

**1. 一般借款利息**

一般借款利息，计入财务费用。

按月支付利息的，依例 1-11，根据贷款利息通知单和增值税专用发票，账务处理为：

借：财务费用　5 000

　　应交税费——应交增值税（进项税额）　300

　　贷：银行存款——建设银行　5 300

按季支付利息的，每月计提当月应付利息，季满一次支付。

每月计提利息时，账务处理为：

借：财务费用　5 000

　　贷：应付利息　5 000

季满支付利息时，根据贷款利息通知单和增值税专用发票，账务处理为：

借：应付利息　15 000

　　应交税费——应交增值税（进项税额）　900

　　贷：银行存款——建设银行　15 900

**2. 专门借款利息**

为固定资产建造、改扩建而借入的专门借款，在工程竣工前产生的利息，计入固定资产成本，即记入在建工程账户；工程竣工后产生的利息，记入财务费用账户。

【例 1–12】永兴机械有限责任公司为建生产车间从建设银行借入 2 年期借款 5 000 000 元，年利率为 7.2%，利息按月支付。10 个月后竣工。

$$每月利息 =5\,000\,000 \times 7.2\% \div 12=30\,000（元）$$

支付竣工前 10 个月每月利息，根据利息通知单和增值税专用发票，账务处理为：

| | | |
|---|---|---|
| 借：在建工程 | 30 000 | |
| 　　应交税费——应交增值税（进项税额） | 1 800 | |
| 　　贷：银行存款——建设银行 | | 31 800 |

支付竣工后每月利息，账务处理为：

| | | |
|---|---|---|
| 借：财务费用 | 30 000 | |
| 　　应交税费——应交增值税（进项税额） | 1 800 | |
| 　　贷：银行存款——建设银行 | | 31 800 |

若按季支付利息，每月计提利息和季满支付利息的账务处理与前述类同。

#### （三）到期还本

到期还本的账务处理和短期借款的类同。

依例 1–12，2 年期满后还本的账务处理为：

| | | |
|---|---|---|
| 借：长期借款 | 5 000 000 | |
| 　　贷：银行存款——建设银行 | | 5 000 000 |

# 第三节　民间借款

企业有时因资金周转困难，无力支付日常开支，又无法得到银行借款时，会向个人或别的企业暂时借款，这就是民间借款，也是企业筹集资金的一种渠道。

## 一、借入款项

向个人或别的企业借款，在其他应付款账户核算，出借企业则在其他应收款账户核算。借入时根据收款收据和银行收款回单，账务处理方法为：

借：银行存款

贷：其他应付款——出借人姓名或企业名称

【例 1–13】永兴机械有限责任公司因资金周转困难向钱江借入 10 000 元。

原始凭证如图 1–21、图 1–22 所示。

**收 款 收 据**

20××年10月21日　　　　编号：2

| | | | | | | | | | |
|---|---|---|---|---|---|---|---|---|---|
| 交款人（单位） | 钱江 | | | | | | | | |
| 摘　　要 | 借款 | | | | | | | | |
| 金额（大写） | 壹万元整 | 十 | 万 | 千 | 百 | 十 | 元 | 角 | 分 |
| | | ¥ | 1 | 0 | 0 | 0 | 0 | 0 | 0 |

主管　　会计　　出纳　赵利　　制票　张娟

图 1–21　收款收据

**中国工商银行**（网上银行电子回单）

电子回单号码：1111-1100-2354-1223

| | | | | | |
|---|---|---|---|---|---|
| 付款人 | 户　名 | 钱江 | 收款人 | 户　名 | 永兴机械有限责任公司 |
| | 账　号 | 6222612546120033 | | 账　号 | 1010147886809200119 |
| | 开户银行 | | | 开户银行 | 工行人民路支行 |
| 金　额 | 壹万元整　　小写 10 000.00 | | | | |
| 摘　要 | 借款 | | 业务（产品）种类 | | |
| 用　途 | | | | | |
| 交易流水号 | 23472 | | 时间 | | 20××-10-21 |
| 中国工商银行 长安路支行 转讫 | 备注： | | | | |
| | 验证码： | | | | |
| 记账网点 | | 记账柜员 | | 记账日期 | 20××-10-21 |

打印日期：20××-10-21

图 1–22　网上银行电子回单

账务处理为：

借：银行存款　　10 000

贷：其他应付款——钱江　　10 000

## 二、支付利息

如果约定支付利息，出借方应向借款企业开具利息增值税专用发票或普通发票，借款企业根据利息增值税专用发票或普通发票和银行付款回单记入财务费用账户。出借企业收到利息按照其他业务收入核算。

## （一）出借人为企业的

向企业借款的，根据出借企业开来的收取利息增值税专用发票、利息结算单和银行付款回单，账务处理为：

借：财务费用（不含增值税利息）

　　应交税费——应交增值税（进项税额）

　　贷：银行存款

## （二）出借人为个人的

企业向个人借款的，出借人应向借款企业开具利息收入增值税普通发票，还应由借款企业扣缴利息收入 20% 的个人所得税，根据出借人开来的增值税普通发票、利息结算单和银行付款回单，账务处理为：

借：财务费用（发票利息、增值税合计）

　　贷：应交税费——应交个人所得税（扣缴个人所得税）

　　　　银行存款（发票利息、增值税合计－扣缴个人所得税）

依例 1–13，支付利息 1 030 元，收到钱江开来的增值税普通发票（利息 1 000 元，增值税 30 元），按 20% 的税率代扣钱江利息收入个人所得税 206 元。

原始凭证如图 1–23 所示。

**中国工商银行**（网上银行电子回单）

电子回单号码：1111-1100-2354-1224

| | | | | | |
|---|---|---|---|---|---|
| 付款人 | 户名 | 永兴机械有限责任公司 | 收款人 | 户名 | 钱江 |
| | 账号 | 1010147886809200119 | | 账号 | 6222612546120033 |
| | 开户银行 | 工行人民路支行 | | 开户银行 | |
| 金额 | 捌佰贰拾肆元整　　小写 824.00 | | | | |
| 摘要 | 支付利息 | | 业务（产品）种类 | | |
| 用途 | | | | | |
| 交易流水号 | 23612 | | 时间 | 20××-01-21 | |
| 中国工商银行 长安路支行 转讫 | 备注： | | | | |
| | 验证码： | | | | |
| 记账网点 | | 记账柜员 | | 记账日期 | 20××-01-21 |

打印日期：20××-01-21

**图 1–23　网上银行电子回单**

根据增值税普通发票、利息结算单和银行付款回单，账务处理为：

| | | |
|---|---|---|
| 借：财务费用 | 1030 | |
| 　　贷：应交税费——应交个人所得税（扣交个人所得税） | | 206 |
| 　　　　银行存款 | | 824 |

## 三、偿还借款

偿还借款的账务处理方法为：

借：其他应付款——出借人姓名或企业名称

　　贷：银行存款

依例 1–13，偿还借款。

原始凭证如图 1–24 所示。

**中国工商银行**（网上银行电子回单）

电子回单号码：1111-1100-2354-1225

| | | | | | |
|---|---|---|---|---|---|
| 付款人 | 户名 | 永兴机械有限责任公司 | 收款人 | 户名 | 钱江 |
| | 账号 | 1010147886809200119 | | 账号 | 6222612546120033 |
| | 开户银行 | 工行人民路支行 | | 开户银行 | |
| 金额 | 壹万元整　　小写 10 000.00 | | | | |
| 摘要 | 偿还借款 | | 业务（产品）种类 | | |
| 用途 | | | | | |
| 交易流水号 | 23812 | | 时间 | 20××-01-21 | |
| 中国工商银行 长安路支行 转讫 | 备注： | | | | |
| | 验证码： | | | | |
| 记账网点 | | 记账柜员 | | 记账日期 | 20××-01-21 |

打印日期：20××-01-21

**图 1–24　网上银行电子回单**

账务处理为：

借：其他应付款——钱江　　　　10 000

　　贷：银行存款　　　　10 000

关于支付利息增值税的账务处理，依据为 2026 年开始实施的《中华人民共和国增值税法》。若本法实施条例出台后规定利息费用增值税暂不能计入进项税额，则账务处理中不计利息进项增值税。

# 练习题

**根据下列原始凭证信息，写出宏达实业有限责任公司下列经济业务的会计分录。**

（1）出资协议：刘志出资 50 000 元，吴江出资 30 000 元，郑超出资 20 000 元。

银行收款回单三张：共 100 000 元。

三张收据记账联：刘志出资 50 000 元，吴江出资 30 000 元，郑超出资 20 000 元。

（2）股份转让协议：郑超将其 20 000 元股份转让给吴江，已经股东会同意。

（3）银行借款凭证回单：日期 20×× 年 3 月 1 日，用途为生产周转，期限 20×× 年 8 月 31 日，借款金额 100 000 元。

（4）银行借款利息通知单：20×× 年 3 月 1 日，利息及增值税共 530 元。银行利息增值税专用发票：利息 500 元，增值税 30 元。

（5）银行借款凭证回单：日期 20×× 年 7 月 1 日，用途为基本建设，期限 20×× 年 6 月 30 日，借款金额 500 000 元，年利率 6%。（利息按季支付，借款到账后立即开工建设，工期为 1 年）

（6）银行借款利息计算单：20×× 年 7 月 1 日至 30 日，利息 2 500 元。

（7）银行借款利息通知单：计息期 20×× 年 7 月 1 日至 9 月 30 日，利息及增值税共 7950 元。银行利息增值税专用发票：利息 7 500 元，增值税 450 元。

（8）银行借款利息计算单：20×× 年 10 月 1 日至 30 日，利息 2500 元。

（9）银行借款利息通知单：计息期 20×× 年 10 月 1 日至 12 月 31 日，利息及增值税共 7950 元。银行利息增值税专用发票：利息 7 500 元，增值税 450 元。

（10）银行借款还款凭证：日期 20×× 年 6 月 30 日，金额 500 000 元。

（11）收款收据记账联：收到借入李东款 5 000 元。

银行收款回单：收款人宏达实业有限责任公司，付款人李东，金额 5 000 元。

（12）银行付款回单：付款人宏达实业有限责任公司，收款人李东，金额 5 000 元，用途为归还借款。

# 第二章

## 对外投资业务的核算

会计从业人员应当诚实守信，做到以下要求：做老实人，说老实话，办老实事，不搞虚假；实事求是，如实反映；保守秘密，不为利益诱惑；执业谨慎，信誉至上。

对外投资，就是企业将资金投向外部，以获取投资收益。对外投资按投资人的权利、义务不同分为债权投资和股权投资两种；按准备持有时间长短分为短期投资和长期投资（持有时间在 12 个月以上为长期投资，12 个月以下为短期投资）。本章主要讲小企业常见的长期投资业务。

# 第一节　债权投资业务的账务处理

债权投资，通常就是指购买债券的投资，可购买的债券包括国债、公司债券和金融债券。债券是有期限的，投资人到期可以收回投资。债权投资的收益为利息收入，投资人可在持有债券期间获得利息，利息按债券面值和债券利息率计算。购买债券有按面值购入、溢价购入、折价购入3种情况，小企业很少进行债券投资，若有一般为国债投资，一般都是按面值购入，因此，本节只介绍常见的按面值购入长期持有债券的账务处理。

## 一、购入债券

按面值购入债券，就是买价与债券的面值相等。

购入到期一次付息债券的账务处理为：

借：长期债券投资——成本

　　贷：银行存款

购入每年付息债券，则不需设置“成本”明细科目。

【例2-1】永兴机械有限责任公司按面值购入5年期国债50 000元，准备持有至到期。国债年利率为5%，不计复利，到期一次付息。该债券于当年5月1日发行。

原始凭证如图2-1、图2-2所示。

账务处理为：

借：长期债券投资——成本　　50 000

　　贷：银行存款　　50 000

## 二、结算利息

债券利息支付有分期支付和到期一次支付两种，其账务处理有所不同。

### （一）每年付息一次债券

每年付息一次债券，在债券付息日，应按面值乘以债券利率计算应收利息，确认为投资收益。

**中华人民共和国凭证式国债收款凭证**

中国工商银行　　　　陕　IXIX 0058 660

| 购买日期 | 起息日期 | 印密 | 年度 | 期次 | 期限 | 年利率 | 到期日期 | 柜员号 |
|---|---|---|---|---|---|---|---|---|
| 20240425 | 20240501 | 密 | 2024 | 2 | 5年 | 5% | 20290501 | 02 |

账号　337027527115091004　　户名　永兴机械有限责任公司

**金额**（大、小写）　RMB 伍万元整　　¥50 000.00

（印章：中国工商银行长安路支行 存单专用章）

| 兑取日期 | 计息天数 | 年利率 | 利息 | 柜员号 |
|---|---|---|---|---|
| | | | | |

兑取时：复核　出纳　记账　　购买时：复核　出纳　记账

图 2-1　凭证式国债收款凭证

**中国工商银行**（网上银行电子回单）

电子回单号码：1111-1100-2354-1226

| 付款人 | 户名 | 永兴机械有限责任公司 | 收款人 | 户名 | 工行人民路支行 |
|---|---|---|---|---|---|
| | 账号 | 1010147886809200119 | | 账号 | |
| | 开户银行 | 工行人民路支行 | | 开户银行 | |
| 金额 | 伍万元整　小写 50 000.00 | | | | |
| 摘要 | 购国债 | | 业务（产品）种类 | | |
| 用途 | | | | | |
| 交易流水号 | 23414 | | 时间 | 2024-04-25 | |
| （印章：中国工商银行长安路支行 转讫） | 备注： | | | | |
| | 验证码： | | | | |
| 记账网点 | | 记账柜员 | | 记账日期 | 2024-04-25 |

打印日期：2024-04-25

图 2-2　网上银行电子回单

依例 2-1，假如该债券为每年付息债券，在债券 5 年期限内，每年 5 月 1 日结算应收利息为：

$$应收利息=50\ 000\times 5\%=2\ 500（元）$$

根据应收国债利息计算单（图 2-3），账务处理为：

借：应收利息　　　　2 500

　　贷：投资收益　　　　2 500

收到利息时，原始凭证如图 2-4 所示。

收到利息的账务处理为：

借：银行存款　　　　2 500

　　贷：应收利息　　　　2 500

应收国债利息计算单

国债总面值：50 000元

年利率：5%

每年应收利息：50 000×5%=2 500(元)

图 2-3　应收国债利息计算单

**中国工商银行**（网上银行电子回单）

电子回单号码：1111-1100-2354-1227

| | | | | | |
|---|---|---|---|---|---|
| 付款人 | 户名 | 工行人民路支行 | 收款人 | 户名 | 永兴机械有限责任公司 |
| | 账号 | | | 账号 | 1010147886809200119 |
| | 开户银行 | | | 开户银行 | 工行人民路支行 |
| 金额 | 贰仟伍佰元整　　小写 2 500.00 | | | | |
| 摘要 | 国债利息 | | 业务（产品）种类 | | |
| 用途 | | | | | |
| 交易流水号 | 23415 | | 时间 | 2025-05-01 | |
| 中国工商银行 长安路支行 转讫 | 备注： | | | | |
| | 验证码： | | | | |
| 记账网点 | | 记账柜员 | | 记账日期 | 2025-05-01 |

打印日期：2025-05-01

图 2-4　网上银行电子回单

### （二）到期一次付息债券

到期一次付息债券，应于每一债券年度末计提应收利息，确认投资收益。由于利息要债券到期才能收到，属于长期债权，所以应记入“长期债券投资”账户的“应计利息”明细账户。

依例 2-1，该债券为到期一次付息债券，则每年计提应收利息的账务处理为：

借：长期债券投资——应计利息　　　　2 500

　　贷：投资收益　　　　2 500

原始凭证为应收国债利息计算单。

原始凭证如图 2-3 所示。

## 三、债券到期

### （一）每年付息一次债券

每年付息一次债券到期，收回债券本金（面值）即可。

依例 2-1，假如为每年付息一次债券，到期收回本金。

原始凭证如图 2-5 所示。

**中国工商银行**（网上银行电子回单）

电子回单号码：1111-1100-2354-1228

| | | | | | |
|---|---|---|---|---|---|
| 付款人 | 户　　名 | 工行人民路支行 | 收款人 | 户　　名 | 永兴机械有限责任公司 |
| | 账　　号 | | | 账　　号 | 1010147886809200119 |
| | 开户银行 | | | 开户银行 | 工行人民路支行 |
| 金　　额 | 伍万元整　　小写 50 000.00 | | | | |
| 摘　　要 | 国债还本 | | 业务（产品）种类 | | |
| 用　　途 | | | | | |
| 交易流水号 | 23416 | | 时　　间 | | 2029-05-01 |
| 中国工商银行 长安路支行 转讫 | 备注： | | | | |
| | 验证码： | | | | |
| 记账网点 | | 记账柜员 | | 记账日期 | 2029-05-01 |

打印日期：2029-05-01

**图 2-5　网上银行电子回单**

账务处理为：

借：银行存款　　50 000

　　贷：长期债券投资　　50 000

## （二）到期一次付息债券

到期一次付息债券到期时，不但要收回债券本金，还要收回整个债券期限内的累计应收利息。

依例 2-1，到期收回本金和利息。

原始凭证如图 2-6、图 2-7 所示。

**中国工商银行**（网上银行电子回单）

电子回单号码：1111-1100-2354-1229

| | | | | | |
|---|---|---|---|---|---|
| 付款人 | 户　　名 | 工行人民路支行 | 收款人 | 户　　名 | 永兴机械有限责任公司 |
| | 账　　号 | | | 账　　号 | 1010147886809200119 |
| | 开户银行 | | | 开户银行 | 工行人民路支行 |
| 金　　额 | 陆万贰仟伍佰元整　　小写 62 500.00 | | | | |
| 摘　　要 | 收回国债本金及利息 | | 业务（产品）种类 | | |
| 用　　途 | | | | | |
| 交易流水号 | 23417 | | 时　　间 | | 2029-05-01 |
| 中国工商银行 长安路支行 转讫 | 备注： | | | | |
| | 验证码： | | | | |
| 记账网点 | | 记账柜员 | | 记账日期 | 2029-05-01 |

打印日期：2029-05-01

**图 2-6　网上银行电子回单**

**国债本息结算单**

面值总额　50 000.00元
年利息率　5%
期限　5 年
年利息　2 500元
利息总额　12 500元
本息合计　62 500元

图 2–7　国债本息结算单

账务处理为：

借：银行存款　　62 500

　　贷：长期债券投资——成本　　50 000

　　　　　　　　　——应计利息　　（2 500×5）12 500

## 四、转让债券

在债券未到期的情况下，企业如果急需资金，可以将债券转让。转让债券的价款收入与债券账面价值的差额，计入投资收益的借方或贷方。

### （一）每年付息债券转让

每年付息债券的账面价值一般即为面值（不考虑减值），不会变化。依例 2–1，假如为每年付息一次债券，如果企业 3 年后以 51 000 元的价款将债券全部转让。

原始凭证如图 2–8 所示。

**中国工商银行**（网上银行电子回单）

电子回单号码：1111-1100-2354-1231

| | | | | | |
|---|---|---|---|---|---|
| 付款人 | 户　名 | 三鑫贸易有限公司 | 收款人 | 户　名 | 永兴机械有限责任公司 |
| | 账　号 | 1010612546120000365 | | 账　号 | 1010147886809200119 |
| | 开户银行 | 工行新兴路分理处 | | 开户银行 | 工行人民路支行 |
| 金　额 | 伍万壹仟元整　　小写 51 000.00 | | | | |
| 摘　要 | 出售债券款 | | 业务（产品）种类 | | |
| 用　途 | | | | | |
| 交易流水号 | 23418 | | 时　间 | 2027-05-01 | |
| | 备注： | | | | |
| | 验证码： | | | | |
| 记账网点 | | 记账柜员 | | 记账日期 | 2027-05-01 |

打印日期：2027-05-01

图 2–8　网上银行电子回单

账务处理为：

借：银行存款　　51 000

　　贷：长期债券投资　　50 000

　　　　投资收益　　1 000

### （二）到期一次付息债券转让

到期一次付息债券的账面价值为面值（成本）与应计利息之和。依例 2–1，如果企业 3 年后以 58 000 元的价款将债券全部转让。

原始凭证如图 2–9 所示。

**中国工商银行**（网上银行电子回单）

电子回单号码：1111-1100-2354-1241

| | | | | | |
|---|---|---|---|---|---|
| 付款人 | 户　　名 | 三鑫贸易有限公司 | 收款人 | 户　　名 | 永兴机械有限责任公司 |
| | 账　　号 | 1010612546120000365 | | 账　　号 | 1010147886809200119 |
| | 开户银行 | 工行新兴路分理处 | | 开户银行 | 工行人民路支行 |
| 金　额 | 伍万捌仟元整　　小写 58 000.00 | | | | |
| 摘　要 | 出售债券款 | | 业务（产品）种类 | | |
| 用　途 | | | | | |
| 交易流水号 | 23419 | | 时　间 | 2027-05-01 | |
| 中国工商银行 长安路支行 转讫 | 备注： | | | | |
| | 验证码： | | | | |
| 记账网点 | | 记账柜员 | | 记账日期 | 2027-05-01 |

打印日期：2027-05-01

图 2–9　网上银行电子回单

账务处理为：

借：银行存款　　58 000

　　贷：长期债券投资——成本　　50 000

　　　　　　　　　　——应计利息　　（2 500 × 3）7 500

　　　　投资收益　　500

# 第二节　股权投资业务的账务处理

股权投资，这里指长期股权投资，就是企业以股东身份向其他企业投资入股，目的是获得股利分配或取得控制权。股权投资可分为向有限责任公司出资和购买股份有限公司股票两种形式，小企业很少投资股票，本节只讲小企业常见的向有限责任公司出资的投资形式。

向有限责任公司的股权投资一般不得抽回，也不能随意转让。需要转让股份或抽回投资时，必须提请被投资公司股东会表决通过。

股权投资的收益为分派的股利或红利，股利收益多少取决于被投资公司的盈利情况，因而收益不固定。

长期股权投资的核算方法有成本法和权益法两种，这里只介绍《小企业会计准则》和税法规定的成本法。长期股权投资的核算包括出资、分得股利、转让股份或退股和被投资公司终止清算等业务。

## 一、出资

向有限责任公司出资时，根据出资协议和银行转账付款凭证进行账务处理。

【例 2-2】永兴机械有限责任公司向长城商贸有限责任公司出资 500 000 元，成为长城商贸有限责任公司的股东之一。出资已通过银行转账支付。

原始凭证如图 2-10、图 2-11 所示。

**收 款 收 据**

20××年4月25日　　　　编号：8

| | | | | | | | | | |
|---|---|---|---|---|---|---|---|---|---|
| 交款人（单位） | 永兴机械有限责任公司 | | | | | | | | |
| 摘　　要 | 股份出资 | | | | | | | | |
| 金额（大写） | 伍拾万元整 | 十 | 万 | 千 | 百 | 十 | 元 | 角 | 分 |
| | | 5 | 0 | 0 | 0 | 0 | 0 | 0 | 0 |

主管　　会计　　出纳 赵利　　制票 张娟

（印章：长城商贸有限责任公司 财务专用章）

图 2-10　收款收据

**中国工商银行**（网上银行电子回单）

电子回单号码：1111-1100-2354-1251

| | | | | | |
|---|---|---|---|---|---|
| 付款人 | 户　名 | 永兴机械有限责任公司 | 收款人 | 户　名 | 长城商贸有限责任公司 |
| | 账　号 | 1010147886809200119 | | 账　号 | 1010147886809200112 |
| | 开户银行 | 工行人民路支行 | | 开户银行 | 工行大庆路支行 |
| 金　额 | 伍拾万元整　　小写 500 000.00 | | | | |
| 摘　要 | 投资入股 | | 业务（产品）种类 | | |
| 用　途 | | | | | |
| 交易流水号 | 23410 | | 时　间 | 20××-04-25 | |
| 中国工商银行 长安路支行 转讫 | 备注： | | | | |
| | 验证码： | | | | |
| 记账网点 | | 记账柜员 | | 记账日期 | 20××-04-25 |

打印日期：20××-04-25

图 2-11　网上银行电子回单

账务处理为：

借：长期股权投资——长城商贸有限责任公司　　500 000

　　贷：银行存款　　500 000

企业如果以固定资产、无形资产出资，账务处理见第四章、第五章。

## 二、分得股利

被投资公司分派股利时，企业按照分得的股利金额确认投资收益，根据银行转账凭证进行账务处理。

【例 2–3】依例 2–2，长城商贸有限责任公司向永兴机械有限责任公司分派股利 100 000 元，永兴机械有限责任公司收到银行的收账通知。

原始凭证如图 2–12 所示。

**中国工商银行**（网上银行电子回单）

电子回单号码：1111-1100-2354-1261

| | | | | | |
|---|---|---|---|---|---|
| 付款人 | 户　　名 | 长城商贸有限责任公司 | 收款人 | 户　　名 | 永兴机械有限责任公司 |
| | 账　　号 | 1010147886809200112 | | 账　　号 | 1010147886809200119 |
| | 开户银行 | 工行大庆路支行 | | 开户银行 | 工行人民路支行 |
| 金　　额 | 壹拾万元整　　小写 100 000.00 | | | | |
| 摘　　要 | 收股利 | | 业务（产品）种类 | | |
| 用　　途 | | | | | |
| 交易流水号 | 33412 | | 时　　间 | 20××-04-25 | |
| 中国工商银行 长安路支行 转讫 | 备注： | | | | |
| | 验证码： | | | | |
| 记账网点 | | 记账柜员 | | 记账日期 | 20××-04-25 |

打印日期：20××-04-25

**图 2–12　网上银行电子回单**

账务处理为：

借：银行存款　　100 000

　　贷：投资收益　　100 000

## 三、转让股份或退股

经被投资公司股东会决议通过，本企业转让股份或退回股份时，根据股份转让协议和银行转账电子回单进行账务处理。转让股份或退股收回的金额与长期股权投资账户的账面价值和支付的印花税之间如有差额，记入投资收益账户的借方或贷方。

【例 2–4】依例 2–2，永兴机械有限责任公司 5 年后将在长城商贸有限责任公司的股份转让给其他股东，转让收入为 550 000 元，缴纳产权转移书据印花税 275 元。

原始凭证如图 2-13~ 图 2-15 所示。

**中国工商银行**（网上银行电子回单）

电子回单号码：1111-1100-2354-1271

| | | | | | |
|---|---|---|---|---|---|
| 付款人 | 户　　名 | 东升电子有限责任公司 | 收款人 | 户　　名 | 永兴机械有限责任公司 |
| | 账　　号 | 1010612546120000254 | | 账　　号 | 1010147886809200119 |
| | 开户银行 | 建行仪风路分理处 | | 开户银行 | 工行人民路支行 |
| 金　　额 | 伍拾伍万元整　　　小写 550 000.00 | | | | |
| 摘　　要 | 转让股权款 | | 业务（产品）种类 | | |
| 用　　途 | | | | | |
| 交易流水号 | 43412 | | 时　　间 | 20××-05-04 | |
| 中国工商银行 长安路支行 转讫 | 备注： | | | | |
| | 验证码： | | | | |
| 记账网点 | | 记账柜员 | | 记账日期 | 20××-05-04 |

打印日期：20××-05-04

图 2-13　网上银行电子回单（一）

**中国工商银行**（网上银行电子回单）

电子回单号码：1111-1100-2354-6339

| | | | | | |
|---|---|---|---|---|---|
| 付款人 | 户　　名 | 永兴机械有限责任公司 | 收款人 | 户　　名 | 国库长安路支库 |
| | 账　　号 | 1010147886809200119 | | 账　　号 | 21371859091002 |
| | 开户银行 | 工行人民路支行 | | 开户银行 | |
| 金　　额 | 贰佰柒拾伍元整　　　小写 275.00 | | | | |
| 摘　　要 | 股份转让书据印花税 | | 业务（产品）种类 | | |
| 用　　途 | | | | | |
| 交易流水号 | 12656 | | 时　　间 | 20××-05-04 | |
| 中国工商银行 长安路支行 转讫 | 备注： | | | | |
| | 验证码： | | | | |
| 记账网点 | | 记账柜员 | | 记账日期 | 20××-05-04 |

打印日期：20××-05-04

图 2-14　网上银行电子回单（二）

**股份转让协议**

转让方：永兴机械有限责任公司　　　　受让方：东升电子有限责任公司

经双方协商一致，永兴机械有限责任公司将其在长城商贸有限责任公司的股份以伍拾伍万元整（550 000.00元）的价款转让给东升电子有限责任公司，自协议签订之日起，五日内办结转让手续，并结清转让款项。

转让人：永兴机械有限责任公司　　　　受让人：东升电子有限责任公司

20××. 5. 1

图 2-15　股份转让协议

账务处理为：

借：银行存款　　550 000

　　贷：长期股权投资——长城商贸有限责任公司　　500 000

　　　　银行存款　　275

　　　　投资收益　　49 725

【例 2-5】依例 2-2，假如永兴机械有限责任公司从长城商贸有限责任公司退股，收回的金额为 450 000 元，缴纳股权转移书据印花税 225 元。

原始凭证如图 2-16 所示。

**中国工商银行**（网上银行电子回单）

电子回单号码：1111-1100-2354-1281

| | | | | | |
|---|---|---|---|---|---|
| 付款人 | 户　名 | 长城商贸有限责任公司 | 收款人 | 户　名 | 永兴机械有限责任公司 |
| | 账　号 | 1010147886809200112 | | 账　号 | 1010147886809200119 |
| | 开户银行 | 工行大庆路支行 | | 开户银行 | 工行人民路支行 |
| 金　额 | 肆拾伍万元整　　小写 450 000.00 | | | | |
| 摘　要 | 退回股款 | | 业务（产品）种类 | | |
| 用　途 | | | | | |
| 交易流水号 | 23312 | | 时　间 | 20××-05-04 | |
| 中国工商银行 长安路支行 转讫 | 备注： | | | | |
| | 验证码： | | | | |
| 记账网点 | | 记账柜员 | | 记账日期 | 20××-05-04 |

打印日期：20××-05-04

**图 2-16　网上银行电子回单**

根据图 2-16 和缴纳印花税银行付款回单，账务处理为：

借：银行存款　　450 000

　　投资收益　　50 225

　　贷：长期股权投资——长城商贸有限责任公司　　500 000

　　　　银行存款　　225

## 四、被投资公司终止清算

被投资公司解散或破产清算时，投资方不能收回的投资或分得的剩余财产与原出资额的差额记入营业外支出账户。

【例 2-6】依例 2-2，假如长城商贸有限责任公司因资不抵债而破产，永兴机械有限责任公司的投资无法收回，出资额全部转为损失。

原始凭证如图 2-17 所示。

**破产通知书**

因亏损严重，资不抵债，本公司已宣告破产，股东的股份不再退还。

特此通知。

长城商贸有限责任公司

20××.9.5

图 2-17　破产通知书

账务处理为：

借：营业外支出　　500 000

　　贷：长期股权投资——长城商贸有限责任公司　　500 000

【例 2-7】依例 2-2，假如长城商贸有限责任公司解散清算，永兴机械有限责任公司分得剩余财产 400 000 元，则损失为 100 000 元。

原始凭证如图 2-18 所示。

**中国工商银行**（网上银行电子回单）

电子回单号码：1111-1100-2354-1291

| | | | | | |
|---|---|---|---|---|---|
| 付款人 | 户　名 | 长城商贸有限责任公司 | 收款人 | 户　名 | 永兴机械有限责任公司 |
| | 账　号 | 1010147886809200112 | | 账　号 | 1010147886809200119 |
| | 开户银行 | 工行大庆路支行 | | 开户银行 | 工行人民路支行 |
| 金　额 | 肆拾万元整　小写 400 000.00 | | | | |
| 摘　要 | 分回剩余财产 | | 业务（产品）种类 | | |
| 用　途 | | | | | |
| 交易流水号 | 34412 | | 时　间 | 20××-06-25 | |
| 中国工商银行 长安路支行 转讫 | 备注： | | | | |
| | 验证码： | | | | |
| 记账网点 | | 记账柜员 | | 记账日期 | 20××-06-25 |

打印日期：20××-06-25

图 2-18　网上银行电子回单

账务处理为：

借：银行存款　　400 000

　　营业外支出　　100 000

　　贷：长期股权投资——长城商贸有限责任公司　　500 000

短期投资包括购买的准备持有 12 个月以内的股票、债券及基金等。小企业很少有短期投资，如果有短期投资，购入短期股票、债券及基金时记入“短期投资”科目；收到利息、红利以及出售债券、股票及基金等的价差，记入“投资收益”科目。

# 练习题

**根据原始凭证信息，写出东华公司下列经济业务的会计分录：**

（1）银行付款回单：收款人志诚公司，金额 50 000 元，用途为购买债券。

志诚公司收款收据：交款人东华公司，购债券款，金额 50 000 元（债券利率为 10%，每年付息一次）。

（2）债券利息结算单：债券面值 50 000 元，利率 10%，应收利息 5 000 元。

（3）银行收款回单：债券利息 5 000 元，付款人志诚公司，收款人东华公司。

（4）银行收款回单：债券本金 50 000 元，付款人志诚公司，收款人东华公司。

（5）上述债券若为到期一次付息，则上述（1）（2）项业务应如何处理？第（4）项业务的原始凭证变为：

银行收款回单：债券本息 65 000 元，付款人志诚公司，收款人东华公司。

（6）华盛公司收款收据：付款人东华公司，股份出资 100 000 元。

银行付款回单：收款人华盛公司，付款人东华公司，金额 100 000 元，用途为投资入股。

（7）银行收款回单：股利 20 000 元，付款人华盛公司，收款人东华公司。

（8）银行收款回单：转让股份款 120 000 元，付款人大唐公司，收款人东华公司。

股份转让协议：东华公司转让在华盛公司的股份给大唐公司，转让价款 120 000 元。

# 第三章

## 物资采购业务的核算

会计从业人员应当廉洁自律，做到以下要求：树立正确的人生观和价值观，公私分明，不贪不占。

工业企业的物资采购业务，包括原材料采购和低值易耗品采购两种情况，本章介绍这两种采购业务的账务处理方法。物资采购业务有按实际价格核算和按计划价格核算两种方法，本章只讲适合小企业的较简单的按实际价格核算方法。

# 第一节　原材料采购业务的账务处理

## 一、原材料的种类和入账价值

### （一）原材料的种类

工业企业生产使用的原材料包括以下几类。

**1. 原料及主要材料**

原料及主要材料是指构成产品实体的材料，如构成机械产品的金属材料，构成纺织品的棉花、羊毛和化纤等材料，构成服装的布料以及构成食品的粮食等。

**2. 辅助材料**

辅助材料是指直接用于产品生产但不构成产品实体的材料，如油漆、染料、催化剂、黏合剂、润滑油等。

**3. 外购件**

外购件是指从外企业购入的直接用于产品装配的零件和部件等，也称外协件，如生产机器的外购电机、齿轮、轴承，生产车辆的外购轮胎、车灯等。

**4. 修理备用件**

修理备用件是指生产设备修理更换用的零配件，如轴承、螺栓和螺母等。

**5. 包装材料及包装物**

包装材料及包装物是指产品包装用的箱、袋、桶、瓶等及绳、铁丝等捆扎材料。

**6. 燃料**

燃料是指用来燃烧加热的各种材料，如煤、焦炭、油和可燃气体等。

材料收发核算应设置原材料明细账，按品种或小类设立明细账户，采用数量金额式账页，记录材料的入库、出库、结存的数量和金额。

### （二）原材料的入账价值

材料的入账价值也称采购成本，包括发票价款和采购过程中的运输费、装卸费等（简称运杂费），如为进口，还应包括进口关税和进口消费税。

若企业自备车辆运输或由供货方送货时，没有支付外部运杂费，则材料入账价值即为发票价款。如果支付外部运杂费，金额较小时，为了简化核算，也可以不计入采购成本，直接计入管理费用。

【例 3-1】某工业企业采购 A 材料，发票上写明的数量为 1 000 千克，单价为 20 元 / 千克，金额为 20 000 元，增值税为 2 600 元。经验收入库数量与发票数量相符。支付外部运费发票上写明的运费金额为 200 元，增值税 18 元。款已转账支付。

A 材料入账价值 =20 000+200=20 200（元）

A 材料入账单价 = 20 200/1 000=20.20（元 / 千克）

则账务处理为：

借：原材料——A 材料　　20 200

　　应交税费——应交增值税（进项税额）（2600+18）　　2 618

　　贷：银行存款　　22 818

在上例中，运费较少，也可以计入管理费用，支付运费的账务处理可为：

借：管理费用　　200

　　应交税费——应交增值税（进项税额）　　18

　　贷：银行存款　　218

对于原材料采购的账务处理，一般纳税人和小规模纳税人有所不同，下面分别讲述。

## 二、增值税一般纳税人的账务处理

由于材料入库、收到发票、付款的时间先后不同，账务处理也不同，下面分别讲述不同情况下的账务处理方法。

### （一）材料已入库，发票已收到，货款已付

凡在月内材料入库、发票收到、已付款的情况，均属此类。

【例 3-2】永兴机械有限责任公司购入长河商贸股份有限公司钢板、圆钢两种材料，长河商贸股份有限公司开来的购货发票已收到，材料已验收入库，货款已转账支付。无对外支付的运费。

原始凭证如图 3-1~ 图 3-3 所示。

账务处理为：

借：原材料——钢板　　20 000

　　　　　——圆钢　　30 000

　　应交税费——应交增值税（进项税额）　　6 500

　　贷：银行存款　　56 500

动态二维码

**电子发票（增值税专用发票）**

发票号码：24612000000103694306
开票日期：20××年7月5日

| 购买方信息 | 名称：永兴机械有限责任公司<br>统一社会信用代码/纳税人识别号：91610402MA6XT10888 | 销售方信息 | 名称：长河商贸股份有限公司<br>统一社会信用代码/纳税人识别号：91610112MAB0W6NW19 |
|---|---|---|---|

| 项目名称 | 规格型号 | 单位 | 数量 | 单价 | 金额 | 税率/征收率 | 税额 |
|---|---|---|---|---|---|---|---|
| *黑色金属冶炼压延品*钢板 | | kg | 2 000 | 10.00 | 20 000.00 | 13% | 2 600.00 |
| *黑色金属冶炼压延品*圆钢 | | kg | 1 000 | 30.00 | 30 000.00 | 13% | 3 900.00 |
| 合计 | | | | | ¥50 000.00 | | ¥6 500.00 |
| 价税合计（大写） | ⊗伍万陆仟伍佰元整 | | | | （小写）¥56 500.00 | | |
| 备注 | | | | | | | |

开票人：×××

图 3-1　电子发票

**实物入库凭证**

交物单位：长河商贸股份有限公司　20××年7月4日　字第1号

| 品名 | 数量 | 单位 | 单价 | 金额 百 | 十 | 万 | 千 | 百 | 十 | 元 | 角 | 分 | 备注 |
|---|---|---|---|---|---|---|---|---|---|---|---|---|---|
| 钢板 | 2 000 | 千克 | 10 | | | 2 | 0 | 0 | 0 | 0 | 0 | 0 | |
| 圆钢 | 1 000 | 千克 | 30 | | | 3 | 0 | 0 | 0 | 0 | 0 | 0 | |
| | | | | | | | | | | | | | |
| 合计 | 伍万元整 | | | | | | | | | | | | 50 000.00 |

负责人：　会计：　保管：王惠　交物人：李宏

图 3-2　实物入库凭证

**中国工商银行**（网上银行电子回单）

电子回单号码：1111-1100-2354-2359

| 付款人 | 户名 | 永兴机械有限责任公司 | 收款人 | 户名 | 长河商贸股份有限公司 |
|---|---|---|---|---|---|
| | 账号 | 1010147886809200119 | | 账号 | 21371859091003 |
| | 开户银行 | 工行人民路支行 | | 开户银行 | 中行高新区支行 |
| 金额 | 伍万陆仟伍佰元整　小写 56 500.00 | | | | |
| 摘要 | 材料货款 | | 业务（产品）种类 | | |
| 用途 | | | | | |
| 交易流水号 | 12635 | | 时间 | 20××-07-05 | |
| 中国工商银行 长安路支行 转讫 | 备注： | | | | |
| | 验证码： | | | | |
| 记账网点 | | 记账柜员 | | 记账日期 | 20××-07-05 |

打印日期：20××-07-05

图 3-3　网上银行电子回单

## （二）材料已入库，发票已收到，货款未付

依例 3-2，如果月内货款未支付，根据发票和入库单，账务处理为

| | | |
|---|---|---|
| 借：原材料——钢板 | 20 000 | |
| ——圆钢 | 30 000 | |
| 应交税费——应交增值税（进项税额） | 6 500 | |
| 贷：应付账款——长河商贸股份有限公司 | | 56 500 |

以后月份付款时，根据银行付款回单（如图 3-3 所示），账务处理为：

| | | |
|---|---|---|
| 借：应付账款——长河商贸股份有限公司 | 56 500 | |
| 贷：银行存款 | | 56 500 |

依例 3-2，如果永兴机械有限责任公司向长河商贸股份有限公司签发了商业汇票并承兑，如图 3-4 所示，则根据电子商业承兑汇票、发票和入库单，账务处理为：

| | | |
|---|---|---|
| 借：原材料——钢板 | 20 000 | |
| ——圆钢 | 30 000 | |
| 应交税费——应交增值税（进项税额） | 6 500 | |
| 贷：应付票据——长河商贸股份有限公司 | | 5 6500 |

**电子票据详情** 20××年07月06日

**显示日期：20XX-07-06 16:19:26**

**电子商业承兑汇票**

出票日期 20××-07-06　　票据状态 已收票 - 可流通

汇票到期日 20××-09-06　　票据号码 930879101127620240822000212214
762000001-762610000

<table>
<tr><td rowspan="3">出票人</td><td>全称</td><td colspan="2">永兴机械有限责任公司</td><td rowspan="3">收票人</td><td>全称</td><td>长河商贸股份有限公司</td></tr>
<tr><td>账号</td><td colspan="2">1010147886809200119</td><td>账号</td><td>21371859091003</td></tr>
<tr><td>开户银行</td><td colspan="2">工行人民路支行</td><td>开户银行</td><td>中行高新区支行</td></tr>
<tr><td>出票保证信息</td><td colspan="6">保证人名称： 保证人地址： 保证人日期：</td></tr>
<tr><td rowspan="2">票据金额</td><td rowspan="2">人民币（大写）</td><td rowspan="2" colspan="2">伍万陆仟伍佰元整</td><td colspan="3">十 亿 千 百 十 万 千 百 十 元 角 分</td></tr>
<tr><td colspan="3">5 6 5 0 0 0 0（万 千 百 十 元 角 分）</td></tr>
<tr><td rowspan="2">承兑人信息</td><td>全称</td><td colspan="2">永兴机械有限责任公司</td><td>开户行行号</td><td colspan="2">121789000123</td></tr>
<tr><td>账号</td><td colspan="2">1010147886809200119</td><td>开户行名称</td><td colspan="2">工行人民路支行</td></tr>
<tr><td>交易合同号</td><td colspan="3">20××-18</td><td rowspan="2">承兑信息</td><td colspan="2">出票人承诺：本汇票请予以承兑，到期无条件付款</td></tr>
<tr><td>能否转让</td><td colspan="3">可再转让 - 可拆分</td><td colspan="2">承兑人承诺：本汇票已经承兑，到期无条件付款</td></tr>
<tr><td>承兑保证信息</td><td colspan="6">保证人名称： 保证人地址： 保证人日期： 承兑日期：20××-07-06</td></tr>
<tr><td rowspan="2">评级信息（由出票人、承兑人自己记载，仅供参考）</td><td>出票人</td><td colspan="5">评级主体： 信用等级： 评级到期日：</td></tr>
<tr><td>承兑人</td><td colspan="5">评级主体： 信用等级： 评级到期日：</td></tr>
</table>

图 3-4　电子商业承兑汇票

票据到期付款时，原始凭证如图 3-5 所示。

**中国工商银行**（网上银行电子回单）

电子回单号码：1111-1100-2354-2358

| | | | | | |
|---|---|---|---|---|---|
| 付款人 | 户名 | 永兴机械有限责任公司 | 收款人 | 户名 | 长河商贸股份有限公司 |
| | 账号 | 1010147886809200119 | | 账号 | 21371859091003 |
| | 开户银行 | 工行人民路支行 | | 开户银行 | 中行高新区支行 |
| 金额 | 伍万陆仟伍佰元整　小写56 500.00 | | | | |
| 摘要 | 商业汇票款 | | 业务（产品）种类 | | |
| 用途 | | | | | |
| 交易流水号 | 12636 | | 时间 | 20××-09-06 | |
| 中国工商银行 长安路支行 转讫 | 备注： | | | | |
| | 验证码： | | | | |
| 记账网点 | | 记账柜员 | | 记账日期 | 20××-09-06 |

打印日期：20××-09-06

**图 3–5　网上银行电子回单**

账务处理为：

借：应付票据——长河商贸股份有限公司　　56 500

　　贷：银行存款　　56 500

如果企业银行存款余额不足以支付应付账款，也可以将持有的应收的商业汇票抵付购货款。抵付购货款时，根据商业汇票背面的转让记录，账务处理为：

借：应付账款——材料销售方

　　贷：应收票据——票据上的付款方

关于应收票据的事项参见第七章相关部分。

### （三）材料已入库，发票未收到，货款未付

如果材料已验收入库，发票未到，在当月可等到销货方开来发票后，再按上述办法处理。若到月末仍未开来发票并未付款，则应按采购合同的价格暂且入账。

仍依例 3–2，如果至月末仍未收到发票并未付款，则根据入库单，账务处理为：

借：原材料——钢板　　20 000

　　　　　——圆钢　　30 000

　　贷：应付账款——长河商贸股份有限公司　　50 000

以后月份收到发票并付款后，由于入库单上的材料数量、单价和金额是已知的，与收到的发票是一致的，因此为了简化核算，可以不用红字凭证冲销原入库会计分录，只作如下的账务处理即可。根据发票和银行付款回单，账务处理为：

借：应付账款——长河商贸股份有限公司　　50 000

　　应交税费——应交增值税（进项税额）　　6 500

　　贷：银行存款　　56 500

### （四）预付货款购买材料

**1. 预付货款时**

根据银行付款回单，账务处理为：

借：预付账款（或应付账款）——供货商

　　贷：银行存款

**2. 收到供货商发来的材料后**

冲销预付账款，根据发票、入库单，账务处理为：

借：原材料——品名

　　应交税费——应交增值税（进项税额）

　　贷：预付账款（或应付账款）——供货商

【例 3-3】永兴机械有限责任公司欲向宏达公司采购角钢 1 000 千克，单价 10 元 / 千克，增值税为 1 300 元。预付宏达公司货款 11 300 元。15 日后，收到宏达公司发来的角钢和发票。

预付货款时，账务处理为：

| | | |
|---|---|---|
| 借：预付账款（或应付账款）——宏达公司 | 11 300 | |
| 　　贷：银行存款 | | 11 300 |

收到角钢、入库单和发票时，账务处理为：

| | | |
|---|---|---|
| 借：原材料——角钢 | 10 000 | |
| 　　应交税费——应交增值税（进项税额） | 1 300 | |
| 　　贷：预付账款（或应付账款）——宏达公司 | | 11 300 |

【例 3-4】依例 3-3，如果先预付了 50% 的价款 5 000 元，货到后再付余款。

预付货款时，根据银行付款回单，账务处理为：

| | | |
|---|---|---|
| 借：预付账款（或应付账款）——宏达公司 | 5 000 | |
| 　　贷：银行存款 | | 5 000 |

收到材料、发票时，根据入库单、增值税专用发票、银行付款回单，账务处理为：

| | | |
|---|---|---|
| 借：原材料——角钢 | 10 000 | |
| 　　应交税费——应交增值税（进项税额） | 1 300 | |
| 　　贷：预付账款（或应付账款）——宏达公司 | | 5 000 |
| 　　　　银行存款 | | 6 300 |

## 三、增值税小规模纳税人的账务处理

小规模纳税人采购材料收到的是增值税普通发票，不抵扣进项增值税，因此，购进材料时按发票上的含税金额入账即可，不记应交税费账户，其余处理与一般纳税人相同。

【例 3-5】庆兴电器厂为小规模纳税人工业企业，购入明远工业有限责任公司（简称明远公司）电连接器，含税金额 10 000 元，已验收入库，转账付款。没有支付外部运杂费。收到的增值税普通发票如图 3-6 所示。

动态二维码

**电子发票（普通发票）**

发票号码：24612000000103684506
开票日期：20××年8月9日

| | |
|---|---|
| 购买方信息　名称：庆兴电器厂<br>统一社会信用代码/纳税人识别号：91610402MA6XT10555 | 销售方信息　名称：明远工业有限责任公司<br>统一社会信用代码/纳税人识别号：91610112MAB0W6NW29 |

| 项目名称 | 规格型号 | 单位 | 数量 | 单价 | 金额 | 税率/征收率 | 税额 |
|---|---|---|---|---|---|---|---|
| *配电控制设备*电连接器 | | 件 | 500 | 17.70 | 8 849.56 | 13% | 1 150.44 |
| 合计 | | | | | ¥8 849.56 | | 1 150.44 |
| 价税合计（大写） | ⊗壹万元整 | | | | （小写）¥10 000.00 | | |
| 备注 | | | | | | | |

开票人：赵娜

图 3-6　电子发票

根据普通发票、入库单、银行付款回单，账务处理为：

借：原材料——电连接器　　10 000

　　贷：银行存款　　10 000

如果货款未付，则根据发票和入库单，账务处理为：

借：原材料——电连接器　　10 000

　　贷：应付账款——明远公司　　10 000

日后付款时，根据银行付款回单，账务处理为：

借：应付账款——明远公司　　10 000

　　贷：银行存款　　10 000

假如到月末明远公司未开来发票，则根据入库单和合同价格入账，账务处理为：

借：原材料——电连接器　　10 000

　　贷：应付账款——明远公司　　10 000

以后月份开来发票并付款后，根据普通发票和银行付款回单，账务处理为：

借：应付账款——明远公司　　10 000

　　贷：银行存款　　10 000

【例 3-6】依例 3-5，假定企业先预付明远公司全部货款，10 日后收到材料和发票。

预付货款时，根据银行付款回单，账务处理为：

借：预付账款（或应付账款）——明远公司　　10 000

贷：银行存款　　10 000

收到材料和发票后，根据普通发票和材料入库凭证，账务处理为：

借：原材料——电连接器　　10 000

贷：预付账款（或应付账款）——明远公司　　10 000

若预付部分货款时，收到材料后再补付余额。

依例 3-5，若企业先预付了 50% 的货款 5 000 元，货到后支付余款。

预付货款时，根据银行付款回单，账务处理为：

借：预付账款（或应付账款）——明远公司　　5 000

贷：银行存款　　5 000

收到材料和发票后，根据普通发票、材料入库凭证和银行付款回单，账务处理为：

借：原材料——电连接器　　10 000

贷：预付账款（或应付账款）——明远公司　　5 000

银行存款　　5 000

# 第二节　低值易耗品采购业务的账务处理

低值易耗品是指价值较低、使用寿命较短、容易损坏、达不到固定资产标准的工具和用具，包括手工工具、机床刀具和价值小的办公家具等。

低值易耗品以发票买价加运杂费入账。若自备车辆运输或供货方送货，没有支付外部运杂费，即以发票买价作为入账价值。如果支付外部运杂费，金额较小时，为了简化核算，也可以不计入采购成本，直接计入管理费用。

低值易耗品采购的账务处理与材料采购类似，增值税一般纳税人和小规模纳税人的处理有所不同。

## 一、一般纳税人的账务处理

### （一）一次采购，分次领用

如果低值易耗品是一次批量采购分次领用的，应先作入库处理，记入周转材料账户，领用时再计入制造费用或管理费用。

购买时取得增值税专用发票的，账务处理为：

借：周转材料——名称

　　应交税费——应交增值税（进项税额）

　　贷：银行存款

购买时未取得增值税专用发票而是普通发票的，账务处理为：

借：周转材料——名称

　　贷：银行存款

【例 3–7】永兴机械有限责任公司购入一批刀具，取得的增值税专用发票上写明：数量 50 件，单价 100 元 / 件，金额 5 000 元，增值税 650 元。货款已转账支付，未发生运杂费，已验收入库。

根据增值税专用发票、入库单、银行付款回单，账务处理为：

借：周转材料——刀具　　5 000

　　应交税费——应交增值税（进项税额）　　650

　　贷：银行存款　　5 650

某月领用刀具时，出库单如图 3–7 所示。

**实 物 出 库 凭 证**

领物单位：生产车间　　20××年9月6日　　字第 10 号

| 品名 | 数量 | 单位 | 单价 | 金额 | | | | | | | | | 备注 |
|---|---|---|---|---|---|---|---|---|---|---|---|---|---|
| | | | | 百 | 十 | 万 | 千 | 百 | 十 | 元 | 角 | 分 | |
| 刀具 | 5 | 件 | 100.00 | | | | | 5 | 0 | 0 | 0 | 0 | |
| | | | | | | | | | | | | | |
| | | | | | | | | | | | | | |
| 合计 | 伍佰元整 | | | | | | | | | | 500.00 | | |

负责人：　　会计：　　保管：王亮　　领物人：李强

图 3–7　实物出库凭证

账务处理为：

借：制造费用　　500

　　贷：周转材料——刀具　　500

【例 3–8】依例 3–7，如果购入刀具取得的是普通发票，发票价税合计金额为 5 650 元，其余情况相同。

则账务处理为：

借：周转材料——刀具　　5 650

　　贷：银行存款　　5 650

领用 5 件刀具时，出库单上的金额为 565 元，账务处理为：

借：制造费用　　565

　　贷：周转材料——刀具　　565

### （二）购回后立即使用

手工工具、办公家具等低值易耗品，一般都是随买随用，不入库，为了简化核算工作，可不必记入周转材料账户。一次购买金额较小时，直接计入有关费用，生产用的计入制造费用，管理用的计入管理费用。一次购买金额较大时，记入长期待摊费用账户，然后在适当年限内分年摊销。购入的低值易耗品只作财产备查登记即可。

【例 3–9】某企业购入木制文件柜一个，取得普通发票上写明的含税金额为 150 元，以现金支付。金额较小，购回后直接交办公室使用。

根据发票，现金付出凭证如图 3–8 所示。

**现金付出凭证**　　第二联　交会计

20××年9月9日　　第 3 号

| | |
|---|---|
| 付　　给 购文件柜 款 | 备　　注 |
| 计人民币（大写）壹佰伍拾元整 | |
| 领款人（签名）刘兴华 | 150.00元 |

负责人　　会计 张娟　　出纳 赵利

图 3–8　现金付出凭证

账务处理为：

借：管理费用　　150

　　贷：库存现金　　150

【例 3–10】永兴机械有限责任公司购入 10 张办公桌，每张价格 300 元，取得的增值税专用发票上标明价款 3 000 元，增值税 390 元。货款转账支付，购回后直接交办公室使用。由于一次购买价值较大，决定在 3 年内摊销。

原始凭证为办公桌摊销计算单，如图 3–9 所示。

**办公桌摊销计算单**

办公桌总价值：3 000元

摊销年限：3 年

年摊销额：3 000÷3=1 000(元)

图 3–9　办公桌摊销计算单

根据增值税专用发票、银行付款回单和摊销计算单，账务处理为：

借：长期待摊费用——办公桌摊销　　3 000

　　应交税金——应交增值税（进项税额）　　390

　　贷：银行存款　　3 390

由于使用部门为办公室，每年摊销时的账务处理为：

借：管理费用　　1 000

　　贷：长期待摊费用——办公桌摊销　　1 000

实际中办公桌一般不是 1 月购买，而是在年内某月购买，这样摊销办公桌费用时并不都是按整年计算。本例若为本年 4 月购买，则第一个摊销年度为本年 5—12 月。

第一年摊销额应为 1 000 ×（8/12）≈ 666.67（元）

第二年、第三年为一个整年，年摊销额均为 1 000 元

第四年应摊销额应为 1 000 ×（4/12）≈ 333.33（元）

对于长期待摊费用摊销以及固定资产计提折旧均参照本例计算年摊销额或折旧额。如年摊销额较大可分月摊销。

【例 3-11】假如例 3-10 购入办公桌取得的是普通发票，含税金额为 3 390 元，其余条件不变。

根据普通发票和银行付款回单，账务处理为：

借：长期待摊费用——办公桌摊销　　3 390

　　贷：银行存款　　3 390

分年摊销时摊销计算单每年摊销额应为 1 130 元，账务处理同上。

## 二、小规模纳税人的账务处理

小规模纳税人购入低值易耗品取得的是普通发票，不计进项增值税。

### （一）一次采购，分次领用

【例 3-12】华明电子厂购入电烙铁 20 个，含税金额 2 000 元，入库备用。

根据发票、入库单和银行付款回单，账务处理为：

借：周转材料——电烙铁　　2 000

　　贷：银行存款　　2 000

领用时的出库单和账务处理与前面领用刀具类同。

### （二）购回后立即使用

一次购买金额较小的，直接计入费用，账务处理为：

借：管理费用或制造费用

　　贷：银行存款或库存现金

一次购买金额较大的，计入长期待摊费用，分年摊销。

【例 3-13】华明电子厂购入生产用工具柜 20 个，含税金额 6 000 元，金额较大，准备分 3 年摊销。

根据生产用工具柜摊销计算单、发票、银行付款回单，账务处理为：

借：长期待摊费用——工具柜摊销　　6 000

　　贷：银行存款　　6 000

每年摊销时，摊销计算单的格式与前面办公桌摊销类同，由于使用部门是车间，账务处理为：

借：制造费用　　2 000

　　贷：长期待摊费用——工具柜摊销　　2 000

# 练习题

**1. 兴茂电器有限责任公司为增值税一般纳税人，某月物资采购业务的原始凭证有关信息如下，写出各项业务的会计分录。**

（1）增值税专用发票：销货单位为黄河电子有限责任公司，甲材料，数量 600 件，单价 50 元 / 件，金额 30 000 元，增值税 3 900 元，合计金额 33 900 元。

银行付款回单：收款人黄河电子有限责任公司，金额 33 900 元，用途为货款。

材料入库单：交货单位黄河电子有限责任公司，甲材料，数量 600 件，单价 50 元 / 件，金额 30 000 元。

（2）增值税专用发票：销货单位三江工业有限公司，乙材料，数量 1 000 件，单价 10 元 / 件，金额 10 000 元，增值税 1 300 元，合计金额 11 300 元。

材料入库单：交货单位三江工业有限公司，乙材料，数量 1 000 件，单价 10 元 / 件，金额 10 000 元。

（3）银行付款回单：收款人三江工业有限公司，金额 11 300 元，用途为货款。

（4）银行付款回单：收款人五洋公司，金额 45 200 元，用途为预付货款。

（5）增值税专用发票：销货单位五洋公司，丙材料，数量 2 000 件，单价 20 元 / 件，金额 40 000 元，增值税 5 200 元，合计金额 45 200 元。

材料入库单：交货单位五洋公司，丙材料，数量 2 000 件，单价 20 元 / 件，金额 40 000 元。

（6）材料入库单：交货单位茂隆公司，丁材料，数量 500 件，单价 40 元 / 件，金额

20 000 元。(月末仍未开来发票)

(7)增值税专用发票：销货单位茂隆公司，丁材料，数量 500 件，单价 40 元 / 件，金额 20 000 元，增值税 2 600 元，合计金额 22 600 元。

银行付款回单：收款人茂隆公司，金额 22 600 元，用途为货款。

(8)增值税普通发票：量具 20 件，价税合计金额 200 元。

现金付出凭证：支付购量具款 200 元。(直接交车间使用)

(9)增值税专用发票：销货单位祥和机械公司，钻头 100 件，单价 100 元 / 件，金额 10 000 元，增值税 1 300 元，合计金额 11 300 元。

银行付款回单：收款人祥和机械公司，金额 11 300 元，用途为货款。

入库单：钻头 100 件，单价 100 元 / 件，金额 10 000 元。

(10)增值税普通发票：木文件柜 10 个，价税合计金额 3 000 元。

银行付款回单：文件柜货款 3 000 元。

(直接交各办公室使用，价值较大，决定分 2 年摊销)

**2. 三星机械厂为增值税小规模纳税人，当月物资采购业务的原始凭证有关信息如下，写出各项业务的会计分录。**

(1)增值税普通发票：A 材料，数量 500 千克，价税合计金额 10 000 元。

银行付款回单：A 材料货款 10 000 元。

材料入库单：A 材料，数量 500 千克，单价 20 元 / 千克，金额 10 000 元。

(2)普通发票：电风扇 1 台，价税合计金额 150 元。

现金付出凭证：支付购电风扇款 150 元。(直接交办公室使用)

(3)普通发票：砂轮 50 个，价税合计金额 5 000 元。

银行付款回单：砂轮货款 5 000 元。

入库单：砂轮 50 个，单价 100 元 / 个，金额 5 000 元。

(4)普通发票：钢文件柜 10 个，价税合计金额 8 000 元。

银行付款回单：文件柜货款 8 000 元。

(直接交各办公室使用，价值较大，决定分 4 年摊销)

# 第四章

## 固定资产业务的核算

会计从业人员应当客观公正，做到以下要求：依法办事；实事求是，不偏不倚；保持独立性。

# 第一节 固定资产概述

固定资产是指为生产经营所使用的，使用年限超过一年、单位价值较大的实物资产。包括房屋、建筑物、机器、机械、运输工具、设备、器具、工具用具等。

## 一、固定资产的特征

固定资产的特征包括以下几个方面：

（1）固定资产是实物资产，即固定资产是有形的，区别于无形资产。

（2）持有固定资产是为了生产经营所使用而不是为了出售，区别于用于销售的机器、车辆等产品。

（3）固定资产的使用寿命在一年以上，如果使用寿命不超过一年，则划归低值易耗品。

（4）固定资产的单位价值较大，区别于单位价值较小的低值易耗品。固定资产的价值起点标准，应根据本企业的规模大小自行确定，会计准则和税法未作规定。

## 二、固定资产的种类

### （一）按存在形式分

（1）房屋、建筑物：包括生产车间房屋、库房、办公用房屋、职工食堂、职工宿舍、配电室和水塔等。

（2）机器设备：包括①各种机器机械，如机床、锻压机械和纺织机械等。②化学设备。③热力设备，如锅炉、窑炉、化铁炉和化铝炉等。④电子设备，如电视机、计算机和打印机等。⑤电器设备，如空调、冰柜和电焊机等。⑥电力设备，如电动机、电控柜、配电柜、变压器和输电线路等。

（3）车辆：包括载货汽车、轿车、叉车和拖车等。

（4）仪器、仪表：各种类型的仪器、仪表。

（5）大型用具：包括大型文件柜、保险柜、沙发和写字台等。

### （二）按用途分

（1）生产用固定资产：包括生产车间、生产用机器设备、配电柜、电控柜、叉车、仪器和仪表等。

（2）管理用和生活福利用固定资产：包括办公用房屋，库房，职工食堂，职工宿舍，办公用计算机、打印机、复印机，办公室空调，轿车，价值较大的文件柜、保险柜、沙发和写字台等办公家具。

（3）销售用固定资产：包括销售机构办公设备、办公家具、送货车和房屋等。

按用途分类，对固定资产折旧费的账务处理很有必要。

### （三）按所有权分

（1）自有固定资产：指企业自行购置、建造或接受投资转入的固定资产。

（2）租入固定资产：指经营性租赁租入的固定资产、融资性租赁租入的固定资产视同自有固定资产。

区分自有固定资产与租入固定资产，对固定资产的核算有着重要意义。对于自有固定资产或视同自有固定资产，应当计提折旧；对租入固定资产，不计提折旧。

# 第二节　固定资产取得的账务处理

固定资产的取得，包括购置、建造、投资转入、租入、接受捐赠、接受抵债转入等几种形式，其账务处理各不相同。凡取得所有权的，按取得成本作为入账价值记入固定资产账户；只取得使用权的，不记入固定资产账户，只作备查登记。

## 一、购置固定资产

外购固定资产的入账价值，包括买价（不含增值税）、购买环节缴纳的进口关税、进口消费税、车辆购置税、购买房产的契税和产权转移书据印花税等相关税金（不包括增值税），以及为使固定资产达到预定可使用状态前所发生的可直接归属于该资产的其他支出，如运输费、装卸费、安装费和专业人员服务费等。

## （一）购置不需要安装的固定资产

这种情况是指企业购入固定资产后，无须安装，即可直接交付有关部门使用。在这种情况下，固定资产的入账价值是买价加上为购进而支付的相关税费等支出。

【例 4-1】永兴机械有限责任公司购入不需要安装机床一台，发票价格 100 000 元，增值税 13 000 元；支付运费发票价款 4 000 元，增值税 360 元。所有款项已通过银行支付，设备直接交付生产车间使用。

购入机床增值税专用发票与购材料发票格式相同，运费发票如图 4-1 所示，银行付款回单格式与前几章的相同。

动态二维码

**电子发票（增值税专用发票）**

发票号码：24612000000103795306

开票日期：20××年9月5日

| | | | |
|---|---|---|---|
| 购买方信息 | 名称：永兴机械有限责任公司<br>统一社会信用代码/纳税人识别号：91610402MA6XT10888 | 销售方信息 | 名称：通达物流有限责任公司<br>统一社会信用代码/纳税人识别号：91610112MAA0W6NW19 |

| 项目名称 | 规格型号 | 单位 | 数量 | 单价 | 金额 | 税率/征收率 | 税额 |
|---|---|---|---|---|---|---|---|
| *运输服务*运费 | | | 1 | 4 000.00 | 4 000.00 | 9% | 360.00 |
| 合计 | | | | | ¥4 000.00 | | ¥360.00 |
| 价税合计（大写） | ⊗肆仟叁佰陆拾元整 | | | | （小写）¥4 360.00 | | |
| 备注 | | | | | | | |

开票人：张伟

图 4-1 运费发票

账务处理为：

借：固定资产——机床　　104 000

　　应交税费——应交增值税（进项税额）　　13 360

　　贷：银行存款　　117 360

如果当月未付款，则贷记应付账款账户。

## （二）购置需要安装的固定资产

这种情况是指企业在购入固定资产后，必须在安装之后才能交付有关部门使用。因此，在安装工程完成交付使用前，不能作为固定资产入账。在购入时，先将固定资产购置成本和在安装过程中发生的安装费用，记入在建工程科目，待安装完毕交付使用时再转入固定资产科目。

【例 4-2】永兴机械有限责任公司购入需要安装的数控机床一台，发票价格 200 000 元，增值税 26 000 元；支付运费价款 5 000 元，增值税 450 元。设备由供货商派人进行安装，发生安装费用共计 10 000 元，发票增值税 900 元。所有款项已通过银行支付，设备安装完毕后，交付生产车间使用。

购买数控机床发票、运费发票、安装费发票，均为增值税专用发票，格式同前；银行付款回单格式同前。

**1. 购入设备，支付价款及相关税费**

根据机床发票、运费发票和银行付款回单，账务处理为：

| | | |
|---|---|---|
| 借：在建工程——数控机床安装 | 205 000 | |
| 　　应交税费——应交增值税（进项税额） | 26 450 | |
| 　　贷：银行存款 | | 231 450 |

**2. 设备进行安装，支付安装费用**

根据安装费发票和银行付款回单，账务处理为：

| | | |
|---|---|---|
| 借：在建工程——数控机床安装 | 10 000 | |
| 　　应交税费——应交增值税（进项税额） | 900 | |
| 　　贷：银行存款 | | 10 900 |

**3. 安装完毕，交付使用**

数控机床入账价值结算单如图 4-2 所示。

**数控机床入账价值结算单**

购置成本及运费　205 000元
安装费　10 000元
总价值　215 000元

完工交付使用时间　20××年11月25日

**图 4-2　数控机床入账价值结算单**

账务处理为：

| | | |
|---|---|---|
| 借：固定资产——数控机床 | 215 000 | |
| 　　贷：在建工程——数控机床安装 | | 215 000 |

## 二、建造固定资产

建造固定资产，以建造成本作为入账价值，建造成本既包括所建固定资产达到预定可使用状态前所发生的全部支出，还包括为建造该固定资产而借入的专门借款在建造期间产生的利息和缴纳的建设合同印花税。

发生的建造成本，先在在建工程科目归集，工程完工达到预定可使用状态后，再转为固定资产。

### （一）自营建造

自营建造就是本企业自购建筑材料、本企业自行施工或承包给建筑公司施工的建造形式。

【例 4-3】永兴机械有限责任公司建造厂房一栋，1 月 5 日为工程建设借入专门借款 500 000 元，同日工程开工。借款期限 2 年，年利率 5%，按月付息。同年 12 月底工程完工。发生的有关业务和账务处理如下。

（1）借入专门借款。

银行借款入账通知单的格式见第一章。

账务处理为：

借：银行存款　　500 000

　　贷：长期借款　　500 000

（2）1 月 10 日，购入工程用建筑材料钢筋。

建筑材料价款 200 000 元，增值税 26 000 元。根据购货增值税专用发票和银行付款回单，账务处理为：

借：工程物资——钢筋　　200 000

　　应交税费——应交增值税（进项税额）　　26 000

　　贷：银行存款　　226 000

（3）将所购建筑材料立即交付施工单位。

根据本企业出库单和施工单位收料单（如图 4-3 所示），账务处理为：

借：在建工程——厂房工程　　200 000

　　贷：工程物资——钢筋　　200 000

**宏业建筑公司收料单**

交物单位：永兴机械有限责任公司　20××年 1月11日　　　字第 5 号

| 品名 | 数量 | 单位 | 单价 | 金额 | | | | | | | | | 备注 |
|---|---|---|---|---|---|---|---|---|---|---|---|---|---|
| | | | | 百 | 十 | 万 | 千 | 百 | 十 | 元 | 角 | 分 | |
| 钢筋 | 40 | 吨 | 5 000 | | 2 | 0 | 0 | 0 | 0 | 0 | 0 | 0 | |
| | | | | | | | | | | | | | |
| | | | | | | | | | | | | | |
| 合计 | 200 000元 | | | | | | | | | | | | |

负责人：　　会计：　　保管：王东 王东　　交物人：李国强

图 4-3　收料单

（4）支付施工单位工程款 250 000 元，增值税 22 500 元。

根据工程款增值税专用发票和银行付款回单，账务处理为：

| | | |
|---|---|---|
| 借：在建工程——厂房工程 | 250 000 | |
| 应交税费——应交增值税（进项税额） | 22 500 | |
| 贷：银行存款 | | 272 500 |

（5）工程建设期内，1—12 月每月支付利息 2 083.33 元。

根据银行借款利息通知单（格式见第一章），账务处理为：

| | | |
|---|---|---|
| 借：在建工程——厂房工程 | 2 083.33 | |
| 贷：银行存款 | | 2 083.33 |

（6）缴纳建设合同印花税 75 元。

根据银行缴税付款回单，账务处理为：

| | | |
|---|---|---|
| 借：在建工程——厂房工程 | 75 | |
| 贷：银行存款 | | 75 |

（7）工程完工，将工程成本结转至固定资产科目。

根据厂房工程成本结算单（如图 4-4 所示），账务处理为：

| | | |
|---|---|---|
| 借：固定资产——厂房 | 475 075 | |
| 贷：在建工程——厂房工程 | | 475 075 |

厂房工程成本结算单

材料成本　200 000元

支付工程款　250 000元

借款利息　2 083.33×12=25 000元

建设合同印花税 75 元

工程成本合计　475 075元

完工时间　20××年12月25日

**图 4-4　厂房工程成本结算单**

## （二）出包建造

出包建造就是将建造工程完全承包给建筑公司，由建筑企业负责购买建筑材料和施工的建造形式。

【例 4-4】永兴机械有限责任公司将一综合楼工程建设出包给广厦建筑有限公司，包工包料。工程合同总造价为 5 000 000 元（不含增值税）。

（1）付第一期工程款 3 500 000 元，增值税 315 000 元。

根据施工单位开来的发票和银行付款回单，账务处理为：

借：在建工程——综合楼工程　　3 500 000

　　应交税费——应交增值税（进项税额）　　315 000

　　贷：银行存款　　3 815 000

（2）工程完工，验收合格，支付第二期工程款 1 500 000 元，收到施工单位开来的发票，增值税 135 000 元。

根据工程款发票和银行付款回单，账务处理为：

借：在建工程——综合楼工程　　1 500 000

　　应交税费——应交增值税（进项税额）　　135 000

　　贷：银行存款　　1 635 000

（3）缴纳建设合同印花税 1 500 元。

根据银行缴税付款回单，账务处理为：

借：在建工程——综合楼工程　　1 500

　　贷：银行存款　　1 500

（4）工程完工，结转工程成本。

根据工程成本结算单（格式与图 4-4 类同），账务处理为：

借：固定资产——综合楼　　5 001 500

　　贷：在建工程——综合楼工程　　5 001 500

## 三、投资者投入固定资产

接受投资者投资转入的固定资产，以投资协议确认的价值中不含增值税金额作为入账价值，如果股东以房屋等不动产出资，入账价值还要包括契税、产权转移书据印花税、产权过户费等。由出资方开具增值税专用发票。

根据出资协议书、出资方开具的增值税专用发票、支付或应交相关税费的凭证，账务处理为：

借：固定资产——名称（发票价款金额 + 相关税费）

　　应交税费——应交增值税（发票增值税）（进项税额）

　　贷：实收资本——股东名称（发票价税合计，即协议价值）

　　　　银行存款或应交税费（支付或应交的相关税费）

依第一章例 1-2：大明机械厂以 5 台机床出资，公司出资协议确认 5 台机床的价值为 67 800 元，大明机械厂开具了增值税专用发票，发票金额 60 000 元，增值税 7 800 元。

根据机床增值税专用发票、出资财产交接清单和出资协议书，账务处理为：

借：固定资产——机床　　60 000

　　应交税费——应交增值税（进项税额）　　7 800

　　贷：实收资本——大明机械厂　　67 800

## 四、经营租入固定资产

租入固定资产，按性质划分，可以分为经营性租入和融资性租入两种。

经营性租入固定资产主要是为解决生产经营的临时需要，其租期短、租赁程序简单，租入方拥有租入物的使用权，不存在租入物所有权转移，当租赁期满时，将租入物退还给出租方。由于租入企业没有所有权，所以不记入固定资产账户，只作备查登记。在这种方式下，租期内不计提折旧，租入方支付租金，仅作支付租金的账务处理。支付的租金，根据使用部门记入不同的账户，生产用固定资产租金记入制造费用账户，管理用固定资产租金记入管理费用账户。

【例 4-5】永兴机械有限责任公司因季节性生产需要，租入生产用设备，租期 3 个月，每月租金 2 000 元、增值税 260 元。租金按月支付。

根据租金增值税专用发票和银行付款回单，每月支付租金的账务处理为：

借：制造费用　　2 000

　　应交税费——应交增值税（进项税额）　　260

　　贷：银行存款　　2 260

【例 4-6】永兴机械有限责任公司办公用房是租入的，租期为 3 年，每月支付房租 1 000 元、增值税 90 元。

根据房租增值税专用发票和银行付款回单，账务处理为：

借：管理费用　　1 000

　　应交税费——应交增值税（进项税额）　　90

　　贷：银行存款　　1 090

## 五、融资租入或分期付款购入固定资产

融资性租入固定资产，租期较长，租赁程序复杂，支付租金金额较大，租期满时，通常租入物发生所有权转移。在这种方式下，租入企业在租赁期内，视同自有固定资产进行核算，按照租赁付款总额入账。分期付款购入固定资产，按照总价款入账。融资租入或分期付款购入固定资产时，根据租赁或购买合同，账务处理方法为：

借：固定资产——名称（合同不含增值税总额）

贷：长期应付款——租赁公司或销售方名称

每期支付租赁费或分期付款时，根据融资租赁公司或销售方开来的增值税专用发票和银行付款回单，账务处理为：

借：长期应付款——租赁公司或销售方名称（每期租赁费或分期付款额）

应交税费——应交增值税（进项税额）（发票增值税额）

贷：银行存款（付款合计）

## 六、接受捐赠固定资产

接受捐赠的固定资产，以捐赠协议确认的价值中不含增值税金额作为入账价值，如果捐赠方以房屋等不动产捐赠，入账价值还要包括契税、产权转移书据印花税、产权过户费等。由捐赠方开具增值税专用发票。若捐赠协议未载明价值又无发票，则按市场价估价入账。

根据捐赠协议书、捐赠方开具的增值税专用发票、支付或应交相关税费的凭证，账务处理为：

借：固定资产——名称（发票价款金额 + 相关税费）

应交税费——应交增值税（进项税额）（发票增值税额）

贷：营业外收入（发票价税合计，即协议价值）

银行存款或应交税费（支付或应交的相关税费）

【例 4-7】永兴机械有限责任公司接受某公司捐赠货车一辆，捐赠协议载明的价值为 113 000 元，收到的增值税专用发票上载明的价款为 100 000 元、增值税 13 000 元。

根据捐赠协议和增值税专用发票，账务处理为：

| | | |
|---|---|---|
| 借：固定资产——货车 | 100 000 | |
| 应交税费——应交增值税（进项税额） | 13 000 | |
| 贷：营业外收入 | | 113 000 |

## 七、接受抵债转入固定资产

接受抵债转入固定资产，根据抵债协议和收到的增值税专用发票，账务处理与前两种方式类似：

借：固定资产——名称（发票价款金额 + 相关税费）

应交税费——应交增值税（进项税额）（发票增值税额）

贷：应收账款——债务人（发票价税合计，即所抵债权）

银行存款或应交税费（支付或应交的相关税费）

# 第三节　固定资产出租的账务处理

企业对于暂时闲置不用的固定资产（房屋和设备等），为了充分利用资源，可以采用租赁方式进行出租，取得租金收入。由于租出的固定资产所有权没有发生转移，所以应按自有固定资产核算，计提折旧。取得租金收入记入其他业务收入科目，出租固定资产的折旧费及由本企业负担的维修费记入其他业务成本科目。

【例 4-8】永兴机械有限责任公司将一间库房出租，本月收取租金 5 000 元及增值税 450 元，转账收讫。本月该库房应计提折旧费 200 元，支付维修费，取得发票，金额 500 元，增值税 65 元。

动态二维码

**电子发票（增值税专用发票）**

发票号码：24612000000104794307
开票日期：20××年7月5日

| | |
|---|---|
| 购买方信息　名称：华兴商贸有限公司<br>统一社会信用代码/纳税人识别号：91610402MA6XT10123 | 销售方信息　名称：永兴机械有限责任公司<br>统一社会信用代码/纳税人识别号：91610402MA6XT10888 |

| 项目名称 | 规格型号 | 单位 | 数量 | 单价 | 金额 | 税率/征收率 | 税额 |
|---|---|---|---|---|---|---|---|
| *经营租赁*房租 | | | 1 | 5 000.00 | 5 000.00 | 9% | 450.00 |
| 合　计 | | | | | ¥5 000.00 | | ¥450.00 |
| 价税合计（大写） | ⊗伍仟肆佰伍拾元整 | | | | （小写）¥5 450.00 | | |
| 备注 | | | | | | | |

开票人：×××

图 4-5　电子发票

收到租金，根据开出的增值税专用发票（图 4-5）和银行收款回单，账务处理为：

借：银行存款　　5 450

　　贷：其他业务收入　　5 000

　　　　应交税费——应交增值税（销项税额）　　450

计提当月出租房屋折旧费时，根据固定资产折旧计提表，账务处理为：

借：其他业务成本　　200

　　贷：累计折旧　　200

支付出租房屋维修费，根据发票和银行付款回单，账务处理为：

借：其他业务成本　　500

　　应交税费——应交增值税（进项税额）　　65

　　贷：银行存款　　565

# 第四节　固定资产折旧的计提和账务处理

固定资产折旧是指固定资产由于损耗而逐渐减少并转移的价值。根据会计核算的配比原则，固定资产由于损耗而逐渐减少的价值，应该在固定资产预计使用年限中，以计提折旧的形式计入各期的成本、费用中。

## 一、决定固定资产折旧的因素

### （一）固定资产原始价值

固定资产原始价值，也称原值，即固定资产的入账价值，它是计提折旧的基础。

### （二）固定资产预计净残值

固定资产预计净残值是指固定资产报废时预计可收回的残余价值减去预计清理费用后的差额。固定资产预计净残值由企业自行预计，但《企业所得税法》规定的净残值为固定资产原值的5%以内，即净残值率不超过5%，因此小企业一般应按税法规定确定净残值。固定资产原值减去预计净残值，即为固定资产的应计提折旧总额。

### （三）固定资产预计使用年限

固定资产预计使用年限，也称折旧年限，直接影响各期应计提折旧额的多少。固定资产的折旧年限，会计准则虽未规定，但《企业所得税法》有规定，小企业一般应按照税法规定的折旧年限计提折旧，以免计算企业所得税时再调整。

税法规定的最短折旧年限为：房屋、建筑物20年；火车、轮船、机器、机械和其他生产设备 10 年；火车、轮船以外的运输工具 4 年；与生产经营有关的器具、工具、家具等 5 年；电子设备 3 年。

### （四）固定资产折旧方法

不同的折旧方法，会导致固定资产各期计提折旧额的不同。现行的折旧方法有年限平均法、工作量法、年数总和法、双倍余额递减法。但按税法规定，企业一般应采用年限平均法。

## 二、固定资产计提折旧的范围

除下列情况外，企业应对所有固定资产计提折旧：

（1）已提足折旧仍继续使用的固定资产。

（2）经营性租入的固定资产。

（3）已报废的固定资产。

（4）因改、扩建而停用的固定资产。

因改、扩建而停用的固定资产，应将其账面价值转入在建工程科目，不再计提折旧。在改、扩建工程完毕，固定资产达到预定可使用状态并交付使用后，应重新估计固定资产尚可使用年限，重新计提折旧。

已达到预定可使用状态的固定资产，如果尚未办理竣工决算的，应按建造合同价款或估计价值暂估入账，并计提折旧；待办理了竣工决算手续后，再按照实际成本调整原来的暂估价，不需要调整原已计提的折旧额，但应根据实际成本重新计算剩余的应计折旧总额，在剩余年限里进行折旧。

## 三、固定资产计提折旧的时间

（1）当月增加使用的固定资产，当月不计提折旧，从下月起计提折旧。

（2）当月减少使用的固定资产，当月照提折旧，从下月起不再计提折旧。

也就是说，每月计提折旧时，以当月月初应计提折旧的固定资产账面原值为依据。提前报废的固定资产，不再补提折旧。

【例 4–9】某企业月初应计提折旧的固定资产原值总计为 450 000 元，本月增加机器甲一台，原值为 60 000 元，本月减少机器乙一台，原值为 5 000 元。本月应计提折旧的固定资产原值仍为 450 000 元。

## 四、固定资产计提折旧的计算方法

企业可选用的折旧方法包括年限平均法、工作量法、年数总和法、双倍余额递减法，前两种方法属于直线折旧法，后两种方法属于快速或加速折旧法。按《企业所得税法》的要求，小企业一般应采用年限平均法。固定资产折旧方法一经确定，不得随意变更。本节主要介绍年限平均法，年数总和法作为知识延伸选学方法介绍。

### （一）年限平均法

年限平均法也称平均年限法，是指在折旧年限内，将固定资产应提折旧总额平均分配到每年及每月的折旧计算方法。在这种方法下，企业每月计提的折旧额是相等的。计算方法为：

年折旧额 = 固定资产原值 ×（1– 预计净残值率）/ 折旧年限

月折旧额 = 年折旧额 /12

【例 4–10】某企业有厂房一栋，原值为 480 000 元，折旧年限 20 年，净残值率为 4%，计算该厂房的年折旧额和月折旧额分别是多少。

年折旧额 =480 000 ×（1–4%）/20=23 040（元）

月折旧额 =23 040/12=1 920（元）

### （二）年数总和法

年数总和法是指以固定资产原值减去残值后的净额作为基数，乘以逐年递减的折旧率，计算固定资产年折旧额的一种方法。该方法为快速折旧法，每年计提的折旧额先大后小、逐年递减，可以在固定资产寿命前期提回大部分折旧，尽早收回固定资产投资。

其中，逐年递减的折旧率，分子为固定资产剩余使用的年数，它是逐年递减的；分母为固定资产使用年数的年序号之和，即年数总和。计算方法为：

某年折旧率 = 剩余使用年限 / 年数总和

某年折旧额 =（固定资产原值 – 预计净残值）× 当年折旧率

月折旧额 = 年折旧额 /12

【例 4–11】某企业有一台电子设备，原值为 400 000 元，预计使用 5 年，预计净残值率为 5%，计算该电子设备的各年折旧额和每年月折旧额。

折旧基数 =400 000 ×（1–5%）=380 000（元）

年数总和 =1+2+3+4+5=15

第一年折旧额 =380 000 ×（5/15）≈ 126 667（元）

月折旧额 =126 667/12 ≈ 10 556（元）

第二年折旧额 =380 000 ×（4/15）≈ 101 333（元）

月折旧额 =101 333/12 ≈ 8 444（元）

第三年折旧额 =380 000 ×（3/15）=76 000（元）

月折旧额 =76 000/12=6 333（元）

第四年折旧额 =380 000 ×（2/15）≈ 50 667（元）

月折旧额 =50 667/12≈4 222（元）

第五年折旧额 =380 000×（1/15）≈25 333（元）

月折旧额 =25 333/12≈2 111（元）

五年累计折旧额 =126 667+101 333+76 000+50 667+25 333

=380 000（元）

## 五、固定资产折旧计提表的编制

企业在计提固定资产折旧时，应按照固定资产的用途，分别计算固定资产的折旧额，并编制固定资产折旧计提表，作为账务处理的原始凭证。

【例 4-12】永兴机械有限责任公司 20×× 年 9 月固定资产折旧计提表见表 4-1。

表 4-1　固定资产折旧计提表

20×× 年 9 月　　单位：元

| 固定资产名称 | 原值 | 净残值 | 折旧年限 | 年折旧额 | 月折旧额 |
|---|---|---|---|---|---|
| 车间厂房 | 500 000 | 10 000 | 20（2020.5—2040.4） | 24 500 | 2 042 |
| 机床 | 100 000 | 5 000 | 10（2020.6—2030.5） | 9 500 | 792 |
| 切割机 | 1 000 | 50 | 10（2020.6—2030.5） | 95 | 8 |
| 电焊机 | 2 000 | 100 | 10（2005.2—2015.1） | 190 | 16 |
| 电控柜 | 5 000 | 150 | 10（2005.2—2015.1） | 485 | 40 |
| 生产用小计 | 608 000 | — | — | 34 770 | 2 898 |
| 办公综合楼 | 800 000 | 40 000 | 30（2002.3—2032.2） | 25 333 | 2 111 |
| 轿车 | 150 000 | 6 000 | 10（2020.6—2030.5） | 14 400 | 1 200 |
| 计算机 | 5 000 | 100 | 5（2020.7—2025.6） | 980 | 82 |
| 打印机 | 1 200 | 60 | 5（2020.7—2025.6） | 228 | 19 |
| 保险柜 | 1 000 | 50 | 5（2023.7—2028.6） | 190 | 16 |
| 管理用小计 | 957 200 | — | — | 41 131 | 3 428 |
| 出租库房 | 50 000 | 2 000 | 20（2020.5—2040.4） | 2 400 | 200 |
| 合计 | 1 615 200 | — | — | 78 301 | 6 526 |

固定资产折旧计提表的编制方法如下：

净残值 = 原值 × 净残值率

应计折旧总额 = 原值 − 净残值

月折旧额 = 应计折旧总额 ÷ 折旧年限 ÷12

累计折旧额 = 上月累计折旧额 + 本月折旧额

计算填列累计折旧额是为了观察折旧是否已提足，防止提超。当累计折旧额等于应计折旧总额时，说明折旧已提足，不能再提。

### 六、固定资产折旧的账务处理

根据固定资产折旧计提表中固定资产的用途，借记管理费用、制造费用、销售费用、其他业务成本等科目，贷记累计折旧科目。

【例 4-13】根据表 4-1 固定资产折旧计提表，9 月份折旧的账务处理为：

借：制造费用　　2 898

　　管理费用　　3 428

　　其他业务成本　　200

　　贷：累计折旧　　6 526

## 第五节　固定资产后续支出的账务处理

固定资产后续支出，是指取得固定资产后，在使用过程中发生的修理和改扩建支出。

固定资产的修理，是为了保证固定资产能够正常使用，或者通过修理使其恢复原有性能。固定资产改、扩建，就是固定资产在原有基础上进行的设备技术改造、改装，楼房的加高、延伸、加固、装修等活动。

### 一、固定资产修理支出

固定资产修理，分为日常修理和大修理两种情况。其账务处理也不同。

#### （一）固定资产日常修理支出

固定资产日常修理支出的费用，按照固定资产的用途记入相应的账户。属于生产用固定资产的，记入制造费用账户；属于管理用固定资产的，记入管理费用账户；属于销售部门用固定资产的，记入销售费用账户。

【例 4-14】永兴机械有限责任公司本月设备修理耗用修理备件 500 元；另外支付修理人员修理费共计 1 000 元，收到增值税普通发票，以银行转账支付。

**实 物 出 库 凭 证**

领物单位：生产车间　　20××年7月5日　　字第 12号

| 品名 | 数量 | 单位 | 单价 | 金额 | | | | | | | | | 备注 |
|---|---|---|---|---|---|---|---|---|---|---|---|---|---|
| | | | | 百 | 十 | 万 | 千 | 百 | 十 | 元 | 角 | 分 | |
| 轴承 | 10 | 件 | 20 | | | | | 2 | 0 | 0 | 0 | 0 | |
| 导杆 | 5 | 件 | 40 | | | | | 2 | 0 | 0 | 0 | 0 | |
| 螺栓 | 20 | 件 | 5 | | | | | 1 | 0 | 0 | 0 | 0 | |
| 合计 | 伍佰元整 | | | | | | | | | | | 500.00 | |

负责人：　　会计：　　保管：王亮　　领物人：李远

图 4–6　修理用备件出库单

根据修理用备件出库单（图 4–6），账务处理为：

借：制造费用　　500

　　贷：原材料——轴承　　200

　　　　　　——导杆　　200

　　　　　　——螺栓　　100

根据修理费普通发票和支付修理费银行付款回单，账务处理为：

借：制造费用　　1 000

　　贷：银行存款　　1 000

## （二）固定资产大修理支出

固定资产大修理，是指修理间隔时间长、修理费用大、能大幅恢复使用性能的修理。固定资产大修理的受益时间较长，在一年以上，因而大修理支出应在受益期年度内分年（大修费金额相对较小时）或分月（大修费金额相对较大时）摊销，应记入长期待摊费用账户。

【例 4-15】永兴机械有限责任公司将小汽车发至汽车修理企业大修，支付修理费及增值税 56 500 元。分 3 年摊销（大修费金额相对较小）。

根据增值税专用发票和银行付款回单，账务处理为：

借：长期待摊费用——汽车大修费　　50 000

　　应交税费——应交增值税（进项税额）　　6 500

　　贷：银行存款　　56 500

汽车大修费摊销计算单见图 4–7。

汽车大修费摊销计算单

大修费总额：50 000元
摊销年限：3 年
20××年应摊销：50 000÷3≈16 667（元）

**图 4-7　汽车大修费摊销计算单**

每年摊销大修费的账务处理为：

借：管理费用　　16 667

　　贷：长期待摊费用——汽车大修费　　16 667

## 二、固定资产改造和改、扩建支出

### （一）自有固定资产的改造和改、扩建支出

固定资产改、扩建的结果，表现为增加了固定资产的价值，或延长了其使用寿命、提高了使用性能和效率、降低了生产成本等。因此，自有固定资产改、扩建支出应计入固定资产的原值。

进行改、扩建的自有固定资产，应以其账面价值加上改、扩建过程中的净支出，作为新的固定资产重新入账。

【例 4-16】永兴机械有限责任公司有一台机床，原值为 90 000 元，已计提折旧共计 60 000 元，现企业对该设备进行改造，以提高其生产能力。改造过程中发生支出 23 000 元，发票增值税 2 990 元。拆下来的残料变价收入为 500 元，发票增值税 65 元，以现金收取。改造完成设备达到预定可使用状态。

（1）将原有固定资产转入改、扩建。

改造设备账面资料如图 4-8 所示。

**改造设备账面资料**

原　　值　90 000元
累计折旧　60 000元
净　　值　30 000元

改造开始日期　20××年8月3日

**图 4-8　改造设备账面资料**

账务处理为：

借：在建工程——机床改造　　30 000

　　累计折旧　　60 000

　　贷：固定资产——机床　　90 000

（2）改、扩建过程中发生支出。

根据改造支出增值税专用发票和银行付款回单，账务处理为：

借：在建工程——机床改造　　23 000

　　应交税费——应交增值税（进项税额）　　2 990

　　贷：银行存款　　25 990

（3）取得残料变价收入。

根据开出销售残料增值税专用发票和现金收入凭证（如图 4-9 所示），账务处理为：

借：库存现金　　565

　　贷：在建工程——机床改造　　500

　　　　应交税费——应交增值税（销项税额）　　65

**现金收入凭证**　　第二联　交会计

20××年9月10日　　第 3 号

| | |
|---|---|
| 收　　到 卖废料款 | 备　注 |
| 计人民币（大写）伍佰陆拾伍元整 | |
| 交款人（签名）李青华 | 565.00 元 |

负责人　　会计 张娟　　出纳 赵利

图 4-9　现金收入凭证

（4）改造完成，交付使用。

改造机床入账价值计算单如图 4-10 所示。

**改造机床入账价值计算单**

改造前净值　　30 000元

加：改造费用　　23 000元

减：残料变价收入　　500 元

改造后价值　　52 500元

完工日期　20××-09-10

图 4-10　改造机床入账价值计算单

账务处理为：

借：固定资产——机床　　52 500

　　贷：在建工程——机床改造　　52 500

## （二）经营性租入固定资产改良支出

经营性租入固定资产的改良，是指对经营性租入固定资产的改造，如对租入的房屋进行的装修等。由于经营性租入固定资产不属于本企业的资产，没有入账，因而不能将改良支出作为固定资产的价值入账，只能作为长期待摊费用，在改良之后的租期内，分年（大修费金额相对较小时）或分月（大修费金额相对较大时）摊销，按租入固定资产用途计入制造费用或管理费用。

【例 4-17】永兴机械有限责任公司在租入办公用房后立即进行装修，支付装修费 50 000 元，增值税 4 500 元，以银行存款转账支付。房屋租期为 5 年。

（1）支付装修费。

根据装修费增值税专用发票和银行付款回单，账务处理为：

借：长期待摊费用——装修费　　50 000

　　应交税费——应交增值税（进项税额）　　4 500

　　贷：银行存款　　54 500

（2）在租期内每年摊销。

根据装修费摊销计算单（与图 4-7 的大修费摊销计算单类同），账务处理为：

借：管理费用　　10 000

　　贷：长期待摊费用——装修费　　10 000

如果装修费为分次支付，每次支付装修费时先在在建工程账户归集，装修完工后再结转至长期待摊费用。本例如果第一次支付购料款 30 000 元，增值税 3 900 元；第二次支付装修款 20 000 元，增值税 1 800 元，则账务处理为：

借：在建工程——装修材料　　30 000

　　应交税费——应交增值税（进项税额）　　3 900

　　贷：银行存款　　33 900

借：在建工程——装修施工费　　20 000

　　应交税费——应交增值税（进项税额）　　1 800

　　贷：银行存款　　21 800

装修完工后，根据验收单，账务处理为：

借：长期待摊费用——装修费　　50 000

　　贷：在建工程　　50 000

### （三）已提足折旧的固定资产改造支出

已提足折旧的固定资产，其经济寿命已经结束，改造支出就不能再计入账面价值，只能计入长期待摊费用，然后在改造后可使用年限内摊销计入制造费用或管理费用。其发生改造支出和每年摊销的账务处理，与经营性租入固定资产改良支出的账务处理类同。摊销计算单格式与图 4-7 的大修费摊销计算单类同。

# 第六节　固定资产减少的账务处理

固定资产减少，主要有出售、报废或毁损、抵债、对外投资、捐赠等。固定资产减少，均应在固定资产清理账户核算。该账户借方登记企业出售、报废或毁损、抵债、对外投资、捐赠等转入清理的固定资产账面净值（固定资产净值就是固定资产原值减累计已提折旧后的差额，已提折旧中包括清理当月应计提的折旧额）与清理过程中发生的清理费用和相关税金支出；贷方登记清理时取得的货币或非货币收入以及捐赠的视同销售收入。固定资产清理完毕时，应将清理净损益转入营业外收入或营业外支出账户，结转后，该账户无余额。

## 一、固定资产出售

固定资产出售，应通过固定资产清理科目核算。

【例 4-18】永兴机械有限责任公司将一台不需用数控机床以 40 000 元价格出售，开具增值税专用发票，增值税 5 200 元。设备原价 80 000 元，已计提折旧 36 000 元。转账支付装运费用 900 元，增值税 81 元。

（1）将出售固定资产账面净值转入清理账户。

根据出售机床的账面资料（格式与图 4-8 类同），账务处理为：

| | | |
|---|---|---|
| 借：固定资产清理 | 44 000 | |
| 　　累计折旧 | 36 000 | |
| 　　贷：固定资产——数控机床 | | 80 000 |

（2）发生清理费用支出。

根据清理费发票和银行付款回单，账务处理为：

借：固定资产清理　　900
　　应交税费——应交增值税（进项税额）　　81
　　贷：银行存款　　981

（3）取得出售收入。

根据出售机床增值税专用发票和银行收款回单，账务处理为：

借：银行存款　　45 200
　　贷：固定资产清理　　40 000
　　　　应交税费——应交增值税（销项税额）　　5 200

（4）结转清理损益。

**出售数控机床清理损益计算单**

| | |
|---|---|
| 出售收入 | 40 000元 |
| 减：机床净值 | 44 000元 |
| 　　清理费用 | 900元 |
| 出售损失 | 4 900元 |

20××.10.12

图 4–11　出售数控机床清理损益计算单

根据出售数控机床清理损益计算单（图 4–11），账务处理为：

借：营业外支出　　4 900
　　贷：固定资产清理　　4 900

出售房产时需要缴纳的土地增值税、产权转移书据印花税，也作为出售时的费用支出，记入“固定资产清理”账户的借方。

## 二、固定资产报废

固定资产报废包括寿命期满报废、提前淘汰报废和因灾害事故毁损报废，应通过固定资产清理科目核算。

【例 4–19】永兴机械有限责任公司有一辆运输汽车，原价 150 000 元，已计提折旧 50 000 元，在一次交通事故中毁损报废，收到保险赔款 100 000 元，残车变卖收入 5 000 元，增值税 650 元。

（1）将报废汽车账面净值转入清理账户。

根据毁损、报废汽车账面资料（格式与图 4–8 类同），账务处理为：

借：固定资产清理　　100 000

　　累计折旧　　50 000

　　贷：固定资产——运输汽车　　150 000

（2）收到保险理赔款。

根据赔偿收入银行收款回单，账务处理为：

借：银行存款　　100 000

　　贷：固定资产清理　　100 000

（3）取得残车出售收入。

根据残车出售增值税专用发票和银行收款回单，账务处理为：

借：银行存款　　5 650

　　贷：固定资产清理　　5 000

　　　　应交税费——应交增值税（销项税额）　　650

（4）结转清理损益。

报废汽车清理损益计算单如图 4–12 所示。

**报废汽车清理损益计算单**

| | |
|---|---|
| 保险赔偿收入 | 100 000元 |
| 出售废车收入 | 5 000元 |
| 减：汽车净值 | 100 000元 |
| 报废净收益 | 5 000元 |

20××.10.28

**图 4–12　报废汽车清理损益计算单**

账务处理为：

借：固定资产清理　　5 000

　　贷：营业外收入　　5 000

## 三、以固定资产抵债

企业在无力偿还债务的情况下，有时可能用固定资产抵偿债务（应付账款或银行借款）。企业以固定资产抵债，固定资产的账面价值、销项增值税、抵债房产应缴的产权转移书据印花税和土地增值税以及产权过户费等，与应付债务金额的差额，记入营业外收入或营业外支出科目。

账务处理如下：

（1）将抵债的固定资产账面净值转入清理账户，作为清理成本。

根据固定资产账面资料，账务处理为：

借：固定资产清理（净值）

累计折旧（已提折旧）

贷：固定资产——名称（原值）

（2）以房产抵债的，将缴纳或应缴的土地增值税、产权转移书据印花税和产权过户费等，计入固定资产清理支出。

根据支付税费的银行付款回单或应交税费的计算单，账务处理为：

借：固定资产清理（土地增值税、印花税和产权过户费等）

贷：银行存款或应交税费——税费名称

（3）以固定资产抵债按销售作为清理收入。

根据债务清偿协议书和按销售开具的增值税专用发票，账务处理为：

借：应付账款或长期借款（抵债协议价值，即发票价税合计）

贷：固定资产清理（发票价款金额，即销售收入）

应交税费——应交增值税（销项税额）（发票增值税额）

（4）结转抵债固定资产清理损益。

根据清理损益计算单，账务处理为：

借：营业外支出（清理损失）

贷：固定资产清理（借方余额）

或

借：固定资产清理（贷方余额）

贷：营业外收入（清理收益）

【例 4-20】永兴机械有限责任公司 5 年前因购材料欠恒大商贸有限公司货款（含增值税）113 000 元，一直无力偿还，现经双方协商以一辆汽车抵偿债务，按销售开具了增值税专用发票，价款 100 000 元，税率 13%，增值税 13 000 元，该汽车原值为 200 000 元，已计提折旧 80 000 元。

（1）将抵债汽车账面净值转入清理账户。

根据抵债汽车账面资料（格式与图 4-8 类同），账务处理为：

| | | |
|---|---|---|
| 借：固定资产清理 | 120 000 | |
| 累计折旧 | 80 000 | |
| 贷：固定资产——汽车 | | 200 000 |

（2）用汽车抵债按销售作为清理收入。

根据债务清偿协议书（图 4-13）、销售增值税专用发票，账务处理为：

| | | |
|---|---|---|
| 借：应付账款——恒大商贸有限公司 | 113 000 | |
| 贷：固定资产清理 | | 100 000 |
| 应交税费——应交增值税（销项税额） | | 13 000 |

**债务清偿协议书**

经双方协商同意，永兴机械有限责任公司以汽车一辆抵偿欠恒大商贸有限公司货款壹拾壹万叁仟元整（113 000元），结清债权债务。汽车即日交接。

永兴机械有限责任公司　　　　恒大商贸有限公司

20××年11月5日　　　　20××年11月5日

图 4–13　债务清偿协议书

（3）结转抵债汽车清理损益。

清理损益计算单如图 4–14 所示。

**抵债汽车清理损益计算单**

清理收入　　100 000元

减：清理成本（抵债汽车账面净值）　　120 000元

清理损益=100 000–120 000=–20 000（元）（损失）

图 4–14　抵债汽车清理损益计算单

账务处理为：

借：营业外支出　　20 000

　　贷：固定资产清理　　20 000

## 四、以固定资产对外投资

以固定资产对外投资，应按销售开具增值税专用发票。账务处理与固定资产抵债的方法类同，只需将应付账款或长期借款科目改为长期股权投资科目即可。

【例 4–21】永兴机械有限责任公司以一处房产向明光实业有限公司出资，该房产原值 1 000 000 元，已提折旧 600 000 元，出资协议价值为 1 090 000 元，永兴机械有限责任公司开具了增值税专用发票，发票价款金额 1 000 000 元，增值税 90 000 元，缴纳了土地增值税 25 000 元、产权转移书据印花税 500 元，支付了产权过户费 200 元。

（1）将用作投资的房产账面净值转入清理账户。

根据某房产账面资料（格式与图 4–8 类同），账务处理为：

借：固定资产清理　　400 000

　　累计折旧　　600 000

　　贷：固定资产——某房产　　1 000 000

（2）将缴纳的土地增值税、产权转移书据印花税和产权过户费，计入清理支出。

根据支付税费的银行付款回单，账务处理为：

借：固定资产清理　　　　　　　　25 700（25 000+500+200）

　　贷：银行存款　　　　　　　　　　　　25 700

（3）以房产投资按销售作为清理收入。

根据投资协议书和按销售开具的增值税专用发票，账务处理为：

借：长期股权投资——明光实业有限公司　　　　1 090 000

　　贷：固定资产清理　　　　　　　　　　　　1 000 000

　　　　应交税费——应交增值税（销项税额）　　90 000

（4）结转投资房产清理损益。

**投资房产清理损益计算单**

清理收入　　　　　　　　1 000 000 元

减：清理成本（投资房产账面净值）　400 000 元

　　清理支出（缴纳的相关税费）　　25 700 元

清理损益= 1 000 000-400 000-25 700=574 300（元）（收益）

图 4–15　投资房产清理损益计算单

根据清理损益计算单（图 4–15），账务处理为：

借：固定资产清理　　　　　　　　574 300

　　贷：营业外收入　　　　　　　　　574 300

## 五、以固定资产捐赠转出

捐赠转出固定资产，应视同销售开具增值税专用发票，账务处理与前述固定资产抵债、投资类同，只需将应付账款或长期借款、长期股权投资科目改为营业外支出科目即可。

# 练习题

**根据方达公司下列经济业务的原始凭证信息，作出账务处理。**

（1）增值税专用发票：车床 200 000 元，增值税为 26 000 元，合计 226 000 元。（不需要安装）

银行付款回单：付款人方达公司，金额 226 000 元。

（2）增值税专用发票：锅炉 120 000 元，增值税 15 600 元，合计 135 600 元。（需安装）

销售方代垫运费发票：金额 6 800 元，增值税 612 元。

银行付款回单：付款人方达公司，金额 143012 元。

（3）安装费发票：锅炉安装费 14 000 元，增值税 1 260 元，合计 15 260 元。

银行付款回单：收款人工业锅炉安装公司，金额 15 260 元，用途为安装费。

（4）锅炉入账价值结算单：购置成本 126 800 元，安装费 14 000 元，合计入账价值 140 800 元。

（5）增值税专用发票：钢材 200 000 元，增值税 26 000 元，购货单位为方达公司。（建库房用）

银行付款回单：付款人方达公司，金额 226 000 元，用途为钢材货款。

（6）华为建筑公司收料单：交货单位方达公司，钢材 200 000 元。

（7）增值税专用发票：购买方方达公司，工程款 80 000 元，增值税 7 200 元。

银行付款回单：付款人方达公司，收款人华为建筑公司，金额 87 200 元，用途为工程款。

（8）库房工程成本结算单：材料成本 200 000 元，施工成本 80 000 元，工程成本合计 280 000 元。

（9）增值税专用发票：房屋租金 3 000 元，增值税 270 元。（办公用房）

银行付款回单：支付房租 3 270 元。

（10）根据第（1）项经济业务，该车床预计净残值率为 5%，折旧年限为 10 年，用年限平均法计算该车床每月折旧额。

（11）该公司现有的固定资产情况见表 4–2。均采用年限平均法计提折旧。

**表 4–2　方达公司月初固定资产资料**

| 固定资产名称 | 原值（元） | 净残值率（%） | 折旧年限（年） | 月折旧额（元） |
|---|---|---|---|---|
| 甲生产设备 | 234 000 | 5 | 10 | |
| 乙生产设备 | 150 400 | 5 | 10 | |
| 车间房屋 | 100 000 | 5 | 30 | |
| 办公用计算机 | 5 000 | 2 | 5 | |
| 办公用打印机 | 2 000 | 2 | 5 | |
| 轿车 | 200 000 | 5 | 10 | |

编制本月折旧计提表，并据以进行账务处理。

（12）增值税专用发票：机床修理费 1 000 元，增值税 130 元。

银行付款回单：金额 1 130 元，用途为机床修理费。

（13）对生产车间厂房进行扩建，该厂房账面原值为 100 000 元，累计折旧 40 000 元。

（14）增值税专用发票：厂房扩建工程，金额 50 000 元，增值税 4500 元。

银行付款回单：金额 54 500 元，用途为厂房工程款。

（15）增值税普通发票：旧门窗 2 000 元，增值税 260 元。

现金收入凭证：收到厂房旧门窗变价收入 2 260 元。

（16）厂房扩建工程完工，结算并结转新厂房入账价值。

（17）增值税专用发票：装修费 5 000 元，增值税 450 元。（租入办公用房，租期为 5 年）

银行付款回单：金额 5 450 元，用途为装修费。

（18）本年摊销办公室装修费。（自行计算摊销额）

（19）将现有轿车出售，该轿车原值 200 000 元，累计已提折旧 95 000 元。

（20）增值税专用发票：轿车，金额 50 000 元，增值税 6 500 元。销售方为方达公司。

银行收款回单：轿车款 56 500 元。

（21）计算出售轿车清理损益，并结转。

（22）甲生产设备（车床）原值 234 000 元，使用 10 年后，决定报废。该设备累计已提折旧 222 300 元。

（23）增值税专用发票：车床 8 000 元，增值税 1 040 元。销售方为方达公司。

银行收款回单：车床款 9 040 元。

（24）现金支付凭证：支付车床拆卸费 200 元。

收条：今收到车床拆卸费 200 元，收款人吴大震。

（25）计算甲设备报废清理损益，并结转。

（26）以现用计算机抵债，该计算机原值 5 000 元，累计已提折旧 2 940 元。

（27）账务清偿协议：方达公司欠同道公司货款 2 260 元，因财务困难无力支付，以计算机一台抵偿。

销售发票：价款 2 000 元，增值税 260 元。

（28）抵债计算机清理损益计算单：增值税专用发票上的销售收入 2 000 元，计算机净值 2 060 元，清理损失 60 元。

# 第五章

## 无形资产业务的核算

会计从业人员应当坚持准则，做到以下要求：熟悉准则、遵循准则、坚持准则。

## 第一节　无形资产的种类

无形资产一般包括专利权、非专利技术、著作权、商标权、特许经营权和土地使用权等。

### 一、专利权

专利权是指发明创造权利人在专利管理机关登记注册、依法批准的，享有在法定时期内对其发明成果独占的专有权。

专利权包括发明专利权、实用新型专利权和外观设计专利权。

### 二、非专利技术

非专利技术又称专有技术，是指没有在专利管理机关进行注册登记，不享有独占权，不受法律保护的专有技术。例如，企业在生产工艺、检验和设备安装等方面拥有的先进技术等。

### 三、著作权

著作权即版权，是指著作权人对其创作的著作或作品依法享有的专有权利。

### 四、商标权

商标权，又称注册商标专有权，是指商标所有人将其商标在国家商标管理机关依法注册登记后，在法定期限内，对其商标所享有的专有权利。

### 五、特许经营权

特许经营权又称专营权，是指企业在某一地区经营或销售某种商品的权利。

### 六、土地使用权

土地使用权是指经国家土地管理局批准，准许某一企业或单位在一定期间内对国有土地享有开发、利用和经营的权利。

# 第二节　无形资产取得的账务处理

## 一、购入无形资产

购入的无形资产，以实际支付的价款和相关税费（不含增值税）作为入账价值。相关税费包括产权转移书据印花税、产权登记费等。

【例 5-1】永兴机械有限责任公司购入一项专利权，支付价款 200 000 元，增值税 12 000 元，缴纳产权转移书据印花税 60 元。款项通过银行转账支付。

根据购进发票、银行付款回单、缴纳印花税银行回单，账务处理为：

借：无形资产——专利权　　200 060

　　应交税费——应交增值税（进项税额）　　12 000

　　贷：银行存款　　212 060

## 二、投资者投入无形资产

投资者投入的无形资产，按投资合同或协议约定的价值加相关税费（不含增值税）作为入账价值。

【例 5-2】永兴机械有限责任公司接受庆大公司以一项商标权作为出资，双方协议约定价值为 159 000 元，收到增值税专用发票，价款 150 000 元，增值税为 9 000 元。缴纳产权转移书据印花税 45 元。

根据投资协议和取得的增值税专用发票，账务处理为：

借：无形资产——商标权　　150 045

　　应交税费——应交增值税（进项税额）　　9 000

　　贷：实收资本——庆大公司　　159 000

　　　　银行存款　　45

## 三、自行研究开发无形资产

企业自行研究开发的无形资产包括专利权、非专利技术、软件著作权。研究开发活动包括新技术、新产品、新工艺、新配方等的研究与开发。研究开发费用包括材料费、研发人员工资及社会保险费、研发设备折旧费以及与研发相关的其他费用。研发过程分为研究阶段和开发阶段。研究阶段是指理论研究和实验室研究阶段。开发阶段是指将研究成果应用于生产过程中的新技术、新工艺、新产品、新配方的试验和试制达到商品化生产之前的阶段。研究费用计入管理费用，开发费用计入无形资产价值。

【例 5-3】永兴机械有限责任公司自行研究开发某新型技术，支付研究阶段材料费、研究人员工资及社会保险费、研究设备折旧费等共计 100 000 元。研究完成进入开发阶段后，发生材料费用、参与开发人员工资及社会保险费、研发设备折旧费及其他相关费用 500 000 元。该新型技术开发成功，形成专有技术。

（1）发生研究费用。

根据材料出库单、工资表、社会保险费计提表、折旧计提表、其他相关费用发票、有关付款的银行付款回单等，账务处理为：

借：研发支出——费用化支出　　100 000

　　贷：原材料、应付职工薪酬、累计折旧、银行存款等　　100 000

研究阶段结束后，当年发生的研究费用，应在本年度内将费用化支出结转至管理费用——研究费用账户：

借：管理费用——研究费用　　100 000

　　贷：研发支出——费用化支出　　100 000

（2）发生开发费用。

根据材料出库单、工资表、社会保险费计提表、折旧计提表、其他相关费用发票、有关付款的银行付款回单等，账务处理为：

借：研发支出——资本化支出　　500 000

　　贷：原材料、应付职工薪酬、累计折旧、银行存款等　　500 000

（3）新型技术开发完成。

将研发支出中的资本化支出结转至无形资产——专有技术账户，账务处理为：

借：无形资产——专有技术　　500 000

　　贷：研发支出——资本化支出　　500 000

有的研发项目，研究阶段没有取得研究成果就没有开发阶段，也就不会形成无形资产，没有第二笔账务处理。

### 四、租入无形资产

企业租入无形资产，就是取得无形资产的使用权，需支付使用费。租入的无形资产，不享有所有权，所以不入账，只对支付使用费进行账务处理。支付的使用费，属于生产用的计入制造费用、生产用以外的计入管理费用。

【例 5-4】永兴机械有限责任公司以每月 50 000 元的使用费取得一家公司的商标使用权。

根据取得的使用费增值税专用发票（税率 6%）和银行付款回单，每月支付使用费的账务处理为：

| | | |
|---|---|---|
| 借：管理费用 | 50 000 | |
| 　　应交税费——应交增值税（进项税额） | 3 000 | |
| 　　贷：银行存款 | | 53 000 |

## 第三节　无形资产摊销和报废的账务处理

无形资产应在其受益期内进行摊销，采用直线法。摊销期限按有关法律规定和合同约定的使用年限确定，企业自创的无形资产可参照有关法律规定的保护年限确定，企业购买的无形资产根据转让合同约定的受益年限确定，《企业所得税法》规定的最短摊销年限为 10 年。按法律规定和合同约定受益年限的期限摊销，使每年摊销额很小的情况下，企业应选择按税法规定的 10 年摊销。无形资产应于开始使用当月开始摊销，处置或报废当月起不再摊销。

### 一、无形资产摊销的计算和账务处理

企业自用无形资产的摊销金额一般应记入管理费用科目，但如果某无形资产专门用于生产过程中，则其摊销金额应记入制造费用科目。

【例 5-5】永兴机械有限责任公司使用一项生产技术专利权的价值为 600 000 元，预计寿命为 10 年，采用直线法摊销。

年摊销额为 =600 000/10=60 000（元）

月摊销额为 =60 000/12=5 000（元）

专利权摊销计算单如图 5–1 所示。

**专利权摊销计算单**

专利权价值　600 000元
摊销年限　　10年
年摊销额= 600 000/10=60 000（元）
月摊销额= 60 000/12=5 000（元）

20××.10.31

图 5–1　专利权摊销计算单

每月摊销的账务处理为：

| | | |
|---|---|---|
| 借：制造费用 | 5 000 | |
| 　　贷：累计摊销 | | 5 000 |

## 二、无形资产报废的账务处理

如果有证据表明，现有无形资产已不能给企业带来经济利益，则应当将该无形资产的账面价值转入营业外支出科目。

【例 5–6】某企业有一项专有技术，原入账价值为 100 000 元，已累计摊销 50 000 元。现在出现了一种更先进的技术取代了原专有技术，使原专有技术失去了使用价值，不能再给企业带来经济利益，决定予以报废。

报废专有技术账面记录如图 5–2 所示，报废通知单如图 5–3 所示。

账务处理为：

| | | |
|---|---|---|
| 借：营业外支出 | 50 000 | |
| 　　累计摊销 | 50 000 | |
| 　　贷：无形资产——专有技术 | | 100 000 |

**报废专有技术账面记录**

账面原值　100 000元
累计摊销　50 000元
摊余价值　50 000元

图 5–2　报废专有技术账面记录

关于专有技术报废的批复

鉴于本公司专有技术已无经济价值，同意报废。

董事长　王振华

20××. 10.12

图 5-3　关于专有技术报废的批复

# 第四节　无形资产转让的账务处理

无形资产转让使用权，即出租，是指企业将拥有的无形资产使用权让渡给他人，并取得租金或使用费收入的行为。无形资产转让所有权，即出售，是指企业将拥有的无形资产所有权转让给他人，并取得转让收入的行为。

## 一、无形资产转让使用权的账务处理

无形资产转让使用权，也就是出租。根据配比原则，企业在确认无形资产出租的租金收入时，还应确认出租无形资产的摊销成本。

【例 5-7】永兴机械有限责任公司转让一项专有技术使用权，本月取得使用费收入 100 000 元，增值税 6 000 元。该专有技术每月摊销额为 1 000 元。

（1）取得使用费收入。

根据开具的增值税专用发票记账联和银行收款通知，账务处理为：

借：银行存款　　106 000

　　贷：其他业务收入　　100 000

　　　　应交税费——应交增值税（销项税额）　　6 000

（2）本月摊销该无形资产价值。

根据摊销计算单（格式与图 5-1 类同），账务处理为：

借：其他业务成本　　1 000

　　贷：累计摊销　　1 000

企业在订立专有技术使用权转让合同时还应缴纳产权转移书据印花税，记入“税金及附加”账户。

## 二、无形资产转让所有权的账务处理

无形资产转让所有权，也就是出售。出售无形资产的收入与无形资产账面价值和相关税费（产权转移书据印花税、产权登记费等）的差额，计入营业外收入或营业外支出。

【例 5-8】永兴机械有限责任公司拥有某项专利权的价值为 500 000 元，已摊销 300 000 元，公司决定出售该专利权，出售价款 250 000 元，增值税 15 000 元。缴纳产权转移书据印花税 75 元。

**中国工商银行**（网上银行电子回单）

电子回单号码：1111-1100-2354-2357

| | | | | | |
|---|---|---|---|---|---|
| 付款人 | 户名 | 永兴机械有限责任公司 | 收款人 | 户名 | 国库长安路支库 |
| | 账号 | 1010147886809200119 | | 账号 | 21371859091002 |
| | 开户银行 | 工行人民路支行 | | 开户银行 | |
| 金额 | 柒拾伍元整　小写 75.00 | | | | |
| 摘要 | 缴纳专利权转让印花税 | | 业务（产品）种类 | | |
| 用途 | | | | | |
| 交易流水号 | 12637 | | 时间 | 20××-07-05 | |
| 中国工商银行 长安路支行 转讫 | 备注： | | | | |
| | 验证码： | | | | |
| 记账网点 | | 记账柜员 | | 记账日期 | 20××-07-05 |

打印日期：20××-07-05

**图 5-4　网上银行电子回单**

根据专利权账面记录、开具的增值税专用发票、银行收款回单、缴纳印花税银行回单（图 5-4），账务处理为：

借：银行存款　　265 000

　　累计摊销　　300 000

　　贷：无形资产——专利权　　500 000

　　　　应交税费——应交增值税（销项税额）　　15 000

　　　　银行存款　　75

　　　　营业外收入　　49 925

## 三、无形资产对外投资的账务处理

无形资产对外投资的账务处理将银行存款科目改为长期股权投资科目，其余与无形资产转让所有权的账务处理相同。

## 四、无形资产抵债的账务处理

企业以土地使用权或其他无形资产抵偿债务的账务处理，将银行存款科目改为应付账款或长期借款科目，其余与无形资产转让所有权的账务处理相同。

# 练习题

**根据金阳公司下列经济业务原始凭证的相关信息，作出会计处理。**

（1）增值税专用发票：专利技术（生产用），金额 80 000 元，增值税 4 800 元，购买方金阳公司。

银行付款回单：付款人金阳公司，金额 84 800 元。

（2）专利权摊销计算单：摊销年限 5 年。（自行计算月摊销额）

（3）专利技术报废批复（4 年后）：因新技术出现，同意此专利技术报废。（自行计算已摊销额和报废损失）

（4）增值税专用发票：商标使用费 5 000 元，增值税 300 元，购买方金阳公司。

银行付款回单：付款人金阳公司，付款金额 5 300 元。

（5）转让土地使用权的账面资料：账面原值 100 000 元，累计摊销 10 000 元。

增值税专用发票：土地使用权，金额 150 000 元，增值税 13 500 元，销售方金阳公司。

银行收款回单：收款人金阳公司，土地使用权金额 163 500 元。

银行付款回单：转让土地使用权缴税 12 075 元，其中：土地增值税 12 000 元，印花税 75 元。

# 第六章

## 生产成本的核算

会计从业人员应当提高技能，做到以下要求：要有不断提高会计专业技能的意识和愿望；要有勤学苦练的精神和科学的学习方法。

# 第一节　材料费用的计算和账务处理

材料费用就是产品生产过程中消耗的各种材料的价值，是生产费用中最重要的部分。材料费用核算的主要任务，就是准确地确定材料的消耗量和材料发出的计算价格。

## 一、材料发出的原始凭证

填制材料发出的原始凭证，是准确记录材料消耗量的基础。材料发出的原始凭证主要有领料单和领料登记表两种。领料单的格式如图 6–1 所示，领料登记表的格式如图 6–2 所示。领料单是一次性原始凭证，每领一次料填写一次。领料登记表是累计原始凭证，一种材料一个月只填一张领料登记表，每次领料在表上填写一行，月末汇总比较方便。

领料单

领用部门：生产车间　　　　20××年10月6日　　　　编号：1

| 用途：磨齿机 | | | | | | | | 成本项目： | | | | | | | |
|---|---|---|---|---|---|---|---|---|---|---|---|---|---|---|---|
| 材料项目 | | | | 单位 | 数量 | | 金额 | | | | | | | | |
| | | | | | | | | 总价 | | | | | | | |
| 编号 | 分类 | 名称 | 规格 | | 请领数 | 实数发 | 单价 | 十 | 万 | 千 | 百 | 十 | 元 | 角 | 分 |
| 05 | 钢材 | 甲材料 | 3毫米 | 吨 | 2 | 2 | 3 800 | | | 7 | 6 | 0 | 0 | 0 | 0 |
| 08 | 钢材 | 乙材料 | Φ6 | 吨 | 1 | 1 | 4 000 | | | 4 | 0 | 0 | 0 | 0 | 0 |
| | | | | | | | | | | | | | | | |
| 合计 | | | | | 3 | 3 | | | 1 | 1 | 6 | 0 | 0 | 0 | 0 |

车间或部门主管 吴含　　会计主管　　材料主管　　领料人：赵平　发料人：王亮

图 6–1　领料单

领料登记表

材料类别 钢材　　　　　　领料单位 机加车间

材料编号 02　　　　　　　发料仓库 1号库

材料名称规格 B材料 Φ20　　20××年10月　　计量单位 千克

| 日期 | 领料数量 | | 发料人 | 领料人 | 备注 |
| --- | --- | --- | --- | --- | --- |
| | 当日 | 累计 | | | |
| 1 | 100 | 100 | 王亮 | 赵平 | |
| 2 | 150 | 250 | 王亮 | 赵平 | |
| 30 | 150 | 3 000 | 王亮 | 赵平 | |
| 材料单价：3.8元/千克 | | | 合计金额：11 400元 | | |

图 6–2　领料登记表

## 二、材料发出的计价

由于不同批次购入的同一种材料价格可能不同，因而就存在材料发出时按哪一批价格计算材料费用的问题，即材料发出的计价问题。材料发出的计价方法常用的有个别计价法、先进先出法和月末一次加权平均法。

### （一）个别计价法

个别计价法，就是领用哪批货，就用哪批货的价格。这种方法适用于购进批次不多、能分清批次的材料。优点是准确，但不适用于购进批次多、库房不能分清批次的材料。

### （二）先进先出法

先进先出法，是假定先购进的材料先领出，发出材料按购进的先后依次确定其价格。这种方法适用于购进批次多且库房不能分清批次的材料。由于先进先出是假定的，不一定符合实际，所以其准确性不如个别计价法，计算也比较麻烦。先进先出法的计算如图 6–3 所示。

### （三）月末一次加权平均法

这种方法不用区分购进材料的批次和先后次序，而将各批次购进的材料在月末综合计算一个平均价格，作为发出材料的价格。因此，用这种方法计算材料费用比较简便，也适合用材料消耗量月末汇总计算材料费用的办法。原材料明细账平时不用登记材料发出情况，减少了记账的工作量。所以这种方法比较优越，是最常用的发出材料计价方法。月末一次加权平均法的计算公式为：

$$平均单价=\frac{材料月初余额+本月购进材料总额}{材料月初结存量+本月购进材料总数量}$$

月末一次加权平均法的示例如图 6–4 所示。

原材料明细分类账

计量单位：千克　　　　　　　　　　　　　　　　　　品名：甲材料

| 20××年 | | 凭证 | 摘　要 | 收　入 | | | 发　出 | | | 结　存 | | |
|---|---|---|---|---|---|---|---|---|---|---|---|---|
| 月 | 日 | | | 数量 | 单价 | 金额 | 数量 | 单价 | 金额 | 数量 | 单价 | 金额 |
| 5 | 1 | | 期初余额 | | | | | | | 1 200 | 1.10 | 1 320 |
| | 3 | | 购入 | 1 200 | 1.15 | 1 380 | | | | 2 400 | | 2 700 |
| | 8 | | 发出 | | | | 1 200<br>1 000 | 1.10<br>1.15 | 2 470 | 200 | 1.15 | 230 |
| | 15 | | 购入 | 2 000 | 1.23 | 2 460 | | | | 2 200 | | 2 690 |
| | 20 | | 发出 | | | | 200<br>1 600 | 1.15<br>1.23 | 2 198 | 400 | 1.23 | 492 |
| | 28 | | 购入 | 1 200 | 1.20 | 1 440 | | | | 1 600 | | 1 932 |
| | | | 本月合计 | 4 400 | | 5 280 | 4 000 | | 4 668 | 400<br>1 200 | 1.23<br>1.20 | 1 932 |

**图 6–3　原材料明细分类账（一）**

原材料明细分类账

计量单位：千克　　　　　　　　　　　　　　　　　　品名：甲材料

| 20××年 | | 凭证 | 摘　要 | 收　入 | | | 发　出 | | | 结　存 | | |
|---|---|---|---|---|---|---|---|---|---|---|---|---|
| 月 | 日 | | | 数量 | 单价 | 金额 | 数量 | 单价 | 金额 | 数量 | 单价 | 金额 |
| 5 | 1 | | 期初余额 | | | | | | | 1 200 | 1.10 | 1 320 |
| | 3 | | 购入 | 1 200 | 1.15 | 1 380 | | | | | | |
| | 15 | | 购入 | 2 000 | 1.23 | 2 460 | | | | | | |
| | 28 | | 购入 | 1 200 | 1.20 | 1 440 | | | | | | |
| | 31 | | 汇总发出 | | | | 4 000 | 1.18 | 4 720 | | | |
| | | | 本月合计 | 4 400 | | 5 280 | 4 000 | 1.18 | 4 720 | 1 600 | 1.18 | 1 880 |

**图 6–4　原材料明细分类账（二）**

$$平均价格=\frac{(1\ 320+1\ 380+2\ 460+1\ 440)}{(1\ 200+1\ 200+2\ 000+1\ 200)}=\frac{66\ 00}{5\ 600}\approx 1.18（元/千克）$$

## 三、材料耗用汇总表的编制

为便于账务处理，月末应根据领料单或领料登记表将本月的领料数量（如有领出未用完的数量应减去）进行汇总，计算出各种材料的总耗用量，作为账务处理的依据。领料单或领料登记表作为材料耗用汇总表的附件附于其后，一并作为材料费用的原始凭证。

下面举例说明材料耗用汇总表的编制方法。

【例 6-1】永兴机械有限责任公司 5 月份的领料登记表和领料单如图 6-5~ 图 6-9 所示。

领料登记表

材料名称：钢板

用途：钢模板　　　　20××年5月　　　　计量单位：千克

| 日　期 | 领料数量 | 发料人签字 | 领料人签字 | 备　注 |
|---|---|---|---|---|
| 1 | 40 | 王兰 | 李江 | |
| 5 | 50 | 王兰 | 李江 | |
| 10 | 50 | 王兰 | 李江 | |
| 15 | 50 | 王兰 | 李江 | |
| 20 | 45 | 王兰 | 赵勇 | |
| 25 | 55 | 王兰 | 李江 | |
| | | | | |
| 合　计 | 290 | | | |

图 6-5　领料登记表（一）

领料登记表

材料名称：角钢

用途：钢模板　　　　20××年5月　　　　计量单位：千克

| 日　期 | 领料数量 | 发料人签字 | 领料人签字 | 备　注 |
|---|---|---|---|---|
| 2 | 100 | 王兰 | 李江 | |
| 4 | 100 | 王兰 | 李江 | |
| 6 | 110 | 王兰 | 李江 | |
| 9 | 110 | 王兰 | 李江 | |
| 11 | 100 | 王兰 | 李江 | |
| 13 | 120 | 王兰 | 李江 | |
| 15 | 120 | 王兰 | 李江 | |
| 17 | 120 | 王兰 | 李江 | |
| 19 | 110 | 王兰 | 李江 | |
| 22 | 110 | 王兰 | 李江 | |
| 24 | 100 | 王兰 | 李江 | |
| 26 | 100 | 王兰 | 李江 | |
| 29 | 120 | 王兰 | 李江 | |
| | | | | |
| 合　计 | 1 420 | | | |

图 6-6　领料登记表（二）

### 领料登记表

材料名称：脚轮

用途：钢床架　　　　20××年5月　　　　计量单位：个

| 日　　期 | 领料数量 | 发料人签字 | 领料人签字 | 备　　注 |
|---|---|---|---|---|
| 1 | 140 | 王兰 | 张军 | |
| 5 | 150 | 王兰 | 张军 | |
| 10 | 150 | 王兰 | 张军 | |
| 15 | 150 | 王兰 | 张军 | |
| 20 | 150 | 王兰 | 张军 | |
| 25 | 160 | 王兰 | 张军 | |
| | | | | |
| 合　　计 | 900 | | | |

**图 6–7　领料登记表（三）**

### 领料登记表

材料名称：钢管

用途：钢床架　　　　20××年5月　　　　计量单位：千克

| 日　　期 | 领 料 数 量 | 发料人签字 | 领料人签字 | 备　　注 |
|---|---|---|---|---|
| 1 | 300 | 王兰 | 张军 | |
| 4 | 300 | 王兰 | 张军 | |
| 7 | 300 | 王兰 | 张军 | |
| 10 | 300 | 王兰 | 张军 | |
| 13 | 300 | 王兰 | 张军 | |
| 16 | 300 | 王兰 | 张军 | |
| 19 | 350 | 王兰 | 张军 | |
| 25 | 300 | 王兰 | 张军 | |
| 28 | 250 | 王兰 | 张军 | |
| | | | | |
| 合　　计 | 2 700 | | | |

**图 6–8　领料登记表（四）**

### 领料单

用途：办公室　　　　20××年5月10日

| 材 料 名 称 | 规　　格 | 计 量 单 位 | 数　　量 | 单　　价 | 金　　额 |
|---|---|---|---|---|---|
| 脚轮 | | 个 | 10 | | |
| | | | | | |
| | | | | | |
| | | | | | |

主管：张志强　　　　发料人：王兰　　　　领料人：吴含

**图 6–9　领料单**

根据原材料明细账的记录，计算出本月各种材料的平均单价分别为：钢板 50 元 / 千克，角钢 30 元 / 千克，脚轮 40 元 / 个，钢管 20 元 / 千克。

根据领料登记表、领料单和各种材料的平均单价，编制的材料耗用汇总表见表 6-1。

**表 6-1　材料耗用汇总表**

20×× 年 5 月

| 用途 | 钢板（平均单价 50 元 / 千克） | | 角钢（平均单价 30 元 / 千克） | | 脚轮（平均单价 40 元 / 个） | | 钢管（平均单价 20 元 / 千克） | | 金额合计（元） |
|---|---|---|---|---|---|---|---|---|---|
| | 数量（千克） | 金额（元） | 数量（千克） | 金额（元） | 数量（个） | 金额（元） | 数量（千克） | 金额（元） | |
| 钢模板 | 290 | 14 500 | 1 420 | 42 600 | | | | | 57 100 |
| 钢床架 | | | | | 900 | 36 000 | 2 700 | 54 000 | 90 000 |
| 管理部门 | | | | | 10 | 400 | | | 400 |
| 合计 | 290 | 14 500 | 1 420 | 42 600 | 910 | 36 400 | 2 700 | 54 000 | 147 500 |

## 四、材料发出的账务处理

以表 6-1 的材料耗用汇总表作为原始凭证，账务处理为：

借：生产成本——钢模板　　57 100
　　　　　——钢床架　　90 000
　　管理费用——维修费　　400
　　贷：原材料——钢板　　14 500（数量 290，单价 50 元 / 千克）
　　　　　　——角钢　　42 600（数量 1 420，单价 30 元 / 千克）
　　　　　　——脚轮　　36 400（数量 910，单价 40 元 / 个）
　　　　　　——钢管　　54 000（数量 2 700，单价 20 元 / 千克）

# 第二节　人工费用的计算和账务处理

人工费用是指企业付给职工和为职工支付的各种薪酬，主要包括：工资（包括工资性补贴和奖金等）、职工福利费、社会保险费（包括养老保险费、失业保险费、医疗保险费、工伤保险费和女工生育保险费）、住房公积金、职工教育经费和工会经费等。

## 一、工资的计算和账务处理

工资的内容包括基本工资、计件工资、加班工资、销售提成工资、奖金、补贴（如午餐补贴、手机话费补贴和上下班交通费补贴）等。

### （一）工资的计算

（1）基本工资的计算：基本工资就是按出勤天数计算的工资，属于计时工资，一般适用于管理人员、技术人员的工资和推销人员的底薪计算，计算公式为：

$$日工资额=\frac{月工资标准}{平均月工作天数}$$

$$月应发工资=当月出勤天数\times 日工资额$$

$$或=月工资标准-缺勤日数\times 日工资额$$

其中 平均月工作天数 =（全年日历天数 – 周末休息天数）/12

全年日历天数为 365 天。每周双休时全年双休日为 $365\div7\times2\approx104$ 天，每周单休时全年单休日为 $365\div7\times1\approx52$ 天。

$$每周双休的平均月工作天数=(365-104)\div12=21.75（天）$$

$$每周单休的平均月工作天数=(365-52)\div12\approx26（天）$$

【例 6–2】某公司实行双休工作制度。张某 4 月份出勤天数 18 天，缺勤 2 天，其月工资标准为 5 000 元。则

张某的日工资额 =5 000/21.75 ≈ 229.89（元）

按出勤天数计算的应发工资 =18 × 229.89=4 138.02（元）

按扣减缺勤工资计算的应发工资 =5 000–2 × 229.89=4 540.22（元）

由本例可以看出，按两种不同方法计算的应发工资有所不同，这是由于各月的制度工作天数不同，但全年两种方法计算的工资总额是相同的。企业必须各月对每个职工都采用同一种方法计算，才能保证公平合理。

全年法定节假日 13 天，包括元旦 1 天，春节 4 天，劳动节 2 天，国庆节 3 天，清明节 1 天，端午节 1 天，中秋节 1 天。按照劳动法规定，假日照发工资，就应将这些假日算作出勤天数。

（2）计件工资的计算：计件工资就是按工人完成产品的件数（或其他实物量）计算工资，适用于直接生产工人的工资计算。计算公式为：

$$应得工资=完成产品件数\times 每件工资额$$

每件工资额也称计件单价，是事先制定的。

（3）加班工资的计算：加班工资是指职工在工作日 8 小时以外和节假日工作的应得工资，属于计时工资，按劳动部门的规定，加班工资标准高于正常工资标准。加班工资的计算公式为：

应得加班工资 = 加班工日数 × 加班日工资标准 + 零星加班小时数 × 加班小时工资标准

（4）销售提成工资的计算：销售提成工资，就是根据业务员推销商品的金额，按规定的提成比例计算的工资。适用于业务员的工资计算。计算公式为：

应得提成工资 = 推销额 × 提成比例

【例 6–3】业务员李某当月推销商品 20 000 元，提成比例为 5%。

李某应得提成工资 =20 000 × 5%=1 000（元）

（5）补贴的计算：午餐补贴、上下班交通补贴等的计算公式为：

月补贴额 = 出勤天数 × 每天补贴金额

手机话费补贴以月补贴标准为准。奖金按企业的发放办法计算。

## （二）工资结算表的编制

月末计算出每个员工的应发工资后，要编制工资结算表，作为发放工资和账务处理的依据。工资结算表的内容包括应发工资、应扣工资、实发工资三部分。

【例 6–4】永兴机械有限责任公司 5 月份工资结算表见表 6–2。生产车间未设管理机构和专职管理人员。

**表 6–2　工资结算表**

20×× 年 5 月　　单位：元

| 姓名 | 应发工资 | | | | | | 应扣工资 | 实发工资 | 备注 |
|---|---|---|---|---|---|---|---|---|---|
| | 基本工资 | 加班工资 | 提成工资 | 午餐补贴 | 话费补贴 | 合计 | 社会保险费 | | |
| 李　强 | 4 000 | | | 300 | 300 | 4 600 | 250 | 4 350 | |
| 赵　利 | 3 500 | | | 300 | 200 | 4 000 | 200 | 3 800 | |
| 管理人员小计 | 7 500 | | | 600 | 500 | 8 600 | 450 | 8 150 | |
| 周　斌 | 1 000 | | 2 600 | 300 | 100 | 4 000 | 200 | 3 800 | |
| 销售人员小计 | 1 000 | | 2 600 | 300 | 100 | 4 000 | 200 | 3 800 | |
| 张　建 | 3 500 | 200 | | 300 | | 4 000 | 200 | 3 800 | |
| 田　虎 | 3 500 | 200 | | 300 | | 4 000 | 200 | 3 800 | |
| 陈　林 | 3 500 | 120 | | 300 | | 3 920 | 200 | 3 720 | |
| 林国瑞 | 3 500 | | | 300 | | 3 800 | 200 | 3 600 | |
| 刘柏宏 | 3 500 | | | 300 | | 3 800 | 200 | 3 600 | |
| 阮建安 | 3 500 | | | 300 | | 3 800 | 200 | 3 600 | |
| 夏志豪 | 3 500 | | | 300 | | 3 800 | 200 | 3 600 | |
| 黄文隆 | 3 500 | | | 300 | | 3 800 | 200 | 3 600 | |
| 方兆玉 | 3 500 | | | 300 | | 3 800 | 200 | 3 600 | |
| 许智云 | 3 500 | | | 300 | | 3 800 | 200 | 3 600 | |

续表

| 姓名 | 应发工资 | | | | | | 应扣工资 | 实发工资 | 备注 |
|---|---|---|---|---|---|---|---|---|---|
| | 基本工资 | 加班工资 | 提成工资 | 午餐补贴 | 话费补贴 | 合计 | 社会保险费 | | |
| 江奕云 | 3 500 | | | 300 | | 3 800 | 200 | 3 600 | |
| 张虹伦 | 3 500 | | | 300 | | 3 800 | 200 | 3 600 | |
| 李俊君 | 3 500 | | | 300 | | 3 800 | 200 | 3 600 | |
| 生产工人小计 | 45 500 | 520 | | 3 900 | | 49 920 | 2 600 | 47 320 | |
| 总　计 | 54 000 | 520 | 2600 | 4 800 | 600 | 62 520 | 3 250 | 59 270 | |

### （三）工资的账务处理

根据工资结算表中的各类职工工资小计数和全部职工工资总计数，就可以做出账务处理。生产工人工资记入生产成本科目，车间管理人员工资记入制造费用科目，行政管理及服务人员工资记入管理费用科目，销售人员工资记入销售费用科目。

计入生产成本的生产工人工资，在生产一种产品的情况下，无须分配。在生产几种产品的情况下，如果各种产品的生产工人是分开的，就应将各产品的生产工人工资分别记入各自的成本明细账户中；若各种产品所用的生产工人是共同的，则需要将工人工资在各产品之间进行分配，分配的公式为：

$$分配率=\frac{生产工人工资总额}{各产品生产总工时}$$

$$某产品应分配工资额=该产品生产工时\times 分配率$$

在例 6-4 中，生产工人工资是甲、乙两种产品共同的工资。若甲产品的生产工时为 400 小时，乙产品的生产工时为 600 小时。则：

分配率 =49 920/1000=49.92（元 / 小时）

甲产品应分配工资额 =400 × 49.92=19 968（元）

乙产品应分配工资额 =600 × 49.92=29 952（元）

将计算结果编制成生产工人工资分配表作为原始凭证，见表 6-3。

**表 6-3　工人工资分配表**

| 产品 | 生产工时（小时） | 分配率（元 / 小时） | 应分配工资额（元） |
|---|---|---|---|
| 甲产品 | 400 | 49.92 | 19 968 |
| 乙产品 | 600 | 49.92 | 29 952 |
| 合计 | 1 000 | 49.92 | 49 920 |

最后，根据工资结算表中各类职工的应发工资、应扣工资、实发工资和工人工资分配表，账务处理为：

借：生产成本（生产工人工资）

制造费用（车间管理人员工资）

管理费用（行政管理及服务人员工资）

销售费用（销售人员工资）

贷：应付职工薪酬——工资（应发工资总额）

以例 6–4 中的表 6–2、表 6–3 为原始凭证，所作的账务处理为：

借：生产成本——甲产品　　19 968

——乙产品　　29 952

管理费用　　8 600

销售费用　　4 000

贷：应付职工薪酬——工资　　62 520

发放工资时，以工资发放表和银行转账付款凭证为原始凭证，账务处理方法为：

借：应付职工薪酬——工资（应发工资总额）

贷：应付职工薪酬——社会保险费（应扣社会保险费金额）

应交税费——个人所得税（应扣缴个人所得税金额）

其他应付款——（应扣房租、伙食费等）

银行存款（实发工资总额）

职工工资薪金个人所得税，由企业代扣代缴，应缴个人所得税按照《个人所得税法》规定的政策和方法计算申报。工资发放表见表 6–4。银行回单如图 6–10 所示。

**表 6–4　工资发放表**

20×× 年 5 月　　单位：元

| 姓　名 | 工资额 | 账　号 |
|---|---|---|
| 李　强 | 4 350 | 略 |
| 赵　利 | 3 800 | |
| 周　斌 | 3 800 | |
| 张　建 | 3 800 | |
| 田　虎 | 3 800 | |
| 陈　林 | 3 720 | |
| 林国瑞 | 3 600 | |
| 刘柏宏 | 3 600 | |
| 阮建安 | 3 600 | |
| 夏志豪 | 3 600 | |
| 黄文隆 | 3 600 | |
| 方兆玉 | 3 600 | |

续表

| 姓　名 | 工资额 | 账　号 |
|---|---|---|
| 许智云 | 3 600 | |
| 江奕云 | 3 600 | |
| 张虹伦 | 3 600 | |
| 李俊君 | 3 600 | |
| 总　计 | 59 270 | |

**中国工商银行**（网上银行电子回单）

电子回单号码：1111-1100-2354-2356

| | | | | | |
|---|---|---|---|---|---|
| 付款人 | 户　名 | 永兴机械有限责任公司 | 收款人 | 户　名 | 永兴机械有限责任公司（工资户） |
| | 账　号 | 1010147886809200119 | | 账　号 | 1010147886809200555 |
| | 开户银行 | 工行人民路支行 | | 开户银行 | 工行人民路支行 |
| 金　额 | 伍万玖仟贰佰柒拾元整 | 小写 59 270.00 | | | |
| 摘　要 | 发工资 | 业务（产品）种类 | | | |
| 用　途 | | | | | |
| 交易流水号 | 12638 | 时　间 | 20××-06-05 | | |
| 中国工商银行 长安路支行 转讫 | 备注： | | | | |
| | 验证码： | | | | |
| 记账网点 | | 记账柜员 | | 记账日期 | 20××-06-05 |

打印日期：20××-06-05

**图 6–10　网上银行电子回单**

根据表 6–2、表 6–4、图 6–10，发放工资（银行代发）的账务处理为：

借：应付职工薪酬——工资　　62 520

　　贷：应付职工薪酬——社会保险费　　3 250

　　　　银行存款　　59 270

从职工工资中扣下来的个人应负担的社会保险费，之后要连同企业应负担的部分一并交付给社会保险征收机构。扣下来的住宿费要付给房屋出租户。

## 二、职工福利费的计提和账务处理

职工福利费是用于职工福利方面的费用。

根据《国家税务总局关于企业工资薪金及职工福利费扣除问题的通知》（国税函〔2009〕3 号）文件的规定，企业职工福利费，包括以下内容：

（1）尚未实行分离办社会职能的企业，其内设福利部门所发生的设备、设施和人员费用，包括职工食堂、职工浴室、理发室、医务所、托儿所、疗养院等集体福利部门的设备、设施及维修保养费用和福利部门工作人员的工资薪金、社会保险费、住房公积金、劳务费等。

（2）为职工卫生保健、生活、住房、交通等所发放的各项补贴和非货币性福利，包括企业向职工发放的因公外地就医费用、未实行医疗统筹企业职工医疗费用、职工供养直系亲属医疗补贴、供暖费补贴、职工防暑降温费、职工困难补贴、救济费、职工食堂经费补贴、职工交通补贴等。

（3）按照其他规定发生的其他职工福利费，包括丧葬补助费、抚恤费、安家费、探亲假路费等。

一般采用先计提后使用的办法，按照工资额的一定比例计提。计提比例应根据企业职工福利方面支出的需要决定。

职工福利费计提比例 =（全年福利费预算数 / 全年预算工资总额）× 100%

计提职工福利费时，将各类职工应发工资额按比例计提的职工福利费，记入相应的成本费用账户。计提时要编制职工福利费计提表，作为账务处理的原始凭证。

根据例 6–4，假定计提比例为 14%，编制职工福利费计提表见表 6–5。

**表 6–5　职工福利费计提表**

20×× 年 5 月　　　　单位：元

| 职工类别 | | 工资总额 | 应计提职工福利费（14%） |
|---|---|---|---|
| 生产工人 | 甲产品 | 19 968 | 2 795.52 |
| | 乙产品 | 29 952 | 4 193.28 |
| 管理人员 | | 8 600 | 1 204 |
| 销售人员 | | 4 000 | 560 |
| 合计 | | 62 520 | 8 752.8 |

根据职工福利费计提表，账务处理为：

借：生产成本——甲产品　　2 795.52

　　　　　　——乙产品　　4 193.28

　　管理费用　　1 204

　　销售费用　　560

　　贷：应付职工薪酬——职工福利费　　8 752.8

支付职工福利方面的支出时，根据发票和付款凭证，账务处理为：

借：应付职工薪酬——职工福利费（发票价税合计）

　　贷：银行存款

由于用于职工福利的支出不得抵扣进项税额，因此，支付职工福利费按照含税金额计入应付职工福利费，不计进项增值税额。

当年计提的福利费未使用完的部分应在年末冲回，冲回的账务处理与计提的会计分录相反；支出超过计提金额时，年末可以补提。企业如果福利费支出很少，也可以不计提，在发生福利费支出时直接计入管理费用即可。

《企业所得税法》规定，当年职工福利方面的支出不得超过全年职工工资总额的14%。全年福利费支出超过工资总额14%的部分，应在企业所得税汇算清缴计算应纳税所得额时作调增处理。

## 三、社会保险费的计提和账务处理

社会保险费是企业为职工缴纳的社会保险基金，包括养老保险金、医疗保险金、失业保险金、工伤保险金和女工生育保险金等。社会保险费由企业为职工缴纳一部分，职工个人负担一部分。个人负担的部分从工资中扣除。企业为职工缴纳的保险费，按职工缴费工资基数和政府规定的比例计提。按各类职工工资额计提的社会保险费，记入相应的成本、费用账户。企业将按工资额的一定比例计提的部分和从职工个人工资扣除的部分一并缴付给社保征收机关。

计提社会保险费应编制计提表，作为账务处理的原始凭证。根据例6–4，编制的社会保险费计提表见表6–6。

**表6–6　社会保险费计提表**

20××年5月　　　　单位：元

| 职工类别 | | 工资总额 | 各险种费率合计 | 应计提社会保险费 |
|---|---|---|---|---|
| 生产工人 | 甲产品 | 19 968 | 30% | 5 990.40 |
| | 乙产品 | 29 952 | 30% | 8 985.60 |
| 管理人员 | | 8 600 | 30% | 2 580 |
| 销售人员 | | 4 000 | 30% | 1 200 |
| 合计 | | 62 520 | 30% | 18 756 |

根据社会保险费计提表，账务处理为：

借：生产成本——甲产品　　5 990.40

　　　　　　——乙产品　　8 985.60

　　管理费用　　2 580

　　销售费用　　1 200

　　贷：应付职工薪酬——社会保险费　　18 756

本例由企业为职工缴纳的部分为18 756元，从职工工资中扣除的部分为3 250元，合计为22 006元，一并向社保征收机关缴纳，根据缴款银行付款回单和社会保险费缴费明细表，缴纳社会保险费时的账务处理为：

借：应付职工薪酬——社会保险费　　22 006
　　贷：银行存款　　22 006

## 四、职工教育经费的计提和账务处理

职工教育经费是企业用于职工培训、学习、继续教育方面的费用。

根据财政部、全国总工会等部门联合印发的《关于企业职工教育经费提取与使用管理的意见》（财建〔2006〕317号）文件，职工教育经费具体列支范围包括：上岗和转岗培训；各类岗位适应性培训；职业技术等级培训、高技能人才培训；专业技术人员继续教育；特种作业人员培训；企业组织的职工外送培训的经费支出；职工参加的职业技能鉴定、职业资格认证等经费支出；购置教学设备与设施；职工岗位自学成才奖励费用；职工教育培训管理费用；有关职工教育的其他开支。

一般采用先提后用的方法。计提比例应根据企业职工教育方面支出的需要决定，计提比例的计算与职工福利费的原理相同，计提时按各类职工工资额计提的职工教育经费，记入相应的成本、费用账户。

计提职工教育经费，应编制计提表，作为账务处理的原始凭证。

根据例6–4，假定计提比例为2%，编制的职工教育经费计提表见表6–7。

**表6–7　职工教育经费计提表**

20××年5月　　单位：元

| 职工类别 | | 工资总额 | 应计提职工教育经费（2%） |
|---|---|---|---|
| 生产工人 | 甲产品 | 19 968 | 399.36 |
| | 乙产品 | 29 952 | 599.04 |
| 管理人员 | | 8 600 | 172 |
| 销售人员 | | 4 000 | 80 |
| 合计 | | 62 520 | 1 250.40 |

根据职工教育经费计提表，账务处理为：

借：生产成本——甲产品　　399.36
　　　　　　——乙产品　　599.04
　　管理费用　　172
　　销售费用　　80
　　贷：应付职工薪酬——职工教育经费　　1 250.40

支付职工教育方面的支出时，根据发票和付款凭证，账务处理为：

借：应付职工薪酬——职工教育经费
　　应交税费——应交增值税（进项税额）
　　贷：银行存款或库存现金

如果收到的是普通发票或行政事业性收费票据，则按照含税金额或收费金额计入职工教育经费，不计进项税额。

当年计提金额未使用完的部分应在年末冲回；支出超过计提金额时，年末可以补提。企业如果职工教育经费支出很少，也可以不计提，在发生职工教育经费支出时直接计入管理费用即可。

《企业所得税法》规定，当年职工教育经费支出不得超过全年职工工资总额的8%，全年职工教育经费支出超过工资总额8%的部分，应在当年企业所得税汇算清缴计算应纳税所得额时作调增处理。

## 五、住房公积金的计提和账务处理

住房公积金按照政府规定的比例，以职工工资额为基数计提，上缴住房公积金管理部门，其计提和账务处理与社会保险费的方法类同，在此不再举例。

## 六、工会经费的计提和账务处理

企业如果有工会组织并向总工会拨缴工会经费的，可计提工会经费，否则不计提工会经费。

依据税法规定，根据《中华全国总工会办公厅关于加强基层工会经费收支管理的通知》(总工办发〔2014〕23号)文件第三条工会经费支出范围规定和《基层工会经费收支管理办法》(总工办发〔2017〕32号)文件，工会经费支出包括：

(1)工会为会员及其他职工开展教育、文体、宣传等活动产生的支出。

职工教育支出是指用于职工教育、业余文化、技术、技能教育所需的教材、教学、消耗用品，包括职工教育所需的资料、教师酬金、奖励，工会为职工举办的法律、政治、科技、业务、再就业等各种知识培训。

文体活动支出是指用于开展职工业余文艺活动、节日联欢、文艺创作、美术等各类活动，包括活动所需的设备、器材用品购置与维修费、夜餐费等，还包括用会费组织观看电影、开展春秋游等集体活动。

宣传活动支出是指用于工会开展政治、时事、政策、科技讲座、报告等宣传方面的活动，工会组织技术交流、职工读书活动、网络宣传及举办展览等耗用的用品等。

(2)工会直接用于维护职工权益的支出。包括协调劳动关系和调解劳动争议、开展职工保护、提供法律咨询等支出。

(3)工会培训工会干部、加强自身建设及开展业务发生的各项支出。包括开展工会干部和积极分子的学习与培训所需教材资料和讲课酬金等，评选表彰优秀工会干部和积极分子的奖励；组织劳动竞赛、大型专题调研等。

（4）工会从事建设工程、设备工具购置、大型修缮和信息网络构建而发生的支出。

（5）对工会管理的为职工服务的文化、体育、教育、生活服务等独立核算的事业单位的补助和非独立核算的事业单位的各项支出。

（6）由工会组织的职工集体福利等方面的支出。如向全体会员发放节日慰问品的支出。

（7）以上支出项目以外的必要支出。如工会会员结婚生育时，可以给予一定金额的慰问品；工会会员生病住院、工会会员或其直系亲属去世时，可以给予一定金额的慰问金；工会会员退休离岗，可以发放一定金额的纪念品；以及工会进行的捐赠、赞助等。

工会经费的计提、使用的账务处理以及企业所得税纳税调整与前述职工福利费、职工教育经费的处理方法类同。

# 第三节　其他费用的计算和账务处理

其他费用就是除材料费用、人工费用之外的生产费用，如发外加工费、水电费、工具消耗、生产用固定资产折旧费、车间管理人员薪酬、设备修理费和劳动保护费等。这些费用的账务处理因费用的不同而不同，直接费用记入生产成本的各产品明细账户内；间接费用记入制造费用账户，月末再分配给各个产品。

## 一、直接费用的账务处理

### （一）发外加工费

在企业的生产过程中，因有的工序本企业不具备加工条件，或因本企业生产能力不足无法按期完成订货任务时，会将部分工序或生产任务委托其他企业加工，向其支付加工费，这就是发外加工费。当发外加工费发生时，直接记入加工产品的成本明细账户内。

【例 6-5】永兴机械有限责任公司将生产甲产品的电镀工序委托外企业加工，5 月份支付加工费取得增值税专用发票上写明的加工费金额为 1 000 元，增值税为 130 元。款项已转账支付。

根据加工费发票和银行付款回单，账务处理为：

借：生产成本——甲产品　　1 000

　　应交税费——应交增值税（进项税额）　　130

　　贷：银行存款　　1 130

若为小规模纳税人，则应记生产成本和银行存款科目各 1 130 元，不记应交税费账户。

### （二）直接水电费

生产过程中消耗的水电，有两种情况，一种是专属于某种产品的水电消耗，另一种是共同的水电消耗。

为专属于某种产品的水电消耗支付的水电费为直接费用，应记入其生产成本明细账户内，共同的水电消耗支付的水电费为间接费用，记入制造费用账户。

【例 6-6】永兴机械有限责任公司 5 月份支付乙产品清洗用水费，发票上写明的水费金额为 500 元，增值税为 65 元，款项均已转账支付。

根据水费发票和银行付款回单，支付水费的账务处理为：

借：生产成本——乙产品　　500

　　应交税费——应交增值税（进项税额）　　65

　　贷：银行存款　　565

若为小规模纳税人，则以价税合计计入生产成本或制造费用。

## 二、间接费用的账务处理

如果企业只生产一种产品，则间接费用也是直接费用，直接记入生产成本账户即可；如果企业生产几种产品，则间接费用发生时记入制造费用账户，月末再分配转入生产成本各明细账户。

### （一）共同水电费

当月支付共同用电费，发票上写明的电费金额为 1 000 元，增值税为 130 元。

根据电费发票和银行付款回单，支付电费账务处理为：

借：制造费用　　1 000

　　应交税费——应交增值税（进项税额）　　130

　　贷：银行存款　　1 130

### （二）工具消耗

工具消耗就是生产中的手工工具、刀具等的消耗，其账务处理分为以下几种情况。

**1. 从库房领用**

【例 6-7】永兴机械有限责任公司生产车间领用刀具 10 件，金额 500 元。

根据刀具出库单，账务处理为：

借：制造费用　　500

　　贷：周转材料——刀具　　500

**2. 随买随用**

【例 6-8】永兴机械有限责任公司购扳手两个，金额 40 元，普通发票，现金支付。直接交车间使用。

根据发票和现金支付凭证，账务处理为：

借：制造费用　　40

　　贷：库存现金　　40

### （三）生产用固定资产折旧费

生产用房屋、设备的折旧费，记入制造费用账户。其账务处理参见第四章第四节。

### （四）车间管理人员薪酬

其账务处理参见本章第二节。

### （五）设备修理费

设备日常修理，领用修理备件或支付外部修理费时，记入制造费用账户。若为大修理，发生大修理费用时，记入长期待摊费用账户，然后再分年摊销转入制造费用账户。发生大修理费用的账务处理方法，可参见第四章第五节固定资产后续支出的账务处理。

【例 6-9】永兴机械有限责任公司车间设备修理领用轴承 10 件，金额 200 元。

根据轴承出库单，账务处理为：

借：制造费用　　200

　　贷：原材料——轴承　　200

摊销设备大修理费用的账务处理为：

借：制造费用

　　贷：长期待摊费用——大修理费

### （六）劳动保护费

劳动保护费是指用于生产工人的工作服、手套、肥皂和洗衣粉等劳动保护用品的支出和发给工人的降温费等。劳动保护用品通常是随买随发。

【例 6-10】永兴机械有限责任公司购买劳动保护用品一批，价值 140 元，普通发票，现金支付。直接发给员工。

根据购入劳动保护用品发票和现金支出凭证，账务处理为：

借：制造费用　　140

　　贷：库存现金　　140

## 三、制造费用的分配

制造费用就是生产中发生的间接费用，包括车间管理机构人员薪酬、共同水电费、工具消耗、生产用固定资产折旧费、设备修理费以及劳动保护费等。

在企业生产几种产品的情况下，制造费用发生时，先在制造费用账户归集，到月末再分配给各种产品，转入各种产品成本明细账户。制造费用分配的标准有生产工时、设备台时、直接费用（直接人工和材料费用）等，通常按生产工时分配。

制造费用分配的计算公式为：

$$分配率=\frac{本月制造费用发生总额}{各产品分配标准合计}$$

$$某产品应分配制造费用=该产品分配标准数\times 分配率$$

【例 6-11】永兴机械有限责任公司 5 月份发生的制造费用总额（制造费用账户借方发生额合计）为 3 000 元，按生产工时分配。本月甲产品生产工时为 400 小时，乙产品生产工时为 600 小时。

$$分配率=\frac{3\ 000}{400+600}=3（元/小时）$$

$$甲产品应分配制造费用=400\times 3=1\ 200（元）$$

$$乙产品应分配制造费用=600\times 3=1\ 800（元）$$

制造费用分配后，应编制制造费用分配表，作为会计处理的原始凭证。本例编制的制造费用分配表见表 6-8。

**表 6-8　制造费用分配表**

20××年 5 月

| 产品 | 生产工时（小时） | 分配率（元 / 小时） | 应分配金额（元） |
|---|---|---|---|
| 甲产品 | 400 | 3 | 1 200 |
| 乙产品 | 600 | 3 | 1 800 |
| 合计 | 1 000 | | 3 000 |

根据制造费用分配表，账务处理为：

借：生产成本——甲产品　　1 200

　　　　　　——乙产品　　1 800

　　贷：制造费用　　3 000

# 第四节　产品成本计算和产品入库的账务处理

产品成本核算，必须设置生产成本明细账，一般按产品品种设置明细账户，以便分别归集各种产品的生产成本。发生的直接成本，直接记入明细账户；发生的间接成本即制造费用，月末分配记入各产品明细账户。月末，根据生产成本明细账的记录，编制产品成本计算单，核算各产品的总成本和单位成本。根据产品成本计算单及入库产品汇总表，进行完工产品入库的账务处理。

## 一、生产成本明细账的登记

生产成本明细账采用多栏式账页，按费用性质设专栏，一般分为：直接材料、直接人工、制造费用三个专栏，以便考察产品成本的构成。下面举例说明生产成本明细账的登记方法。

根据例 6–1 的材料费用、例 6–4 的人工费用、例 6–5 的发外加工费用、例 6–6 的水费、例 6–11 的制造费用分配，永兴机械有限责任公司 5 月份生产成本明细账登记的结果如图 6–11、图 6–12 所示。

生产成本明细账

户名：甲产品

| 20××年 | | 凭证编号 | 摘要 | 成本项目 | | | | | | | | | | | | | | | | | | | | |
|---|---|---|---|---|---|---|---|---|---|---|---|---|---|---|---|---|---|---|---|---|---|---|---|---|
| | | | | 直接材料 | | | | | | | 直接人工 | | | | | | | 制造费用 | | | | | | |
| 月 | 日 | | | 万 | 千 | 百 | 十 | 元 | 角 | 分 | 万 | 千 | 百 | 十 | 元 | 角 | 分 | 万 | 千 | 百 | 十 | 元 | 角 | 分 |
| 5 | 31 | 25 | 材料费 | 5 | 7 | 1 | 0 | 0 | 0 | 0 | | | | | | | | | | | | | | |
| | 31 | 26 | 工资 | | | | | | | | 1 | 9 | 9 | 6 | 8 | 0 | 0 | | | | | | | |
| | 31 | 27 | 计提福利费 | | | | | | | | | 2 | 7 | 9 | 5 | 5 | 2 | | | | | | | |
| | 31 | 28 | 计提社保费 | | | | | | | | | 5 | 9 | 9 | 0 | 4 | 0 | | | | | | | |
| | 31 | 29 | 计提教育经费 | | | | | | | | | | 3 | 9 | 9 | 3 | 6 | | | | | | | |
| | 31 | 30 | 加工费 | | | | | | | | | | | | | | | | 1 | 0 | 0 | 0 | 0 | 0 |
| | 31 | 32 | 分配制造费用 | | | | | | | | | | | | | | | | 1 | 2 | 0 | 0 | 0 | 0 |
| | | | | | | | | | | | | | | | | | | | | | | | | |

图 6–11　生产成本明细账（一）

户名：乙产品

| 20××年 | | 凭证编号 | 摘要 | 成本项目 | | | | | | | | | | | | | | | | | | | | |
|---|---|---|---|---|---|---|---|---|---|---|---|---|---|---|---|---|---|---|---|---|---|---|---|---|
| | | | | 直接材料 | | | | | | | 直接人工 | | | | | | | 制造费用 | | | | | | |
| 月 | 日 | | | 万 | 千 | 百 | 十 | 元 | 角 | 分 | 万 | 千 | 百 | 十 | 元 | 角 | 分 | 万 | 千 | 百 | 十 | 元 | 角 | 分 |
| 5 | 31 | 25 | 材料费 | 9 | 0 | 0 | 0 | 0 | 0 | 0 | | | | | | | | | | | | | | |
| | 31 | 26 | 工资 | | | | | | | | 2 | 9 | 9 | 5 | 2 | 0 | 0 | | | | | | | |
| | 31 | 27 | 计提福利费 | | | | | | | | | 4 | 1 | 9 | 3 | 2 | 8 | | | | | | | |
| | 31 | 28 | 计提社保费 | | | | | | | | | 8 | 9 | 8 | 5 | 6 | 0 | | | | | | | |
| | 31 | 29 | 计提教育经费 | | | | | | | | | | 5 | 9 | 9 | 0 | 4 | | | | | | | |
| | 31 | 30 | 水费 | | | | | | | | | | | | | | | | | 5 | 0 | 0 | 0 | 0 |
| | 31 | 32 | 分配制造费用 | | | | | | | | | | | | | | | | 1 | 8 | 0 | 0 | 0 | 0 |
| | | | | | | | | | | | | | | | | | | | | | | | | |

图 6–12　生产成本明细账（二）

## 二、产品成本的计算和完工产品入库的账务处理

根据生产成本明细账的记录，月末就可以核算产品成本。由于一般工业企业（特别是小企业）生产周期不长，月末一般没有在产品，或者每月末在产品结存量基本相同，所以当月发生的生产费用就是本月完工产品的成本。

产品成本核算是通过产品成本计算单进行的。根据生产成本明细账和完工产品入库单（图 6–11~ 图 6–14），编制的甲、乙产品成本计算单见表 6–9 和表 6–10。

**实 物 入 库 凭 证**

交物单位：生产车间　　20××年5月15日　　字第 1 号

| 品名 | 数量 | 单位 | 单价 | 金额 | | | | | | | | | 备注 |
|---|---|---|---|---|---|---|---|---|---|---|---|---|---|
| | | | | 百 | 十 | 万 | 千 | 百 | 十 | 元 | 角 | 分 | |
| 甲产品 | 450 | 件 | | | | | | | | | | | |
| 乙产品 | 900 | 件 | | | | | | | | | | | |
| | | | | | | | | | | | | | |
| 合计 | | | | | | | | | | | | | |

负责人：　　会计：　　保管：王亮　　交物人：李强

图 6–13　实物入库凭证（一）

**实 物 入 库 凭 证**

交物单位：生产车间　　20××年5月31日　　字第 2 号

| 品名 | 数量 | 单位 | 单价 | 金额 | | | | | | | | | 备注 |
|---|---|---|---|---|---|---|---|---|---|---|---|---|---|
| | | | | 百 | 十 | 万 | 千 | 百 | 十 | 元 | 角 | 分 | |
| 甲产品 | 550 | 件 | | | | | | | | | | | |
| 乙产品 | 1 100 | 件 | | | | | | | | | | | |
| | | | | | | | | | | | | | |
| 合计 | | | | | | | | | | | | | |

负责人：　　会计：　　保管：王亮　　交物人：李强

图 6–14　实物入库凭证（二）

根据上面本月完工产品入库单汇总的结果，本月甲产品完工产量为 1 000 件，乙产品完工产量为 2 000 件。

**表 6–9　产品成本计算单**

产品：甲产品　　20×× 年 5 月

| 项目 | 直接材料 | 直接人工 | 制造费用 | 合计 |
|---|---|---|---|---|
| 生产总成本（元） | 57 100 | 29 153.28 | 2 200 | 88 453.28 |
| 完工产量（件） | 1 000 | 1 000 | 1 000 | 1 000 |
| 单位成本（元） | 57.10 | 29.15 | 2.20 | 88.45 |

**表 6–10　产品成本计算单**

产品：乙产品　　20×× 年 5 月　　单位：元

| 项目 | 直接材料 | 直接人工 | 制造费用 | 合计 |
|---|---|---|---|---|
| 生产总成本 | 90 000 | 43 729.92 | 2 300 | 136 029.92 |
| 完工产量（件） | 2 000 | 2 000 | 2 000 | 2 000 |
| 单位成本 | 45.00 | 21.86 | 1.15 | 68.01 |

根据产品成本计算单，编制入库产品汇总表见表 6–11。

**表 6–11　入库产品汇总表**

20×× 年 5 月　　单位：元

| 产品 | 入库数量（件） | 单价（元 / 件） | 金额（元） |
|---|---|---|---|
| 甲产品 | 1 000 | 88.45 | 88 453.28 |
| 乙产品 | 2 000 | 68.01 | 136 029.92 |
| 合 计 | — | — | 224 483.20 |

根据入库产品汇总表、产品成本计算单和产品入库单，账务处理为：

借：库存商品——甲产品　　88 453.28（数量 1 000 件，单价 88.45 元 / 件）

　　　　　　——乙产品　　136 029.92（数量 2 000 件，单价 68.01 元 / 件）

　贷：生产成本——甲产品　　88 453.28

　　　　　　——乙产品　　136 029.92

如果企业生产的产品用料、用途相同，只是规格、花色有所不同，可以视为一种产品核算其成本。例如，涂料、油漆、电器元件和饮料等。

如果企业生产的是使用材料基本相同、用途类似，但规格差异较大的系列产品，如鞋帽、灯具、服装、食品和家具等，耗用材料和人工不易分清对象，就可以采用系数法核算成本。

【例 6–12】某办公家具制造企业生产 5 种大小和样式不同的钢制文件柜，使用的材料均为钢板，由同样的工人生产。某月的生产成本明细账如图 6–15 所示。由于使用材料、人工相同，不能分清耗用对象，所以生产成本不按规格分明细账户，而是综合核算。

生产成本明细账

| 20××年 | | 凭证编号 | 摘要 | 成本项目 | | | | | | | | | | | | | | | | | | | | | |
|---|---|---|---|---|---|---|---|---|---|---|---|---|---|---|---|---|---|---|---|---|---|---|---|---|---|
| | | | | 直接材料 | | | | | | | | 直接人工 | | | | | | | 制造费用 | | | | | | |
| 月 | 日 | | | 十 | 万 | 千 | 百 | 十 | 元 | 角 | 分 | 万 | 千 | 百 | 十 | 元 | 角 | 分 | 万 | 千 | 百 | 十 | 元 | 角 | 分 |
| 5 | 31 | 25 | 材料费 | 2 | 1 | 0 | 0 | 0 | 0 | 0 | 0 | | | | | | | | | | | | | | |
| | 31 | 26 | 工资 | | | | | | | | | 3 | 0 | 0 | 0 | 0 | 0 | 0 | | | | | | | |
| | 31 | 27 | 计提福利费 | | | | | | | | | | 4 | 2 | 0 | 0 | 0 | 0 | | | | | | | |
| | 31 | 28 | 计提教育经费 | | | | | | | | | | 7 | 5 | 0 | 0 | 0 | 0 | | | | | | | |
| | 31 | 29 | 工具消耗 | | | | | | | | | | | | | | | | | | 2 | 0 | 0 | 0 | 0 |
| | 31 | 30 | 折旧费 | | | | | | | | | | | | | | | | 2 | 0 | 0 | 0 | 0 | 0 | 0 |
| | 31 | 32 | 电费 | | | | | | | | | | | | | | | | | 5 | 6 | 0 | 0 | 0 | 0 |
| | | | | | | | | | | | | | | | | | | | | | | | | | |

**图 6–15 生产成本明细账**

直接材料成本 =210 000（元）

直接人工成本 =30 000+4 200+7 500=41 700（元）

制造费用 =200+20 000+5 600=25 800（元）

生产总成本 =210 000+41 700+25 800=277 500（元）

本月完工产品入库单如图 6–16、图 6–17 所示。

实 物 入 库 凭 证

交物单位：生产车间　　20××年8月15日　　字第 1 号

| 品名 | 数量 | 单位 | 单价 | 金额 | | | | | | | | | 备注 |
|---|---|---|---|---|---|---|---|---|---|---|---|---|---|
| | | | | 百 | 十 | 万 | 千 | 百 | 十 | 元 | 角 | 分 | |
| 160×80 柜 | 100 | 件 | | | | | | | | | | | |
| 160×90 柜 | 80 | 件 | | | | | | | | | | | |
| 170×80 柜 | 70 | 件 | | | | | | | | | | | |
| 合计 | | | | | | | | | | | | | |

负责人：　　会计：　　保管：王亮　　交物人：李强

**图 6–16 实物入库凭证（一）**

实 物 入 库 凭 证

交物单位：生产车间　　20××年8月31日　　字第 2 号

| 品名 | 数量 | 单位 | 单价 | 金额 | | | | | | | | | 备注 |
|---|---|---|---|---|---|---|---|---|---|---|---|---|---|
| | | | | 百 | 十 | 万 | 千 | 百 | 十 | 元 | 角 | 分 | |
| 180×95 柜 | 60 | 件 | | | | | | | | | | | |
| 190×100柜 | 50 | 件 | | | | | | | | | | | |
| | | | | | | | | | | | | | |
| 合计 | | | | | | | | | | | | | |

负责人：　　会计：　　保管：王亮　　交物人：李强

**图 6–17 实物入库凭证（二）**

根据产品的价格、产量、生产总成本，编制的产品成本计算单见表 6–12。

**表 6–12 产品成本计算单**

20×× 年 8 月

| 产品规格 | 价格（元） | 系数 | 实际产量（件） | 标准产量（件） | 单位成本（元/件） | 总成本（元） |
|---|---|---|---|---|---|---|
| | （1） | （2） | （3） | （4）=（3）×（2） | （5）=429.57×（2） | （6）=（3）×（5） |
| 160×80 | 500 | 1.0 | 100 | 100 | 429.57 | 42 957.00 |
| 160×90 | 700 | 1.4 | 80 | 112 | 601.40 | 48 112.00 |
| 170×80 | 1 000 | 2.0 | 70 | 140 | 859.14 | 60 139.80 |
| 180×95 | 1 200 | 2.4 | 60 | 144 | 1 030.97 | 61 858.20 |
| 190×100 | 1 500 | 3.0 | 50 | 150 | 1 288.71 | 64 433.00<br>（尾差 2.5 调整） |
| 合计 | — | — | — | 646 | — | 277 500.00 |

系数即折合系数，通常以产品的价格、质量、体积等为依据确定，本例以价格为依据计算确定。一般以产量最大的主要产品作为标准产品。折合系数的计算公式为：

$$\text{某产品折合系数}=\frac{\text{该产品价格（质量、体积）}}{\text{标准产品价格（质量、体积）}}$$

本例以 160×80 规格为标准产品，以产品的价格为依据计算折合系数，计算的系数见表 6–12 第（2）栏。本月各产品实际产量如第（3）栏所示。将生产总成本填入总成本合计处。其余栏的计算公式为：

$$\text{标准产量}=\text{实际产量}\times\text{系数}$$

$$\text{标准产品单位成本}=\frac{\text{生产总成本}}{\text{标准产量合计}}$$

$$\text{各产品单位成本}=\text{标准产品单位成本}\times\text{系数}$$

$$\text{各产品总成本}=\text{实际产量}\times\text{各产品单位成本}$$

（计算的各产品总成本之和应等于总成本合计，如有尾差在最后一项调整）

根据表 6–12 产品成本计算单，账务处理为：

借：库存商品——160×80　　42 957（数量 100 件，单价 429.57 元 / 件）

——160×90　　48 112（数量 80 件，单价 601.40 元 / 件）

——170×80　　60 139.8（数量 70 件，单价 859.14 元 / 件）

——180×95　　61 858.2（数量 60 件，单价 1 030.97 元 / 件）

——190×100　　64 433（数量 50 件，单价 1 288.71 元 / 件）

贷：生产成本　　277 500

# 练习题

1. 长江工业有限公司 3 月份有关资料如下。

（1）原材料明细账（图 6-18~ 图 6-20）。

原材料明细账

品名：甲材料

| 20××年 | | 凭证编号 | 摘要 | 借方 | | | 贷方 | | | 余额 | | |
|---|---|---|---|---|---|---|---|---|---|---|---|---|
| 月 | 日 | | | 数量 | 单价 | 金额 | 数量 | 单价 | 金额 | 数量 | 单价 | 金额 |
| | | | 月初余额 | | | | | | | 500 | 15 | 7 500 |
| 3 | 5 | 8 | 购入 | 500 | 15 | 7 500 | | | | | | |
| | 12 | 15 | 购入 | 1 000 | 17 | 17 000 | | | | | | |
| | 20 | 23 | 购入 | 2 000 | 16 | 32 000 | | | | | | |
| | | | | | | | | | | | | |

图 6-18　原材料明细账（一）

原材料明细账

品名：乙材料

| 20××年 | | 凭证编号 | 摘要 | 借方 | | | 贷方 | | | 余额 | | |
|---|---|---|---|---|---|---|---|---|---|---|---|---|
| 月 | 日 | | | 数量 | 单价 | 金额 | 数量 | 单价 | 金额 | 数量 | 单价 | 金额 |
| | | | 月初余额 | | | | | | | 800 | 20 | 16 000 |
| 3 | 6 | 8 | 购入 | 2 500 | 21 | 52 500 | | | | | | |
| | 15 | 15 | 购入 | 2 000 | 19 | 38 000 | | | | | | |
| | | | | | | | | | | | | |

图 6-19　原材料明细账（二）

原材料明细账

品名：丙材料

| 20××年 | | 凭证编号 | 摘　要 | 借方 | | | 贷方 | | | 余额 | | |
|---|---|---|---|---|---|---|---|---|---|---|---|---|
| 月 | 日 | | | 数量 | 单价 | 金额 | 数量 | 单价 | 金额 | 数量 | 单价 | 金额 |
| | | | 月初余额 | | | | | | | 600 | 5 | 3 000 |
| 3 | 4 | 5 | 购入 | 3 000 | 5 | 15 000 | | | | | | |
| | 10 | 14 | 购入 | 2 000 | 6 | 12 000 | | | | | | |
| | 22 | 28 | 购入 | 1 000 | 6 | 6 000 | | | | | | |
| | | | | | | | | | | | | |

图 6-20　原材料明细账（三）

（2）材料耗用汇总表（表 6–13）。

**表 6–13　材料耗用汇总表**

20××年3月

| 用途 | 甲材料 | | | 乙材料 | | | 丙材料 | | | 金额合计 |
|---|---|---|---|---|---|---|---|---|---|---|
| | 数量 | 单价 | 金额 | 数量 | 单价 | 金额 | 数量 | 单价 | 金额 | |
| A 产品 | 2 600 | | | 2 000 | | | 2 500 | | | |
| B 产品 | 1 000 | | | 3 000 | | | 3 500 | | | |
| 设备维修 | | | | | | | 200 | | | |
| 合计 | 3 600 | — | | 5 000 | — | | 6 200 | — | | |

（3）工资结算表（表 6–14）。

**表 6–14　工资结算表**

20××年3月　　　　单位：元

| 姓名 | 应发工资 | 扣社会保险金 | 实发工资 | 签领 |
|---|---|---|---|---|
| …… | …… | …… | …… | |
| 生产人员小计 | 50 000 | 5 500 | 44 500 | |
| …… | …… | …… | …… | |
| 管理人员小计 | 10 000 | 1 200 | 8 800 | |
| …… | …… | …… | …… | |
| 销售人员小计 | 5 000 | 540 | 4 460 | |
| 总计 | 65 000 | 7 240 | 57 760 | |

（4）按生产工时分配工人工资，A 产品生产工时为 3 000 小时，B 产品生产工时为 2 000 小时。

（5）按各类职工工资数额，以 14% 计提职工福利费，以 2.5% 计提职工教育经费，按 30% 计提社会保险费。

（6）增值税专用发票：工业电费 2 000 元，增值税 260 元。

银行付款回单：收款人电力局，金额 2260 元，用途为电费。

（7）普通发票：劳动保护用品，金额 1 000 元，销货方朝晖劳动保护用品经销部。（直接发给工人）

现金付出凭证：付劳动保护用品款，金额 1 000 元。

（8）固定资产折旧计提表：车间房屋和生产设备折旧费合计 5 000 元。

要求：

（1）根据原材料明细账计算本月各种材料的加权平均单价。

（2）将各种材料加权平均单价填入材料耗用汇总表中，并计算出各种材料耗用金额，完成材料耗用汇总表。根据材料耗用汇总表作出账务处理。根据账务处理登记生产成本明细账和原材料明细账。

（3）按生产工时分配生产工人工资，编制生产工人工资分配表。

（4）根据工资结算表和生产工人工资分配表，作出工资的账务处理，并据以登记生产成本明细账。

（5）编制职工福利费、职工教育经费、社会保险费计提表，并作出相应的账务处理。根据账务处理登记生产成本明细账。

（6）分别作出电费、劳动保护费、折旧费的账务处理。

（7）按 A、B 产品的生产工时分配本月制造费用，编制制造费用分配表，作出账务处理。并登记生产成本明细账。

（8）根据生产成本明细账的记录和产品产量，编制产品成本计算单。

产品入库单汇总：A 产品产量为 1 000 件，B 产品产量为 1 500 件。

（9）编制入库产品汇总表，作出完工产品入库的账务处理，并登记生产成本明细账和库存商品明细账。

需填写的空白明细账、分配表、计提表、计算单等如图 6–21~ 图 6–24，表 6–15~表 6–22 所示。

**生产成本明细账**

户名：A 产品

| 20××年 | | 凭证编号 | 摘要 | 成本项目 | | | | | | | | | | | | | | | | | | | | |
|---|---|---|---|---|---|---|---|---|---|---|---|---|---|---|---|---|---|---|---|---|---|---|---|---|
| | | | | 直接材料 | | | | | | | 直接人工 | | | | | | | 制造费用 | | | | | | |
| 月 | 日 | | | 万 | 千 | 百 | 十 | 元 | 角 | 分 | 万 | 千 | 百 | 十 | 元 | 角 | 分 | 万 | 千 | 百 | 十 | 元 | 角 | 分 |
| | | | | | | | | | | | | | | | | | | | | | | | | |
| | | | | | | | | | | | | | | | | | | | | | | | | |
| | | | | | | | | | | | | | | | | | | | | | | | | |
| | | | | | | | | | | | | | | | | | | | | | | | | |
| | | | | | | | | | | | | | | | | | | | | | | | | |
| | | | | | | | | | | | | | | | | | | | | | | | | |
| | | | | | | | | | | | | | | | | | | | | | | | | |
| | | | | | | | | | | | | | | | | | | | | | | | | |

图 6–21　生产成本明细账（一）

**生产成本明细账**

户名：B 产品

| 20××年 | | 凭证编号 | 摘要 | 成本项目 | | | | | | | | | | | | | | | | | | | | |
|---|---|---|---|---|---|---|---|---|---|---|---|---|---|---|---|---|---|---|---|---|---|---|---|---|
| 月 | 日 | | | 直接材料 | | | | | | | 直接人工 | | | | | | | 制造费用 | | | | | | |
| | | | | 万 | 千 | 百 | 十 | 元 | 角 | 分 | 万 | 千 | 百 | 十 | 元 | 角 | 分 | 万 | 千 | 百 | 十 | 元 | 角 | 分 |
| | | | | | | | | | | | | | | | | | | | | | | | | |
| | | | | | | | | | | | | | | | | | | | | | | | | |
| | | | | | | | | | | | | | | | | | | | | | | | | |
| | | | | | | | | | | | | | | | | | | | | | | | | |
| | | | | | | | | | | | | | | | | | | | | | | | | |
| | | | | | | | | | | | | | | | | | | | | | | | | |
| | | | | | | | | | | | | | | | | | | | | | | | | |
| | | | | | | | | | | | | | | | | | | | | | | | | |

图 6-22　生产成本明细账（二）

**表 6-15　工人工资分配表**

20×× 年 3 月

| 产品 | 生产工时 | 分配率 | 应分配工资额 |
|---|---|---|---|
| A 产品 | | | |
| B 产品 | | | |
| 合计 | | | |

**表 6-16　职工福利费计提表**

20×× 年 3 月

| 职工类别 | | 工资总额 | 应计提职工福利费（14%） |
|---|---|---|---|
| 生产工人 | A 产品 | | |
| | B 产品 | | |
| 管理人员 | | | |
| 销售人员 | | | |
| 合计 | | | |

**表 6-17　社会保险费计提表**

20×× 年 3 月

| 职工类别 | | 工资总额 | 各险种费率合计 | 应计提社会保险费 |
|---|---|---|---|---|
| 生产工人 | A 产品 | | | |
| | B 产品 | | | |
| 管理人员 | | | | |
| 销售人员 | | | | |
| 合计 | | | | |

表 6-18　职工教育经费计提表

20×× 年 3 月

| 职工类别 | | 工资总额 | 应计提职工教育经费（2.5%） |
|---|---|---|---|
| 生产工人 | A 产品 | | |
| | B 产品 | | |
| 管理人员 | | | |
| 销售人员 | | | |
| 合计 | | | |

表 6-19　制造费用分配表

20×× 年 3 月

| 产品 | 生产工时 | 分配率 | 应分配金额 |
|---|---|---|---|
| | | | |
| | | | |
| 合 计 | | | |

表 6-20　产品成本计算单

产品：A 产品　　20×× 年 3 月

| 项目 | 直接材料 | 直接人工 | 制造费用 | 合计 |
|---|---|---|---|---|
| 生产总成本 | | | | |
| 完工产量 | | | | |
| 单位成本 | | | | |

表 6-21　产品成本计算单

产品：B 产品　　20×× 年 3 月

| 项目 | 直接材料 | 直接人工 | 制造费用 | 合计 |
|---|---|---|---|---|
| 生产总成本 | | | | |
| 完工产量 | | | | |
| 单位成本 | | | | |

表 6-22　入库产品汇总表

20×× 年 3 月

| 产品 | 入库数量 | 单价 | 金额 |
|---|---|---|---|
| | | | |
| | | | |
| 合计 | | | |

### 库存商品明细账

品名：A 产品

| 20××年 | | 凭证号 | 摘要 | 借方 | | | 贷方 | | | 余额 | | |
|---|---|---|---|---|---|---|---|---|---|---|---|---|
| 月 | 日 | | | 数量 | 单价 | 金额 | 数量 | 单价 | 金额 | 数量 | 单价 | 金额 |
| | | | | | | | | | | | | |
| | | | | | | | | | | | | |
| | | | | | | | | | | | | |

图 6–23　库存商品明细账（一）

### 库存商品明细账

品名：B 产品

| 20××年 | | 凭证号 | 摘要 | 借方 | | | 贷方 | | | 余额 | | |
|---|---|---|---|---|---|---|---|---|---|---|---|---|
| 月 | 日 | | | 数量 | 单价 | 金额 | 数量 | 单价 | 金额 | 数量 | 单价 | 金额 |
| | | | | | | | | | | | | |
| | | | | | | | | | | | | |
| | | | | | | | | | | | | |

图 6–24　库存商品明细账（二）

2. 某工业企业生产电连接器系列产品，所需的材料和生产工人相同，产品分为 4 种型号。采用系数法核算产品成本，按价格计算折合系数，以 SMA 为标准产品。某月的产品价格、实际产量、生产总成本见表 6–23。要求计算当月产品成本，并作出产品完工入库的账务处理。

表 6–23　产品成本计算单

| 产品型号 | 价格 | 系数 | 实际产量 | 标准产量 | 单位成本 | 总成本 |
|---|---|---|---|---|---|---|
| SMA | 5 | | 5 000 | | | |
| SMC | 6 | | 4 000 | | | |
| SMG | 8 | | 4 000 | | | |
| SMZ | 10 | | 3 000 | | | |
| 合计 | — | | — | | | 88 800 |

# 第七章

## 销售业务的核算

会计从业人员应当参与管理，做到以下要求：努力钻研业务，熟悉财经法规和相关制度，提高业务技能，为参与管理打下基础；熟悉服务对象的经营活动和业务流程，使参与管理的决策更具针对性和有效性。

销售业务的核算，应设置主营业务收入、主营业务成本、税金及附加、应收账款、应收票据、预收账款等科目。平时核算收入，月末汇总后结转销售成本，申报销售税金。

# 第一节　产品销售的账务处理

产品销售有不同的情形，包括现销、赊销、预收货款销售、销售折扣和折让等，其账务处理各有不同。这里主要讲述增值税一般纳税人的账务处理，小规模纳税人的账务处理只介绍不同点。

## 一、现销的账务处理

现销是指当即收款的销售，即在产品销售后立即收款或在近日收到货款。在实际工作中，当月销售在当月收到货款的，均可按现销处理。现销业务根据本企业开出的销售发票、银行收款回单或现金收入凭证进行账务处理。

【例 7-1】永兴机械有限责任公司销售给中天贸易有限公司产品一批，开出了增值税专用发票（图 7-1），货款已转入本企业银行账户。

动态二维码

**电子发票（增值税专用发票）**　发票号码：24612000000103794308

开票日期：20××年7月5日

| | | | |
|---|---|---|---|
| 购买方信息 | 名称：中天贸易有限公司<br>统一社会信用代码/纳税人识别号：91610402MA6XT10667 | 销售方信息 | 名称：永兴机械有限责任公司<br>统一社会信用代码/纳税人识别号：91610402MA6XT10888 |

| 项目名称 | 规格型号 | 单位 | 数量 | 单价 | 金额 | 税率/征收率 | 税额 |
|---|---|---|---|---|---|---|---|
| *金属制品*钢模板 | | kg | 2 000 | 10.00 | 20 000.00 | 13% | 2 600.00 |
| *金属制品*钢床架 | | kg | 1 000 | 30.00 | 30 000.00 | 13% | 3 900.00 |
| 合　计 | | | | | ¥50 000.00 | | ¥6 500.00 |
| 价税合计（大写） | ⊗伍万陆仟伍佰元整 | | | | （小写）¥56 500.00 | | |
| 备注 | | | | | | | |

开票人：张华

图 7-1　电子发票

根据发票和银行收款回单，账务处理为：

借：银行存款　　　　56 500

　　贷：主营业务收入　　　　50 000

　　　　应交税费——应交增值税（销项税额）　　　　6 500

【例 7–2】永兴机械有限责任公司销售产品给小规模纳税人，开具普通发票（图 7–2），货款已收。

动态二维码

**电子发票（普通发票）**

发票号码：24612000001103694506

开票日期：20××年7月8日

| 购买方信息 | 名称：天工机械厂<br>统一社会信用代码/纳税人识别号：91610402MA6XT10333 | 销售方信息 | 名称：永兴机械有限责任公司<br>统一社会信用代码/纳税人识别号：91610402MA6XT10888 |
|---|---|---|---|

| 项目名称 | 规格型号 | 单位 | 数量 | 单价 | 金额 | 税率/征收率 | 税额 |
|---|---|---|---|---|---|---|---|
| *金属制品*钢构件 |  | kg | 200 | 10.00 | 2 000.00 | 13% | 260.00 |
| 合计 |  |  |  |  | ¥2 000.00 |  | ¥260.00 |
| 价税合计（大写） | ⊗贰仟贰佰陆拾元整 |  |  |  | （小写）¥2 260.00 |  |  |
| 备注 |  |  |  |  |  |  |  |

开票人：张华

图 7–2　电子发票

根据发票（图 7–2）和银行收款回单，账务处理为：

借：银行存款　　　　2 260

　　贷：主营业务收入　　　　2 000

　　　　应交税费——应交增值税（销项税额）　　　　260

## 二、赊销的账务处理

赊销即赊账销售，是指销售产品后没有当即收款，而是间隔一定时间才收款，包括一般赊销和采用商业汇票结算销售。

### （一）一般赊销的账务处理

一般赊销，是指没有采用商业汇票结算的赊销。

一般情况下，商品已交付并开出销售发票，销售即告成立，此时即可确认主营业务收入并计入应收账款。但为了简化核算工作，当月内收到货款的，可仍按现销处理，只有在月末仍未收到货款时才计入应收账款。

1. **赊销产品**

【例 7-3】永兴机械有限责任公司向宏大商贸公司销售产品一批，产品已经发出并开出增值税专用发票，价款 30 000 元，增值税 3 900 元，月内货款尚未收到。

根据发票，账务处理为：

借：应收账款——宏大商贸公司　　33 900

　　贷：主营业务收入　　30 000

　　　　应交税费——应交增值税（销项税额）　　3 900

2. **收回赊销款**

收回赊销货款时，根据银行收款回单或现金收入凭证，借记银行存款、库存现金等科目，贷记应收账款科目。

【例 7-4】接例 7-3，下月收到宏大商贸公司的货款。

根据银行收款回单，账务处理为：

借：银行存款　　33 900

　　贷：应收账款——宏大商贸公司　　33 900

3. **发生坏账损失**

在商品交易活动中，由于赊销的存在，可能会有部分应收账款无法收回，企业无法收回的应收账款称为坏账，不能收回的应收账款金额即为坏账损失。

坏账损失的确认，一般来讲，企业对有确凿证据表明确实无法收回的应收账款，如债务单位已撤销、破产、资不抵债、现金流量严重不足、多年不能收回等，应根据企业管理权限，经企业负责人批准作为坏账损失。

坏账损失发生时，按《小企业会计准则》和《企业所得税法》的要求，应直接记入营业外支出账户，同时冲销应收账款。

【例 7-5】永兴机械有限责任公司应收朝辉公司账款 8 000 元，已逾期 3 年，屡催无效，已确认无法收回，作为坏账处理。

原始凭证如图 7-3 所示。

**关于朝辉公司欠款作为坏账处理的意见**

鉴于朝辉公司所欠 8 000元账款已过 3 年，经多次催收仍无法收回，已无催收价值，建议作为坏账处理。妥否，请批示。

会计：张娟

20××.8.15

同意　王振华　20××.8.23

**图 7-3　坏账处理意见**

根据坏账损失批准文件，账务处理为：

借：营业外支出　　8 000

　　贷：应收账款——朝辉公司　　8 000

### （二）以商业汇票结算赊销的账务处理

商业汇票是销售产品后签发的、由付款人在一定期限后无条件支付货款给收款人（或持票人）的票据。商业汇票须经承兑，承兑是汇票的付款人承诺在汇票到期日支付票据金额的表示。商业汇票按承兑人的不同，分为商业承兑汇票和银行承兑汇票，其样式见图 7–4。商业承兑汇票是由购货方承兑，并到期付款的汇票。银行承兑汇票是购货方申请开户银行承兑，到期由银行保证付款的汇票。商业承兑汇票由购货方或销货方签发均可，银行承兑汇票由购货方申请，开户银行签发。商业汇票按是否计息分为不带息商业汇票和带息商业汇票。商业汇票的付款期限由交易双方商定，但最长不得超过6 个月。

商业汇票结算，是指以商业汇票约定付款期限的一种赊销形式。这种赊销形式的核算包括收到商业汇票、到期、背书转让以及贴现等业务。

**1. 收到商业汇票**

企业销售商品收到商业汇票时，按票面金额借记应收票据科目，按销售价款贷记主营业务收入科目，按发票上注明的增值税额，贷记应交税费——应交增值税（销项税额）科目。企业收到抵偿应收账款的商业汇票时，借记应收票据科目，贷记应收账款科目。

【例 7–6】永兴机械有限责任公司向宁夏能达实业有限责任公司销售产品一批，货款金额为 200 000 元，增值税为 26 000 元，价税合计 226 000 元。收到由宁夏能达实业有限责任公司开来的商业承兑汇票，面值为 226 000 元、期限为 3 个月。

原始凭证如图 7–4 所示。

根据销售增值税专用发票和电子商业承兑汇票（图 7–4），账务处理为：

借：应收票据——宁夏能达实业有限责任公司　　226 000

　　贷：主营业务收入　　200 000

　　　　应交税费——应交增值税（销项税额）　　26 000

【例 7–7】某企业收到腾飞公司用以抵偿前欠货款的期限为 3 个月的不带息商业汇票一张，面值为 50 000 元。

根据收到的商业汇票，账务处理为：

借：应收票据——腾飞公司　　50 000

　　贷：应收账款——腾飞公司　　50 000

电子票据详情　　　　20××年09月26日

显示日期：20××-09-26 16:19:26

**电子商业承兑汇票**

出票日期 20××-07-06　　　　票据状态 已收票 - 可流通

汇票到期日 20××-10-06　　　　票据号码 930879101128620240822000212214

763000001-763610000

| | | | | | |
|---|---|---|---|---|---|
| 出票人 | 全称 | 宁夏能达实业有限责任公司 | 收票人 | 全称 | 永兴机械有限责任公司 |
| | 账号 | 20304015201200000361 | | 账号 | 1010147886809200119 |
| | 开户银行 | 农业银行银川市河滨路支行 | | 开户银行 | 工行人民路支行 |
| 出票保证信息 | 保证人名称：　保证人地址：　保证人日期： | | | | |
| 票据金额 | 人民币（大写） | 贰拾贰万陆仟元整 | 十 亿 千 百 十 万 千 百 十 元 角 分 | | 2 2 6 0 0 0 0 0 |
| 承兑人信息 | 全称 | 宁夏能达实业有限责任公司 | 开户行行号 | 121789000123 | |
| | 账号 | 20304015201200000361 | 开户行名称 | 农业银行银川市河滨路支行 | |
| 交易合同号 | 20××-19 | | 承兑信息 | 出票人承诺：本汇票请予以承兑，到期无条件付款 | |
| 能否转让 | 可再转让 - 可拆分 | | | 承兑人承诺：本汇票已经承兑，到期无条件付款 | |
| 承兑保证信息 | 保证人名称：　保证人地址：　保证人日期：　承兑日期：20××-7-06 | | | | |
| 评级信息（由出票人，承兑人自己记载，仅供参考） | 出票人 | 评级主体：　信用等级：　评级到期日： | | | |
| | 承兑人 | 评级主体：　信用等级：　评级到期日： | | | |

图 7–4　电子商业承兑汇票

### 2. 商业汇票到期

收款方持有的商业汇票到期，收到票款时，借记银行存款科目，贷记应收票据科目。

持有商业承兑汇票到期，因购货方无力支付，未收到票款时，应将应收票据转为应收账款，根据商业承兑汇票的账面余额，借记应收账款科目，贷记应收票据科目。

【例 7–8】接例 7–6，商业承兑汇票到期，收到宁夏能达实业有限责任公司的付款。

根据银行收款回单，账务处理为：

借：银行存款　　　　226 000

　　贷：应收票据——宁夏能达实业有限责任公司　　　　226 000

【例 7–9】某企业持有付款人为朝阳公司的商业承兑汇票到期，票款为 60 000 元，因朝阳公司无力支付，款未收到。

账务处理为：

借：应收账款——朝阳公司　　　　60 000

　　贷：应收票据——朝阳公司　　　　60 000

### 3. 商业汇票背书转让

在商业汇票到期前，企业因支付需要，可以将持有的商业汇票背书转让，用以支付货款。企业将商业汇票背书转让，购得所需物资时，按应计入取得物资成本的金额，借记原材料或固定资产、应交税费——应交增值税（进项税额）科目，按应收票据的账面余额，贷记应收票据科目；如果商业汇票金额大于货款金额，可以将票据金额拆分；如果商业汇票金额小于货款金额，则以银行存款补足。

【例 7-10】永兴机械有限责任公司向光大贸易有限公司采购材料，材料价款为 50 000 元，增值税为 6 500 元，款项共计 56 500 元，材料验收入库。企业将持有的一张未到期的票面金额为 50 000 元的商业汇票（付款人为明德公司）背书转让给光大贸易有限公司，抵付货款；同时，差额 6 500 元当即以银行存款支付。

原始凭证如图 7-5 所示。

票据号码 930879101128620240822000212314
773000001-773610000

| 转让背书 | |
|---|---|
| 背书人名称 | 永兴机械有限责任公司 |
| 被背书人名称 | 光大贸易有限公司 |
| 不得转让标记 | 可再转让 |
| 背书日期 | 20××-05-20 |

**图 7-5　转让背书**

根据商业汇票的背面转让记录（图 7-5）和银行付款回单，账务处理为：

借：原材料　　50 000

　　应交税费——应交增值税（进项税额）　　6 500

　　贷：应收票据——明德公司　　50 000

　　　　银行存款　　6500

**4. 商业汇票贴现**

商业汇票贴现是指持票人为了解决临时的资金需求，将尚未到期的商业汇票在背书后送交银行，银行受理后从票据到期值中扣除按银行贴现率计算确定的贴现利息，然后将余额付给持票人，作为银行对企业提供短期贷款的行为。票据贴现其实质是企业借款的一种形式。

在票据贴现中，不带息票据的到期值就是票面价值；带息票据的到期值就是其票面价值加上利息。贴现利息是贴现银行按贴现率计算扣除的利息。贴现率是指贴现中使用的利息率，通常指年利率。贴现期是指从贴现日到票据到期日前一天为止的月数或天数，若贴现率是年利率，应将贴现月数或天数折算为按年表示的分数。贴现净额是指贴现银行将票据的到期值扣除贴现利息后支付给企业的款额。计算公式为：

$$贴现利息 = 到期值 \times 贴现率 \times 贴现期$$

$$贴现净额 = 到期值 - 贴现利息$$

无论是带息票据还是不带息票据，其贴现的账务处理，均按实际收到的金额，借记银行存款科目；按应收票据的账面余额，贷记应收票据科目；按其差额，借记或贷记财务费用科目。

【例 7-11】永兴机械有限责任公司 20×× 年 4 月 1 日，将所持有的出票日期为 20×× 年 3 月 1 日、期限 3 个月、面值 120 000 元、付款人为中达公司的不带息商业承兑汇票到银行贴现，银行的年贴现率为 10%。

计算如下：

到期值 =120 000（元）

贴现利息 =120 000×10%×（2/12）=2 000（元）

贴现净额 =120 000−2 000=118 000（元）

账务处理为：

借：银行存款　　118 000

　　财务费用　　2 000

　　贷：应收票据——中达公司　　120 000

已贴现的商业承兑汇票到期时，如果付款人不能支付票款，贴现银行可直接从已办理了贴现的企业账户中扣收，贴现企业收到退回的汇票和付款通知时，应按汇票本息，借记应收账款科目，贷记银行存款科目。如果贴现企业存款不足，银行作逾期贷款处理时，借记应收账款科目，贷记短期借款科目。

【例 7-12】接例 7-11，假如已贴现的商业承兑汇票到期，付款人不能支付票款，银行直接从贴现企业存款账户中扣收票款，贴现企业收到退回的汇票和付款通知时，根据付款通知，账务处理为：

借：应收账款——中达公司　　120 000

　　贷：银行存款　　120 000

如果贴现企业存款不足，银行作逾期贷款处理时，根据银行通知单，账务处理为：

借：应收账款——中达公司　　120 000

　　贷：短期借款　　120 000

### （三）赊销产品月内尚未开出发票时的账务处理

若赊销产品月内尚未开出发票，没有确认收入的凭证，无法确认收入，但产品已经发出，为了使库存商品账实相符，月末应将已发出而未开发票的产品按其成本转作发出商品，借记发出商品科目，贷记库存商品科目。待开出发票时，再作确认收入处理，同时结转其销售成本。

【例 7-13】永兴机械有限责任公司销售给大华公司钢构件 1 000 千克，一直到月末仍未开具发票。钢构件的账面加权平均单位成本为 20 元。

根据产品出库单，账务处理为：

借：发出商品——大华公司　　20 000

　　贷：库存商品——钢构件　　20 000

接例 7–13，以后开出发票，单价为 30 元 / 千克，金额为 30 000 元，增值税为 3 900 元。随即收回货款。

根据发票和银行收款回单，账务处理为：

借：银行存款　　33 900

　　贷：主营业务收入　　30 000

　　　　应交税费——应交增值税（销项税额）　　3 900

同时，结转对大华公司的销售成本。

账务处理为：

借：主营业务成本　　20 000

　　贷：发出商品——大华公司　　20 000

## 三、预收货款销售的账务处理

预收货款销售，是买卖双方协议商定，由销货方预先向购货方收取部分或全部货款，然后再发货的销售方式。

为了核算此种销售，企业应设置预收账款科目，贷方登记企业收到购货单位预付的货款，借方登记企业实际发出商品的价税金额，期末贷方余额，表示企业向购货单位预收的款项。该账户应按本企业预收款的购货单位设置明细账户。在预收货款不多的企业，也可以不设预收账款科目，而在应收账款科目中核算。

如果预收货款当月内发货并开出发票，为了简化核算也可以按现销处理。

【例 7–14】永兴机械有限责任公司按合同约定预收四新商贸公司的货款 60 000 元，转入银行账户。数天后，实际销售给四新商贸公司的产品价款为 80 000 元，增值税为 10 400 元，余款已补收。

（1）预收货款时，根据银行收款回单，账务处理为：

借：银行存款　　60 000

　　贷：预收账款——四新商贸公司　　60 000

（2）发出商品，开具增值税专用发票，并收到余款时，根据发票和银行收款回单，账务处理为：

借：预收账款——四新商贸公司　　60 000

　　银行存款　　30 400

　　贷：主营业务收入　　80 000

　　　　应交税费——应交增值税（销项税额）　　10 400

## 四、销售折扣、折让的账务处理

销售折扣有商业折扣和现金折扣两种。商业折扣是指企业为了鼓励客户多买商品而从价格上给予的优惠，购货量越大，折扣比例越大。商业折扣在交易当日即可确定折扣比例，发票是按折扣后的价格开具的，所以销售收入金额是按商业折扣后的发票金额确定的，账务处理与一般销售相同，无须特殊处理。

【例 7-15】某企业向腾飞公司销售产品一批，按照正常价格计算，其售价金额为 20 000 元，由于量较大，企业给予 10% 的商业折扣，开具发票的金额为 18 000 元，增值税为 2 340 元。货款尚未收到。

根据发票，账务处理为：

借：应收账款——腾飞公司　　20 340

　　贷：主营业务收入　　18 000

　　　　应交税费——应交增值税（销项税额）　　2 340

现金折扣是指企业为了鼓励客户在规定的期限内早日付款而给予的一种优惠，不同期限内付款享受的折扣比例不同，一般用符号"折扣率 / 付款期限"表示。如 2/10、1/20、N/30，其含义分别是 10 天内付款，享受 2% 的折扣；20 天内付款，享受 1% 的折扣；30 天内应全额付款，无折扣。由于现金折扣在交易当日无法确定付款时间即无法确定是否有折扣和折扣比例，所以销售发票是按正常价格开具的，销售收入按全价确认。在实际收到货款时，若在折扣期限内，则将现金折扣作为一种理财费用计入当期财务费用。

【例 7-16】永兴机械有限责任公司向朝阳公司销售产品一批，货款为 50 000 元，增值税为 6 500 元，规定的现金折扣条件为 2/10，N/20。产品已经交付并开出增值税专用发票，货款尚未收到。

根据发票，账务处理为：

借：应收账款——朝阳公司　　56 500

　　贷：主营业务收入　　50 000

　　　　应交税费——应交增值税（销项税额）　　6 500

【例 7-17】接例 7-16，如果 10 日内收到朝阳公司的货款，则按价款的 2% 给予折扣 1 000 元。

根据银行收款回单，账务处理为：

借：银行存款　　55 500

　　财务费用　　1 000

　　贷：应收账款——朝阳公司　　56 500

如果超过 10 日的折扣期限才收到朝阳公司的货款，则不予折扣，根据银行收款回单，账务处理为：

借：银行存款　56 500

　　贷：应收账款——朝阳公司　56 500

销售折让是指因售出商品的质量不合格或规格与合同不符等而在售价上给予的减让，是企业销售商品给予购买方的折让。

销售折让可发生在销售收入确认之前，也可发生在销售收入确认之后。发生在开出发票之前的折让，按折让后的发票金额进行会计处理即可。

发生在开出发票之后的折让，如购货方未作账务处理，应将原发票联和抵扣联退还给销货方，销货方在发票联、抵扣联、记账联上注明“作废”字样，然后重新按折让后的金额开具发票；如果购货方已作账务处理，发票联和抵扣联无法退还，销货方应开具负数发票，作为冲减原销售收入和销项税额的原始凭证，销货方根据开具的负数发票，作冲减原销售收入和销项税额账务处理。

【例 7-18】永兴机械有限责任公司销售一批产品给华盛建筑公司，开具的增值税专用发票上注明价款为 80 000 元，增值税为 10 400 元，货款尚未收到。货到后买方已经记账，才发现产品的质量不合格，要求在价格上给予 5% 的折让，经查明华盛建筑公司提出的销售折让要求符合原合同的约定，永兴机械有限责任公司开具了负数发票。

销售时，根据发票，永兴机械有限责任公司的账务处理为：

借：应收账款——华盛建筑公司　90 400

　　贷：主营业务收入　80 000

　　　　应交税费——应交增值税（销项税额）　10 400

负数发票如图 7-6 所示。

动态二维码

**电子发票（增值税专用发票）**

发票号码：24612000001103794309

开票日期：20××年7月5日

| | |
|---|---|
| 购买方信息　名称：华盛建筑公司<br>统一社会信用代码/纳税人识别号：91610402MA6XT10777 | 销售方信息　名称：永兴机械有限责任公司<br>统一社会信用代码/纳税人识别号：91610402MA6XT10888 |

| 项目名称 | 规格型号 | 单位 | 数量 | 单价 | 金额 | 税率/征收率 | 税额 |
|---|---|---|---|---|---|---|---|
| *金属制品*钢模板 | | kg | 10 000 | -0.4 | -4 000.00 | 13% | -520.00 |
| 合计 | | | | | ¥-4 000.00 | | ¥-520.00 |
| 价税合计（大写） | ⊗（负数）肆仟伍佰贰拾元整 | | | | （小写）¥-4 520.00 | | |
| 备注 | | | | | | | |

开票人：张华

图 7-6　电子发票

永兴机械有限责任公司的账务处理为：

借：主营业务收入　　4 000

　　应交税费——应交增值税（销项税额）　　520

　　贷：应收账款——华盛建筑公司　　4 520

实际收到货款时，根据银行收款回单，永兴机械有限责任公司的账务处理为：

借：银行存款　　85 880

　　贷：应收账款——华盛建筑公司　　85 880

### 五、增值税小规模纳税人销售产品的账务处理

小规模纳税人销售产品，增值税实行简易征收方式，按照征收率纳税，不抵扣进项税额，也不设销项税额明细账户。销售产品时，根据开具的增值税普通发票上写明的价款金额记入主营业务收入账户，增值税金额记入应交增值税明细科目。

【例 7–19】某小规模纳税人工业企业向某一般纳税人销售 A 产品 50 000 元，开具增值税普通发票。发票不含税金额为 50 000 元，征收率 1%，增值税 500 元。货款已转账收讫。

根据增值税普通发票和银行收款回单，账务处理为：

借：银行存款　　50 500

　　贷：主营业务收入　　50 000

　　　　应交税费——应交增值税　　500

小规模纳税人销售业务的其他账务处理与一般纳税人相同，只是应交增值税不设销项税额明细科目。

## 第二节　产品销售成本的计算和账务处理

当月产品销售成本的结转一般在月末进行，月末先将当月已销产品的出库单或发货单进行汇总，得出各产品的总销售量；然后再确定各产品的单价（单位成本）；两者相乘后计算出销售成本，进行成本结转。结转产品销售成本的原始凭证为出库单和产品销售成本计算表。

## 一、产品销售成本计算表的编制

月末，根据销售发票对应的产品出库单（不包括未开发票，转作“发出商品”的出库单）汇总出已销产品的销售量（如有退货单应减去退货量），再按先进先出法、加权平均法等确定已销产品的单位成本，然后用销售量乘以单位成本计算出产品销售成本，编制当月产品销售成本计算表。

【例 7-20】永兴机械有限责任公司本月产品销售出库单和库存商品明细账如图 7-7~ 图 7-12 所示。

**实 物 出 库 凭 证**

领物单位：中天贸易有限公司　20××年7月5日　字第 1 号

| 品名 | 数量 | 单位 | 单价 | 金额 | | | | | | | | | 备注 |
|---|---|---|---|---|---|---|---|---|---|---|---|---|---|
| | | | | 百 | 十 | 万 | 千 | 百 | 十 | 元 | 角 | 分 | |
| 钢模板 | 2 000 | 千克 | | | | | | | | | | | |
| 钢床架 | 1 000 | 千克 | | | | | | | | | | | |
| 合计 | | | | | | | | | | | | | |

负责人：　会计：　保管：王亮　领物人：王青

图 7-7　实物出库凭证（一）

**实 物 出 库 凭 证**

领物单位：天工机械厂　20××年7月8日　字第 2 号

| 品名 | 数量 | 单位 | 单价 | 金额 | | | | | | | | | 备注 |
|---|---|---|---|---|---|---|---|---|---|---|---|---|---|
| | | | | 百 | 十 | 万 | 千 | 百 | 十 | 元 | 角 | 分 | |
| 钢构件 | 2 000 | 千克 | | | | | | | | | | | |
| | | | | | | | | | | | | | |
| 合计 | | | | | | | | | | | | | |

负责人：　会计：　保管：王亮　领物人：李伟

图 7-8　实物出库凭证（二）

**实 物 出 库 凭 证**

领物单位：宏大商贸公司　20××年7月18日　字第 3 号

| 品名 | 数量 | 单位 | 单价 | 金额 | | | | | | | | | 备注 |
|---|---|---|---|---|---|---|---|---|---|---|---|---|---|
| | | | | 百 | 十 | 万 | 千 | 百 | 十 | 元 | 角 | 分 | |
| 钢构件 | 3 000 | 千克 | | | | | | | | | | | |
| | | | | | | | | | | | | | |
| 合计 | | | | | | | | | | | | | |

负责人：　会计：　保管：王亮　领物人：刘辉

图 7-9　实物出库凭证（三）

库存商品明细账

品名：钢模板

| 20××年 | | 凭证号 | 摘要 | 借方 | | | 贷方 | | | 余额 | | |
|---|---|---|---|---|---|---|---|---|---|---|---|---|
| 月 | 日 | | | 数量 | 单价 | 金额 | 数量 | 单价 | 金额 | 数量 | 单价 | 金额 |
| | | | 月初金额 | | | | | | | 1 000 | 4.5 | 4 500 |
| 7 | 31 | 25 | 完工入库 | 24 000 | 7.1 | 170 400 | | | | | | |
| | | | | | | | | | | | | |

图 7–10　库存商品明细账（一）

库存商品明细账

品名：钢床架

| 20××年 | | 凭证号 | 摘要 | 借方 | | | 贷方 | | | 余额 | | |
|---|---|---|---|---|---|---|---|---|---|---|---|---|
| 月 | 日 | | | 数量 | 单价 | 金额 | 数量 | 单价 | 金额 | 数量 | 单价 | 金额 |
| | | | 月初金额 | | | | | | | 500 | 10 | 5 000 |
| 7 | 31 | 25 | 完工入库 | 5 000 | 21 | 105 000 | | | | | | |
| | | | | | | | | | | | | |

图 7–11　库存商品明细账（二）

库存商品明细账

品名：钢构件

| 20××年 | | 凭证号 | 摘要 | 借方 | | | 贷方 | | | 余额 | | |
|---|---|---|---|---|---|---|---|---|---|---|---|---|
| 月 | 日 | | | 数量 | 单价 | 金额 | 数量 | 单价 | 金额 | 数量 | 单价 | 金额 |
| | | | 月初金额 | | | | | | | 2 700 | 5 | 13 500 |
| 7 | 31 | 25 | 完工入库 | 28 000 | 6.1 | 170 800 | | | | | | |
| | | | | | | | | | | | | |

图 7–12　库存商品明细账（三）

根据本月 13 张产品销售出库单汇总出的各种产品的销售量，填入计算表中。

根据库存商品明细账的记录，计算各产品的本月加权平均单位成本（单价）：

钢模板加权平均单位成本 =（4 500+170 400）/（1 000+24 000）≈ 7.00（元 / 千克）

钢床架加权平均单位成本 =（5 000+105 000）/（500+5 000）≈ 20.00（元 / 千克）

钢构件加权平均单位成本 =（13 500+170 800）元 /（2 700+28 000）≈ 6.00（元 / 千克）

将计算出的各产品的加权平均单位成本填入计算表中“单位成本”栏。

根据销售量、单位成本计算出销售成本，编制的产品销售成本计算表见表 7–1。

表 7–1　产品销售成本计算表

20×× 年 7 月

| 品名 | 销售量（千克） | 加权平均单位成本（元 / 千克） | 销售成本（元） |
|---|---|---|---|
| 钢模板 | 20 000 | 7.00 | 140 000 |
| 钢床架 | 5 000 | 20.00 | 100 000 |

续表

| 品名 | 销售量（千克） | 加权平均单位成本（元 / 千克） | 销售成本（元） |
| --- | --- | --- | --- |
| 钢构件 | 30 000 | 6.00 | 180 000 |
| 合计 | — | — | 420 000 |

### 二、结转产品销售成本的账务处理

产品销售成本在主营业务成本科目核算，以产品销售成本计算表及所附产品出库单为原始凭证，账务处理为：

借：主营业务成本　　420 000

　贷：库存商品——钢模板　　140 000

　　　　　　——钢床架　　100 000

　　　　　　——钢构件　　180 000

## 第三节　销售退回的账务处理

销售退回，是指企业已售出的产品由于质量、品种、规格不符合合同要求等而发生的退货。销售退回因时间不同，账务处理可分为以下 3 种情形。

### 一、售出产品尚未开出发票的退回

产品销售后尚未开出发票的，月内退回时，只需将退货单与原出库单抵销即可，可不作账务处理；跨月退回时，只需将“发出商品”作转回处理即可。

【例 7-21】永兴机械有限责任公司上月向中兴机械有限公司发出钢构件 500 千克，成本 3 000 元，尚未开发票，因质量问题本月退回。

根据发出商品出库单，上月末的账务处理为：

借：发出商品——中兴机械有限公司　　3 000

　贷：库存商品——钢构件　　3 000

根据退货入库单，本月退回的账务处理为：

借：库存商品——钢构件　　3 000

　　贷：发出商品——中兴机械有限公司　　3 000

## 二、当月售出产品已开出发票在当月退回

当月销售的产品，已开出发票，在月底前退回的，由于尚未结转其销售成本，所以只需冲销已确认的收入和销项税额即可。

退回商品时，如购货方未作账务处理也未付款的情况下，应将原发票联和税款抵扣联退还给销货方，销货方在发票联、抵扣联、记账联上注明“作废”字样，再将退货单与原出库单抵销即可，可不作账务处理。

如果购货方已作账务处理并已付款，发票联和抵扣联无法退还，则销货方开具负数发票，将负数发票联和抵扣联交给购货方。将负数发票作为冲销原销售收入和销项税额的原始凭证。

【例 7-22】永兴机械有限责任公司当月 13 日销售钢构件给光明机械有限公司，价款 10 000 元，增值税 1 300 元，发票已开，货款已收到。25 日光明机械有限公司以质量不合格为由退回该产品，但已进行了账务处理。永兴机械有限责任公司开具了负数发票，退还了货款。

销售时，根据销售发票和银行收款回单，账务处理为：

借：银行存款　　11 300

　　贷：主营业务收入　　10 000

　　　　应交税费——应交增值税（销项税额）　　1 300

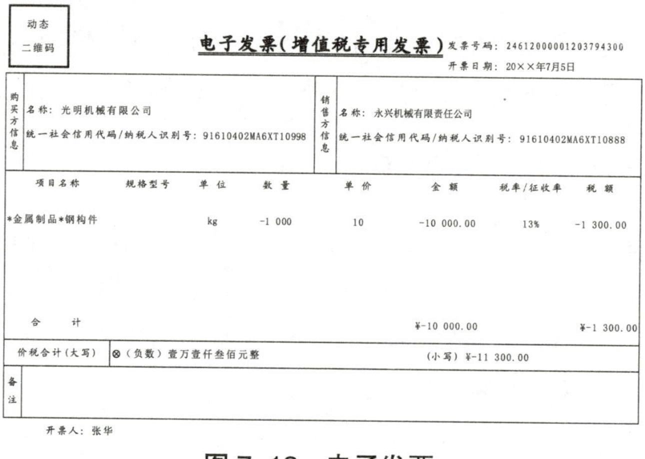
动态二维码

电子发票（增值税专用发票）　发票号码：24612000001203794300

开票日期：20××年7月5日

| 购买方信息 | 名称：光明机械有限公司<br>统一社会信用代码/纳税人识别号：91610402MA6XT10998 | 销售方信息 | 名称：永兴机械有限责任公司<br>统一社会信用代码/纳税人识别号：91610402MA6XT10888 |
|---|---|---|---|

| 项目名称 | 规格型号 | 单位 | 数量 | 单价 | 金额 | 税率/征收率 | 税额 |
|---|---|---|---|---|---|---|---|
| *金属制品*钢构件 | | kg | -1 000 | 10 | -10 000.00 | 13% | -1 300.00 |
| 合计 | | | | | ¥-10 000.00 | | ¥-1 300.00 |
| 价税合计（大写） | ⊗（负数）壹万壹仟叁佰元整 | | | | （小写）¥-11 300.00 | | |
| 备注 | | | | | | | |

开票人：张华

图 7-13　电子发票

退回时，根据负数发票（图 7-13）和银行付款回单，财务处理为：

借：主营业务收入　　10 000

应交税费——应交增值税（销项税额）　　1 300

贷：银行存款　　11 300

同时，退货单与原出库单自然抵销，不作账务处理。

### 三、以前月份售出产品本月退回

以前月份销售的产品，已经结转了销售成本，退回后，除了要开具负数发票冲销销售收入和销项税额，还要冲销已结转的销售成本。

【例 7-23】永兴机械有限责任公司于10月29日销售钢构件2 000千克，单价10元/千克，增值税2 600元，发票已开，货款已收。11月15日，该产品因质量严重不合格被退回，永兴机械有限责任公司开具了负数发票。收到退回的产品，并退回货款。该产品上月的销售成本计算表中加权平均单位成本为6元/千克。

（1）冲销销售收入和销项税额，退回货款。

根据负数发票和银行付款回单，账务处理为：

借：主营业务收入　　20 000

应交税费——应交增值税（销项税额）　　2 600

贷：银行存款　　22 600

（2）退回产品入库，冲销已结转的销售成本。

根据退回产品入库单，账务处理为：

借：库存商品——钢构件　　12 000

贷：主营业务成本　　12 000

## 第四节　销售材料和对外加工的账务处理

由于各种原因，有时企业原来购入的材料已经不需要或长期积压，造成资金占用，为加速资金周转，企业可将这些材料销售。材料销售属于其他业务。

企业对外加工业务，是指对外单位提供的原材料或半成品进行加工，收取加工费的业务。对外加工属于工业性劳务，也是工业企业的主营业务之一。

## 一、销售材料业务的账务处理

销售材料属于其他业务，其收入记入其他业务收入账户，材料成本记入其他业务成本账户。

【例 7-24】永兴机械有限责任公司销售多余钢板 1 000 千克，原购进单价为 7 元 / 千克，销售单价为 8 元 / 千克，销售额为 8 000 元，开出增值税专用发票列明的增值税额为 1 040 元。材料已发出，货款已转入银行账户。

根据发票和银行收款回单，账务处理为：

借：银行存款　　9 040

　　贷：其他业务收入　　8 000

　　　　应交税费——应交增值税（销项税额）　　1 040

根据售出材料出库单，结转材料销售成本，账务处理为：

借：其他业务成本　　7 000

　　贷：原材料——钢板　　7 000

## 二、对外加工业务的账务处理

对外加工属于工业性劳务，是工业企业的主营业务。所以对外加工收取加工费记入主营业务收入账户；加工中发生的费用，先在生产成本科目归集，加工完毕交货后，结转加工成本时记入主营业务成本账户。

### （一）发生加工成本

加工过程中发生的成本，记入生产成本账户。

【例 7-25】永兴机械有限责任公司对外承接来料加工产品一批，加工过程中应负担的人工费用为 4 000 元，耗用辅助材料 1 500 元，应分配制造费用 500 元。

分担人工费用的原始凭证为工资结算表和工人工资分配表（来料加工产品作为一个品种），按照应分配的工资及其他薪酬，账务处理为：

借：生产成本——来料加工产品　　4 000

　　贷：应付职工薪酬——工资等　　4 000

耗用辅助材料，根据领料单或领料登记表，账务处理为：

借：生产成本——来料加工产品　　1 500

　　贷：原材料——某材料　　1 500

根据制造费用分配表，按照应分配的金额，账务处理为：

借：生产成本——来料加工产品　　500

贷：制造费用　　500

### （二）收取加工费

接例 7–25，加工完成后，收取加工费 10 000 元，开出增值税专用发票，增值税额为 1 300 元，款已收到。

根据加工费发票和银行收款回单，账务处理为：

借：银行存款　　11 300

贷：主营业务收入　　10 000

应交税费——应交增值税（销项税额）　　1300

### （三）结转加工成本

加工过程中发生的成本，已记入生产成本账户。结转加工成本时，由生产成本账户转入主营业务成本账户。

接例 7–25，加工过程中，发生的加工成本共计 6 000 元，加工完成后，结转加工成本。

原始凭证见表 7–2。

**表 7–2　产品成本计算单**

产品：来料加工产品　　20×× 年 7 月

| 项目 | 直接材料 | 直接人工 | 制造费用 | 合计 |
| --- | --- | --- | --- | --- |
| 生产总成本（元） | 1 500.00 | 4 000.00 | 500.00 | 6 000.00 |
| 完工产量（件） | | | | 500 |
| 单位成本（元 / 件） | | | | 12.00 |

账务处理为：

借：主营业务成本　　6 000

贷：生产成本——来料加工产品　　6 000

## 第五节　销售税金的计算和账务处理

销售税金是指根据销售收入缴纳的税金及附加，对工业企业来说，包括增值税、消费税、城市维护建设税、教育费附加及地方教育附加等。

## 一、增值税的计算和缴纳的账务处理

### （一）一般纳税人

一般纳税人应交增值税，采用销项税额抵扣进项税额的办法计算，上月未抵扣完的进项税额可留给下月继续抵扣。具体计算公式为：

应交增值税 = 当月销项税额合计 –（当月进项税额合计 – 进项税额转出数 + 上月进项税额余额）

当月销项税额、当月进项税额、上月进项税额余额、进项税额转出数，可从应交税费账户的应交增值税明细账户记录中取得。进项税额转出数是指购进的原材料用于企业内部职工福利和材料非常损失按规定应从原进项税额转出的数额。

【例 7–26】永兴机械有限责任公司当月销售额合计为 38 461.54 元，适用增值税税率为 13%，当月销项税额合计为 5 000 元，进项税额合计为 2 000 元，上月进项税额余额为 200 元，当月无进项税额转出数。

本月应交增值税 =5 000–（2 000+200）=2 800（元）

缴纳增值税的账务处理为：

借：应交税费——应交增值税（已交税金）　　2 800

　　贷：银行存款　　2 800

### （二）小规模纳税人

小规模纳税人应交增值税明细账户的贷方余额就是应交增值税金额。根据应交增值税明细账户的贷方余额，账务处理为：

借：应交税费——应交增值税

　　贷：银行存款

## 二、消费税的计算和账务处理

消费税是国家对工业企业生产销售的一部分产品征收的一种税，目前应税产品包括烟、酒及酒精、鞭炮焰火、化妆品、成品油、贵重首饰及珠宝玉石、高尔夫球及球具、高档手表、游艇、木制一次性筷子、实木地板、摩托车、小汽车、涂料、电池 15 种。消费税是一种价内税，企业销售产品应缴纳的消费税是对产品销售收入的抵减，因而企业应缴纳的消费税，应列入税金及附加科目，并通过应交税费——应交消费税科目核算。

消费税有从价计征和从量计征两种计算方法，从价计征以不含增值税的销售额为计税依据，从量计征以产品销售数量为计税依据。计算公式为：

应交消费税 = 不含增值税的销售额 × 适用税率

或 = 销售量 × 单位税额

【例 7-27】喜庆礼花厂为增值税一般纳税人，当月销售鞭炮焰火的总销售额（不含增值税）为 30 000 元。适用消费税税率为 15%。

应交消费税 =30 000 × 15%=4 500（元）

根据计算填制的应交消费税纳税申报表，账务处理为：

借：税金及附加　　4 500

　　贷：应交税费——应交消费税　　4 500

根据缴税银行付款回单，缴纳消费税的账务处理为：

借：应交税费——应交消费税　　4 500

　　贷：银行存款　　4 500

## 三、城市维护建设税和教育费附加的计算和账务处理

城市维护建设税是以应交增值税、消费税的税额为计税依据征收的一种税，是一种附加税，其纳税人为应交增值税、消费税的单位和个人。

城市维护建设税按照纳税人所在地的不同实行地区差别税率，具体为城市市区 7%，县城、镇 5%，其他地区 1%。应交城市维护建设税额的计算公式为：

应交城市维护建设税 =（应交增值税 + 应交消费税）× 适用税率

教育费附加也是以应交增值税、消费税的税额为计税依据征收的一种附加税，税率为 3%，地方教育附加税率为 2%，与城市维护建设税一并缴纳。工业企业销售产品应纳教育费附加的计算公式为：

应交教育费附加 =（应交增值税 + 应交消费税）× 3%

应交地方教育附加 =（应交增值税 + 应交消费税）× 2%

【例 7-28】永兴机械有限责任公司地处市区，本月应交增值税 2 800 元。不缴纳消费税。

应交城市维护建设税 =2 800 × 7%=196（元）

应交教育费附加 =2 800 × 3%=84（元）

应交地方教育附加 =2 800 × 2%=56（元）

网上填写的增值税、城市维护建设税、教育费附加、地方教育附加纳税申报表（附表略）如表 7-3 所示。

根据纳税申报表，账务处理为：

借：税金及附加　　336

　　贷：应交税费——应交城市维护建设税　　196

　　　　　　　——应交教育费附加　　84

　　　　　　　——应交地方教育附加　　56

## 表 7-3 纳税申报表

### 增值税及附加税费申报表

**（一般纳税人适用）**

根据国家税收法律法规及增值税相关规定制定本表。纳税人不论有无销售额，均应按税务机关核定的纳税期限填写本表，并向当地税务机关申报。

税款所属时间：自　年　月　日至　年　月　日　　填表日期：　年　月　日　　金额单位：元（列至角分）

纳税人识别号(统一社会信用代码)：□□□□□□□□□□□□□□□□□□□□　　所属行业：

| 纳税人名称:永兴机械有限责任公司 | 法定代表人姓名 | | 注册地址 | | 生产经营地址 | |
|---|---|---|---|---|---|---|
| 开户银行及账号 | 工行人民路支行　1010147886809200119 | 登记注册类型 | | | 电话号码 | |

| | 项目 | 栏次 | 一般项目 | | 即征即退项目 | |
|---|---|---|---|---|---|---|
| | | | 本月数 | 本年累计 | 本月数 | 本年累计 |
| 销售额 | （一）按适用税率计税销售额 | 1 | 38 461.54 | | | |
| | 其中：应税货物销售额 | 2 | | | | |
| | 应税劳务销售额 | 3 | | | | |
| | 纳税检查调整的销售额 | 4 | | | | |
| | （二）按简易办法计税销售额 | 5 | | | | |
| | 其中：纳税检查调整的销售额 | 6 | | | | |
| | （三）免、抵、退办法出口销售额 | 7 | | | — | — |
| | （四）免税销售额 | 8 | | | — | — |
| | 其中：免税货物销售额 | 9 | | | — | — |
| | 免税劳务销售额 | 10 | | | — | — |
| 税款计算 | 销项税额 | 11 | 5 000 | | | |
| | 进项税额 | 12 | 2 000 | | | |
| | 上期留抵税额 | 13 | 200 | | | — |
| | 进项税额转出 | 14 | | | | |
| | 免、抵、退应退税额 | 15 | | | — | — |
| | 按适用税率计算的纳税检查应补缴税额 | 16 | | | — | — |
| | 应抵扣税额合计 | 17=12+13-14-15+16 | 2 200 | — | | — |
| | 实际抵扣税额 | 18（如17＜11，则为17，否则为11） | 2 200 | | | |
| | 应纳税额 | 19=11-18 | 2 800 | | | |
| | 期末留抵税额 | 20=17-18 | | | | — |
| | 简易计税办法计算的应纳税额 | 21 | | | | |
| | 按简易计税办法计算的纳税检查应补缴税额 | 22 | | | — | — |
| | 应纳税额减征额 | 23 | | | | |
| | 应纳税额合计 | 24=19+21-23 | 2 800 | | | |
| 税款缴纳 | 期初未缴税额（多缴为负数） | 25 | | | | |
| | 实收出口开具专用缴款书退税额 | 26 | | | — | — |
| | 本期已缴税额 | 27=28+29+30+31 | | | | |
| | ①分次预缴税额 | 28 | | — | | — |
| | ②出口开具专用缴款书预缴税额 | 29 | | — | — | — |
| | ③本期缴纳上期应纳税额 | 30 | | | | |
| | ④本期缴纳欠缴税额 | 31 | | | | |
| | 期末未缴税额（多缴为负数） | 32=24+25+26-27 | | | | |
| | 其中：欠缴税额（≥0） | 33=25+26-27 | | — | | — |
| | 本期应补(退)税额 | 34=24-28-29 | | — | | — |
| | 即征即退实际退税额 | 35 | — | — | | |
| | 期初未缴查补税额 | 36 | | | — | — |
| | 本期入库查补税额 | 37 | | | — | — |
| | 期末未缴查补税额 | 38=16+22+36-37 | | | — | — |
| 附加税费 | 城市维护建设税本期应补（退）税额 | 39 | 196 | | — | — |
| | 教育费附加本期应补（退）费额 | 40 | 84 | | — | — |
| | 地方教育附加本期应补（退）费额 | 41 | 56 | | — | — |

**声明：此表是根据国家税收法律法规及相关规定填写的，本人（单位）对填报内容（及附带资料）的真实性、可靠性、完整性负责。**

**纳税人（签章）：　　年　月　日**

| | |
|---|---|
| **经办人：**<br>**经办人身份证号：**<br>**代理机构签章：**<br>**代理机构统一社会信用代码：** | **受理人：**<br>**受理税务机关（章）：　　受理日期：　年　月　日** |

缴纳增值税、城市维护建设税、教育费附加及地方教育附加的银行付款回单，如图 7–14 所示。

**中国工商银行**（网上银行电子回单）

电子回单号码：1111-1100-2354-2739

| | | | | | |
|---|---|---|---|---|---|
| 付款人 | 户名 | 永兴机械有限责任公司 | 收款人 | 户名 | 国库长安路支库 |
| | 账号 | 1010147886809200119 | | 账号 | 21371859091002 |
| | 开户银行 | 工行人民路支行 | | 开户银行 | |
| 金额 | 叁仟壹佰叁拾陆元整　　小写 3 136.00 | | | | |
| 摘要 | 增值税、城建税、教育费附加及地方教育附加 | | 业务（产品）种类 | | |
| 用途 | | | | | |
| 交易流水号 | 12755 | | 时间 | 20××-05-10 | |
| 中国工商银行 长安路支行 转讫 | 备注： | | | | |
| | 验证码： | | | | |
| 记账网点 | | 记账柜员 | | 记账日期 | 20××-05-10 |

打印日期：20××-05-10

**图 7–14　网上银行电子回单**

根据银行付款回单，账务处理为：

借：应交税费——应交增值税　　2 800

　　　　　　——应交城市维护建设税　　196

　　　　　　——应交教育费附加　　84

　　　　　　——应交地方教育附加　　56

　贷：银行存款　　3 136

# 练习题

**1. 根据下列原始凭证信息，作出茂源公司（一般纳税人）下列经济业务的账务处理。**

（1）增值税专用发票：甲产品，金额 200 000 元，增值税 26 000 元。银行收款回单：收款人茂源公司，货款 226 000 元。

（2）增值税专用发票：购货单位宏大公司，甲产品，金额 10 000 元，增值税 1 300 元。（本月未收到货款）

（3）增值税专用发票：购货单位明远公司，乙产品，金额 60 000 元，增值税 7 800 元。

商业承兑汇票：出票人明远公司，收款人茂源公司，金额 67 800 元。

（4）银行收款回单：汇款人宏大公司，收款人茂源公司，货款 11 300 元。

（5）银行收款回单：付款人明远公司，收款人茂源公司，货款 67 800 元，用途为商业承兑汇票款。

（6）产品出库单（12 日）：收货单位信诚公司，丙产品 2 000 件。（月内未开发票）（丙产品本月账面加权平均单位成本为 15 元 / 件）

（7）（次月）增值税专用发票：购货单位信诚公司，丙产品，数量 2 000 件，金额 40 000 元，增值税 5 200 元。

银行收款回单：付款人信诚公司，收款人茂源公司，金额 45 200 元。

说明：上月 12 日产品出库单，收货单位信诚公司，丙产品 2 000 件，加权平均单位成本 15 元 / 件。

（8）银行收款回单：付款人光大公司，收款人茂源公司，用途为预收货款，金额 10 000 元。

（9）增值税专用发票：购货单位光大公司，甲产品 100 件，单价 200 元 / 件，金额 20 000 元，增值税 2 600 元。

银行收款回单：付款人光大公司，收款人茂源公司，用途为货款，金额 22 600 元。

（10）增值税专用发票：购货单位三鑫公司，甲产品，金额 150 000 元，增值税 19 500 元。（本月未收到货款）

（11）次月，三鑫公司以质量不合格为由要求价格折让 5%。

负数发票：购货单位三鑫公司，甲产品，金额 –7 500 元，增值税 –975 元。

（12）增值税专用发票：8 月 5 日，购货单位胜达公司，乙产品，数量 10 000 件，单价 20 元 / 件，金额 200 000 元，增值税 26 000 元。

银行收款回单：付款人胜达公司，收款人茂源公司，金额 226 000 元。

（13）8 月 20 日，胜达公司购买的乙产品，因质量出现严重问题被退回。

负数发票：8 月 23 日，购货单位胜达公司，乙产品，金额 –200 000 元，增值税 –26 000 元。

银行付款回单：收款人胜达公司，金额 226 000 元，用途为退还货款。

（14）根据本月销货发货单汇总的产品销售量和根据库存商品明细账计算的各产品加权平均单位成本编制的产品销售成本计算表（表 7–4）。（先计算表中的销售成本）

**表 7–4　产品销售成本计算表**

| 品名 | 单位 | 销售量 | 加权平均单位成本（元 / 件） | 销售成本（元） |
|---|---|---|---|---|
| 甲产品 | 件 | 60 000 | 20 | |
| 乙产品 | 件 | 13 000 | 16 | |
| 丙产品 | 件 | 8 000 | 15 | |
| 合 计 | — | — | — | |

（15）负数增值税专用发票：购货单位天元公司，丙产品，–200 件，金额 –24 000 元，增值税 –3 120 元。（上月售出的产品退回）

银行付款回单：收款人天元公司，金额 27 120 元，用途为退货款。

（16）退货入库单：交货单位天元公司，丙产品，200 件（查上月销售成本计算表，加权平均单位成本为 15 元 / 件）。

（17）增值税专用发票：购货单位商海公司，B 材料 2 000 千克，单价 10 元 / 千克，金额 20 000 元，增值税 2 600 元。

银行收款回单：付款人商海公司，金额 22 600 元，用途为货款。

（18）材料出库单：领物单位商海公司，B 材料 2 000 千克，原购进单价为 9 元 / 千克。

**2. 某企业于 20×× 年 3 月 1 日将所收到的华达公司签发的出票日期为 20×× 年 2 月 1 日、期限 4 个月、面值 200 000 元的不带息商业承兑汇票到银行贴现，银行的年贴现率为 8%。**

要求：

（1）计算贴现利息及贴现净额。

（2）作出企业贴现的账务处理。

**3. 利达公司接受红光公司来料加工丁产品 500 件，加工过程中有关的原始凭证信息如下，请据以进行账务处理。**

（1）工资结算及分配表：其中丁产品应分配工资 2 000 元。

（2）领料单：加工丁产品用，D 材料，金额 1 000 元。

（3）制造费用分配表：其中丁产品应分配 500 元。

（4）增值税专用发票：加工费，金额 5 000 元，增值税 650 元。

银行收款回单：收款人利达公司，付款人红光公司，金额 5 650 元。

（5）丁产品加工成本计算单：直接材料____元、直接人工____元、制造费用____元，合计____元。（自行填写金额）

**4. 群星公司为小规模纳税人，根据下列原始凭证进行账务处理。**

（1）普通发票：甲产品 800 件，单价 29.70 元，金额 23 762.38 元，增值税 237.62 元，合计 24 000 元。

银行收款回单：收款人群星公司，货款金额 24 000 元。

（2）代开增值税专用发票：乙产品 1 000 件，金额 20 000 元，增值税 600 元，合计 20 600 元。（本月未收到货款）

（3）根据本月产品出库单汇总和库存商品明细账计算，编制的产品销售成本计算表：甲产品销售量 3 000 件，加权平均单位成本 10 元 / 件；乙产品销售量 5 000 件，加权平均单位成本 8 元 / 件。

**5. 某一般纳税人企业当月销项税额共计 8 000 元，进项税额共计 5 000 元，月初进项税额无余额，本月未发生进项税额转出。本企业位于市区。**

（1）计算本月应缴纳的增值税，根据缴税付款回单进行账务处理。

（2）计算本月应交城市维护建设税和教育费附加，根据纳税申报表和缴税付款回单分别进行账务处理。

# 第八章

## 财产清查业务的核算

会计从业人员应当强化服务，做到以下要求：强化服务意识、提高服务质量。

财产清查，就是通过对实物资产、现金的实地盘点和对银行存款、债权债务的核对，确定财产物资、货币资金、债权债务的实存数与账面结存数的差异。对出现的差异应进行账务处理，以使账实相符。

财产清查应定期进行，若遇出纳、库管员交接、审计、非常损失等特殊情况可以随时进行清查。

# 第一节　存货清查的账务处理

存货清查，是指对原材料、库存商品、低值易耗品等的清查，也称为盘库。存货清查的结果，应编制盘存表，作为账务处理的原始凭证。清查结果可有盘盈、盘亏两种情况，对于盘盈、盘亏，先调账并记入待处理财产损溢科目，待决策者拿出处理意见后，再转入有关科目。

盘盈的存货转入营业外收入科目。盘亏的存货，应由责任人或保险赔偿的，转入其他应收款科目；其余情况，转入营业外支出科目。属于责任人赔偿、保险赔偿和非常损失的，还要转出存货的进项税额。

【例 8-1】某工业企业材料库清查的盘存表见表 8-1。表中，实存数大于账存数为盘盈，实存数小于账存数为盘亏，单价为清查当月材料加权平均单价。

**表 8-1　原材料盘存表**　　单位：元

| 品名 | 单位 | 账存数 | 实存数 | 盘盈 | | | 盘亏 | | |
|---|---|---|---|---|---|---|---|---|---|
| | | | | 数量 | 单价 | 金额 | 数量 | 单价 | 金额 |
| A 材料 | 件 | 500 | 495 | | | | 5 | 16 | 80 |
| B 材料 | 只 | 800 | 790 | | | | 10 | 5 | 50 |
| C 材料 | 千克 | 200 | 202 | 2 | 10 | 20 | | | |
| D 材料 | 千克 | 100 | 96 | | | | 4 | 15 | 60 |
| E 材料 | 米 | 300 | 301 | 1 | 15 | 15 | | | |
| F 材料 | 个 | 1 000 | 900 | | | | 100 | 4 | 400 |
| G 材料 | 个 | 600 | 600 | | | | | | |
| 合 计 | — | — | — | — | — | 35 | — | — | 590 |

查明原因后经理批准的处理意见为：C、E 材料盘盈属正常溢余；B、D 材料盘亏属正常损耗；A 材料盘亏属于库管员赵某的责任，应赔偿；F 材料盘亏是被盗所致，企业未对材料库保险。该企业为增值税一般纳税人。

根据盘存表（原始凭证），账务处理为：

借：原材料——C 材料　　20

　　　　——E 材料　　15

　贷：待处理财产损溢　　35

借：待处理财产损溢　　590

　贷：原材料——A 材料　　80

　　　　　——B 材料　　50

　　　　　——D 材料　　60

　　　　　——F 材料　　400

处理意见的原始凭证如图 8-1 所示。

**关于 6 月末存货清查结果的处理意见**

1. C、E 材料盘盈属正常溢余；
2. B、D 材料盘亏属正常损耗；
3. A 材料盘亏属于库管员赵某的责任，应赔偿；
4. F 材料盘亏为被盗所致，按非常损失处理。

总经理：王振华

20××.7.10

**图 8-1　处理意见**

处理盘盈盘亏的账务处理为：

借：待处理财产损溢　　35

　贷：营业外收入　　35

借：其他应收款——赵某　　90.4（80+80×13%）

　营业外支出　　562（50+60+400+400×13%）

　贷：待处理财产损溢　　590

　　应交税费——应交增值税（进项税额转出）　62.4［（400+80）×13%］

库存商品、低值易耗品清查的账务处理与原材料相同，只要将原材料科目改为库存商品或周转材料科目即可。只是库存商品的进项税额转出时，要换算为所耗材料的进项税额。

# 第二节　固定资产清查的账务处理

固定资产清查，应编制固定资产清查表，作为账务处理的原始凭证。对于盘盈或盘亏的固定资产，先调账，并记入待处理财产损溢科目。待决策者批准处理时，盘盈的固定资产转入营业外收入科目；盘亏的固定资产，应由责任人赔偿和保险赔偿的部分转入其他应收款科目，其余部分转入营业外支出科目，同时应按一定比例将该固定资产取得时的进项税额转出至营业外支出科目。

盘盈的固定资产，按评估价值记入固定资产科目；盘亏的固定资产，按账面净值转出。

【例 8–2】某企业固定资产清查表见表 8–2。

表 8–2　固定资产清查表

| 名称 | 单位 | 账存数 | 实存数 | 盘盈 | | 盘亏 | | |
|---|---|---|---|---|---|---|---|---|
| | | | | 数量 | 评估价值 | 数量 | 原值 | 已提折旧 |
| 甲设备 | 台 | 20 | 20 | | | | | |
| 乙设备 | 台 | 10 | 10 | | | | | |
| 计算机 | 台 | 5 | 4 | | | 1 | 8 000 | 4 000 |
| 打印机 | 台 | 3 | 3 | | | | | |
| 文件柜 | 只 | 5 | 5 | | | | | |
| 传真机 | 台 | 2 | 2 | | | | | |
| 写字台 | 张 | 10 | 11 | 1 | 800 | | | |
| 合 计 | — | — | — | — | 800 | — | 8 000 | 4 000 |

根据清查表（原始凭证），账务处理为：

借：待处理财产损溢　　4 000

　　累计折旧　　4 000

　　贷：固定资产——计算机　　8 000

借：固定资产——写字台　　800

　　贷：待处理财产损溢　　800

经理批准的处理意见：盘盈的写字台转作营业外收入；盘亏的计算机由管理人王某赔偿 2 000 元，剩余转作损失。

原始凭证如图 8-2 所示。

**关于 6 月末固定资产清查结果的处理意见**

1. 盘盈的写字台转作营业外收入；
2. 盘亏的计算机系丢失，由管理人王某赔偿 2 000元，剩余转作损失。

总经理：王振华　20××.7.10

图 8-2　处理意见

根据处理意见，账务处理为：

借：待处理财产损溢　800

　　贷：营业外收入　800

借：营业外支出　2 520

　　其他应收款——王某　2 000

　　贷：待处理财产损溢　4 000

　　　　应交税费——应交增值税（进项税额转出）　520（4 000 × 13%）

固定资产毁损的账务处理见第四章第六节“固定资产报废”部分。

# 第三节　货币资金的清查及账务处理

货币资金清查，包括现金清查和银行存款清查两部分。现金清查是指对库存现金进行清点，银行存款清查就是与银行对账。

## 一、现金清查的账务处理

现金清查是指对库存现金进行清点，发现长、短款时，先调账并记入待处理财产损溢科目。待决策者批准处理时，长款记入营业外收入科目；短款一般应由出纳员赔偿，转入其他应收款科目；免除赔偿责任的，记入营业外支出科目；如因水灾、火灾、被盗等，转入营业外支出科目。

### （一）长款的账务处理

【例 8–3】永兴机械有限责任公司现金清查发现长款 200 元，原因不明，经批准转作营业外收入。

清查结果的原始凭证如图 8–3 所示。

**现金清查结果**

账面余额：1 000 元
实际库存：1 200 元
长　　款：　200 元

清查人：张娟　　赵利

20××.6.30

图 8–3　现金清查结果

账务处理为：

借：库存现金　　200

　　贷：待处理财产损溢　　200

处理意见的原始凭证如图 8–4 所示。

**关于现金清查结果的处理意见**

6 月 30 日现金清查长款 200 元，原因不明，转作营业外收入。

总经理：王振华

20××.7.10

图 8–4　处理意见

根据处理意见，账务处理为：

借：待处理财产损溢　　200

　　贷：营业外收入　　200

### （二）短款的账务处理

【例 8–4】永兴机械有限责任公司年末现金清查发现短款 500 元，经理批准的处理意见：由出纳员赵利赔偿 400 元，免除 100 元的赔偿责任。

根据清查结果，短款的账务处理为：

借：待处理财产损溢　　500

　　贷：库存现金　　500

根据处理意见，账务处理为：

借：营业外支出　　100

　　其他应收款——赵利　　400

　　贷：待处理财产损溢　　500

【例 8-5】永兴机械有限责任公司因被盗丢失现金 5 000 元，经查确认为被盗，无法追回，经批准转作损失。

发现被盗的原始凭证如图 8-5 所示。

**被盗损失披告**

7 月 15 日 8 时，发现财务室保险柜被盗，经查，丢失现金 5 000 元。

出纳员：赵利

20××.7.15

图 8-5　被盗损失报告

账务处理为：

借：待处理财产损溢　　5 000

　　贷：库存现金　　5 000

处理意见的原始凭证如图 8-6 所示。

**关于现金丢失的处理意见**

现金被盗属实，按非常损失处理。

总经理：王振华

20××.7.30

图 8-6　处理意见

根据处理意见，账务处理为：

借：营业外支出　　5 000

　　贷：待处理财产损溢　　5 000

## 二、银行存款的清查

银行存款的清查就是与银行对账。企业应在每月末将银行存款日记账与从银行打印的对账单（表 8–3）进行核对。银行对账单是银行记录企业在银行收、付款的流水账的打印联。若企业的银行存款日记账与银行对账单的余额一致，则说明账实相符，正确无误；若不一致，则需将本单位的银行存款日记账与银行提供的对账单逐笔核对，看双方有无漏记、重记或错记的地方，若有漏记、重记或错记，应进行更正，直至余额一致。

**表 8–3　银行对账单**

户名：永兴机械有限责任公司　　单元：元

| 月 | 日 | 摘要 | 结算凭证 | | 收入 | 支出 | 结余 |
|---|---|---|---|---|---|---|---|
| | | | 种类 | 号数 | | | |
| 9 | 1 | 结余 | 支票 | | | | 780 000 |
| | 3 | 存入 | 支票 | 00454 | 340 000 | | 1 120 000 |
| | 11 | 支取 | 支票 | 00369 | | 520 000 | 600 000 |
| | 17 | 存入 | 支票 | 00878 | 120 000 | | 720 000 |
| | 26 | 支取 | 支票 | 00423 | | 32 000 | 688 000 |
| | 27 | 存入 | 支票 | 00889 | 40 000 | | 728 000 |
| | 30 | 支取 | 支票 | 00989 | | 25 000 | 703 000 |
| | | 本期合计 | | | 500 000 | 577 000 | 703 000 |

# 第四节　债权债务的清查及账务处理

债权债务清查也称往来款项清查，即应收、应付款项清查，主要是应收账款和应付账款的清查。应收账款和应付账款清查，采用与对方单位对账的方法，一般每月应对账一次。对账中发现双方不相符的地方，要查清问题所在并及时更正。

与对方单位对账时，应编制对账单，与对方当面核对或通过传真、电子邮件、邮寄等方式与对方核对。对账单的参考格式见表 8-4。

**表 8-4　往来款项对账单**

对方单位：宏建公司

| 日期 | 摘要 | 发生金额 | 结清金额 | 余额 |
|---|---|---|---|---|
| 5.8 | 购货 | 50 000 | | |
| 5.15 | 付款 | | 50 000 | |
| 5.16 | 购货 | 80 000 | | |
| 5.25 | 购货 | 60 000 | | |
| 5.28 | 付款 | | 120 000 | |
| 5.31 | 购货 | 30 000 | | |
| | 合计 | 220 000 | 170 000 | 50 000 |

编制单位：利达公司

清查中，对长期不能结清的应收、应付账款，应报管理当局批准核销。无法收回的应收账款，按坏账损失处理。无法偿还的应付款项，转作营业外收入。

【例 8-6】永兴机械有限责任公司在进行应收账款清查中，发现有应收自力公司账款 8 000 元，已过 3 年且无法收回，报经总经理批准按坏账损失处理。

原始凭证如图 8-7 所示。

**关于应收自力公司账款的处理意见**

鉴于自力公司所欠8 000元账款已过 3 年，经多次催收仍无法收回，已无催收价值，建议作为坏账处理。妥否，请批示。

会计：张娟
20××.7.5

同意　王振华　20××.7.8

**图 8-7　处理意见**

账务处理为：

借：营业外支出　　8 000

　　贷：应收账款——自力公司　　8 000

【例 8-7】永兴机械有限责任公司在进行应付账款的清查中，发现对三江公司一笔应付账款 2 000 元已挂账 3 年多。经查，三江公司已注销，已无法偿还欠款。报经总经理批准后，将此笔应付账款予以转销。

原始凭证如图 8–8 所示。

**关于对三江公司应付账款的处理意见**

对三江公司一笔应付账款 2 000 元已挂账三年多。经查，三江公司已注销，已无法偿还欠款，建议予以转销。

会计：张娟

20××.7.1

同意　王振华　20××.7.15

图 8–8　处理意见

账务处理为：

借：应付账款——三江公司　2 000

　　贷：营业外收入　2 000

# 练习题

1. 某企业库存商品盘存表见表 8–5。

表 8–5　库存商品盘存表

| 品名 | 单位 | 账存数 | 实存数 | 盘盈 | | | 盘亏 | | |
|---|---|---|---|---|---|---|---|---|---|
| | | | | 数量 | 单价 | 金额（元） | 数量 | 单价 | 金额（元） |
| A 产品 | 件 | 500 | 500 | | | | | | |
| B 产品 | 件 | 800 | 810 | 10 | 5 | 50 | | | |
| C 产品 | 件 | 1 000 | 990 | | | | 10 | 4 | 40 |
| D 产品 | 只 | 200 | 180 | | | | 20 | 10 | 200 |
| E 产品 | 只 | 300 | 300 | | | | | | |
| 合 计 | — | — | — | — | — | 50 | — | — | 240 |

要求：

（1）根据盘存表，作出账务处理。

（2）经理批准的处理意见：B 产品按正常溢余处理，C 产品按正常损耗处理，D 产品由库管员赔偿。D 产品材料成本占产品成本的 60%，该企业为增值税一般纳税人。根据处理意见进行账务处理。

2. 某企业固定资产清查表见表 8-6。

表 8-6 固定资产清查表

| 名称 | 单位 | 账存数 | 实存数 | 盘盈 | | 盘亏 | | |
|---|---|---|---|---|---|---|---|---|
| | | | | 数量 | 评估价值（元） | 数量 | 原值（元） | 已提折旧（元） |
| 甲设备 | 台 | 10 | 10 | | | | | |
| 乙设备 | 台 | 8 | 8 | | | | | |
| 文件柜 | 个 | 5 | 6 | 1 | 900 | | | |
| 计算机 | 台 | 10 | 9 | | | 1 | 7 000 | 5 000 |
| 打印机 | 台 | 5 | 5 | | | | | |
| 合 计 | — | — | — | — | 900 | — | 7 000 | 5 000 |

要求：

（1）根据固定资产清查表，作出账务处理。

（2）报经理批准的处理意见：文件柜转作营业外收入；计算机系丢失，由使用保管人张某赔偿 500 元，剩余部分按损失处理。根据处理意见进行账务处理。

（3）在现金清查中，发现短款 1 000 元。经查系锁被撬失窃，报经批准的处理意见：出纳吴某未及时将现金存银行，负有一定责任，应赔偿 500 元，剩余 500 元按非常损失处理。作出有关账务处理。

（4）某企业清查债权债务时，发现有一笔大河公司的应收账款 5 000 元，大河公司已破产，无法收回，经批准按坏账处理。还有一笔丽彩公司的应付账款 10 000 元，因该公司已解散，无法偿还，经批准予以转销。作出有关账务处理。

# 第九章

## 期间费用的核算

会计从业人员应当依法履行职责，不得在被授意、指使、强令的情况下，违法办理会计事项。对违反《会计法》和国家统一的会计制度规定的会计事项，有权拒绝办理或者按照职权予以纠正。

期间费用是指与生产过程无直接关系、不计入生产成本、直接计入当期损益的费用，对于工业企业而言，包括销售费用、管理费用和财务费用。

# 第一节　销售费用的账务处理

销售费用是指企业在销售过程中发生的费用。包括专设销售机构（含销售网点、售后服务网点等）的职工薪酬、招待费、差旅费，专设销售机构的固定资产折旧费，销售过程中发生的运输费、装卸费、包装费、保险费、展览费、广告宣传费、售后服务费及其他费用等。

## 一、人工费用

人工费用是指销售机构职工和售后服务人员的薪酬。其账务处理见第六章第二节“人工费用的计算和账务处理”。

## 二、折旧费用

折旧费用是指专设销售机构的固定资产（车辆、房屋、办公设备等）折旧费。其账务处理见第四章第四节“固定资产折旧的计提和账务处理”。

【例 9-1】永兴机械有限责任公司在本月固定资产折旧计提表中，专设销售机构的固定资产的折旧费合计为 5 000 元。原始凭证为固定资产折旧计提表。

其账务处理为：

| | | |
|---|---|---|
| 借：销售费用 | 5 000 | |
| 　　贷：累计折旧 | | 5 000 |

## 三、运输费用

运输费用是指销售过程中支付的送货运输费。

【例 9-2】永兴机械有限责任公司销售产品一批，以现金支付由本企业负担的运输费 500 元、增值税 45 元。

根据运费发票和现金付出凭证，账务处理为：

| | | |
|---|---|---|
| 借：销售费用 | 500 | |
| 　　应交税费——应交增值税（进项税额） | 45 | |
| 　　贷：库存现金 | | 545 |

## 四、广告、宣传费用

广告、宣传费用就是为销售本企业的产品而支付的媒体广告费、宣传费等。

【例 9-3】永兴机械有限责任公司支付广告费 9 000 元、增值税 540 元。

根据广告费增值税专用发票和银行付款回单，账务处理为：

借：销售费用　　9 000

　　应交税费——应交增值税（进项税额）　　540

　　贷：银行存款　　9 540

## 五、售后服务费用

售后服务费用是指产品售出后，为客户提供的安装、免费保修服务等所发生的费用。

【例 9-4】某客户提出上月购买的本公司的产品出现故障，维修人员上门免费修理，消耗材料费共计 100 元。

根据维修材料出库单，账务处理为：

借：销售费用　　100

　　贷：原材料——配件　　100

## 六、销售人员差旅费

销售人员出差时一般要预借差旅费备用金，报销差旅费时再冲销预借的备用金，剩余借款交回。借款单和银行回单如图 9-1、图 9-2 所示。

【例 9-5】销售人员周斌预借差旅费 1 000 元，出差归来，报销差旅费 900 元，差旅费报销单如图 9-3 所示，交回余款 100 元。

（1）预借差旅费备用金。

借　款　单

| | | | | | | |
|---|---|---|---|---|---|---|
| 单位：永兴机械有限责任公司 | | | 20××年 10 月 18 日 | | | |
| 部　门 | 销售部 | 借款人 | 周斌 | 职　务 | 业务员 | |
| 借款事由 | 出差 | | | | | |
| 借款金额 | 壹仟元整 | | | | ¥ | 1 000.00 |
| 还款方式 | 报销 | | | | | |
| 部门审批 | 王志宏 | 领导审批 | 李强 | 借款人签字 | 周斌 | |

会计：　　核准：　　出纳：

图 9-1　借款单

## 中国工商银行（网上银行电子回单）

电子回单号码：1111-1100-2354-1921

| | | | | | |
|---|---|---|---|---|---|
| 付款人 | 户　名 | 永兴机械有限责任公司 | 收款人 | 户　名 | 周斌 |
| | 账　号 | 1010147886809200119 | | 账　号 | 6222612546120066 |
| | 开户银行 | 工行人民路支行 | | 开户银行 | |
| 金　额 | 壹仟元整　　小写 1 000.00 | | | | |
| 摘　要 | 差旅费备用金 | | 业务（产品）种类 | | |
| 用　途 | | | | | |
| 交易流水号 | 23612 | | 时　间 | 20××-10-18 | |
| 中国工商银行 长安路支行 转讫 | 备注： | | | | |
| | 验证码： | | | | |
| 记账网点 | | 记账柜员 | | 记账日期 | 20××-10-18 |

打印日期：20××-10-18

图 9-2　网上银行电子回单

根据图 9-1、图 9-2，账务处理为：

借：其他应收款——周斌　　1 000

　　贷：银行存款　　1 000

（2）报销差旅费。

根据差旅费报销单（图 9-3）及所附发票，账务处理为：

借：销售费用——差旅费　　847.4

　　应交税费——应交增值税（进项税额）　　52.6

　　贷：其他应收款——周斌　　900

## 差旅费报销单

报销部门　销售部　　报销日期：20××年　10月　20日

| | | | | | | | | | | | |
|---|---|---|---|---|---|---|---|---|---|---|---|
| 姓名 | | 周斌 | 职别 | 业务员 | | 出差事由 | | 联系业务 | | | |
| 出差起止日期 | | 自20××年 10月 19日起至20××年 10月 20日止共 2 天 | | | | | | | | 附单据 3 张 | |
| 日期 | | 起讫地点 | 天数 | 车船费 | | 火车硬席补贴 | 途中伙食补助费 | 住宿费 | 住勤费 | 杂费 | |
| 月 | 日 | | | 交通工具 | 金额 | | | | | 用途 | 金额 |
| 10 | 19 | 西安-郑州 | 1 | 火车 | 250.0 | | 100.0 | 200.0 | | | |
| 10 | 20 | 郑州-西安 | 1 | 火车 | 250.0 | | 100.0 | | | | |
| | | | | | | | | | | | |
| | | | | | | | | | | | |
| | | | | | | | | | | | |
| 合计（大写） | | 玖佰元整 | | | | | 总计 | 900.00 | | | |
| 审核意见：报销　李强　20××.10.20 | | | | | | | | | | | |

负责人　　会计　　审核　　部门主管　王志宏　　出差人　周斌

图 9-3　差旅费报销单

（附件：火车票两张，增值税专用发票价款共计 458.72 元，增值税共计 41.28 元；住宿费增值税专用发票一张，价款 188.68 元，增值税 11.32 元）

（3）交回余款。

根据周斌交回余款 100 元的银行收款回单，账务处理为：

借：银行存款　　100

　　贷：其他应收款——周斌　　100

## 七、其他费用

其他费用是指销售过程中发生的除上述费用外的销售费用，如代销手续费、销售代理费等。

支付这些费用时，一般账务处理为：

借：销售费用

　　应交税费——应交增值税（进项税额）

　　贷：银行存款或库存现金

如果收到的是普通发票，则账务处理为：

借：销售费用（含增值税）

　　贷：银行存款或库存现金

# 第二节　管理费用的账务处理

管理费用是指企业在经营管理活动中所发生的费用，包括企业行政管理部门的职工薪酬、行政办公费、行政管理人员差旅费、办公场所水电费、管理用低值易耗品和长期待摊费用摊销、管理用固定资产修理费、管理用固定资产的折旧费、咨询费、诉讼费、财产保险费、业务招待费、非生产用无形资产摊销、技术研究费、开办费摊销以及其他费用。

## 一、行政管理部门职工薪酬

行政管理部门职工薪酬是指行政管理部门职工的工资和按其工资额的一定比例计提的职工福利费、职工教育经费和社会保险费等。

管理人员薪酬是和生产人员、销售人员薪酬一并进行账务处理的，其账务处理及举例见第六章第二节“人工费用的计算和账务处理”。

## 二、管理部门、生活福利部门用和库房固定资产折旧费

管理用固定资产折旧费是指行政管理部门使用的固定资产的折旧费，包括办公用房屋、办公设备、办公家具等的折旧费。生活福利部门用和库房固定资产折旧费与管理部门固定资产折旧费账务处理相同。其会计处理见第四章第四节“固定资产折旧的计提和账务处理”。

## 三、行政管理人员差旅费

行政管理人员差旅费是指行政管理部门职工出差，予以报销的交通费、住宿费、伙食补助、会务费等费用。

【例 9-6】经理张宏预借差旅费 2 500 元，转账至张宏银行卡账户，归来后应报销差旅费 2 000 元，多余 500 元转回。

张宏借款时，根据银行付款回单，账务处理为：

借：其他应收款——张宏　　2 500

　　贷：银行存款　　2 500

报销差旅费时，根据差旅费报销单和银行收款回单，账务处理为：

借：管理费用　　2 000

　　银行存款　　500

　　贷：其他应收款——张宏　　2 500

## 四、非生产用无形资产摊销

除生产使用的无形资产外，一般无形资产的摊销计入管理费用。

【例 9-7】永兴机械有限责任公司购入的一项专营权买价为 100 000 元，按 5 年摊销。本月摊销额为 1 667 元。

根据专营权摊销计算单，账务处理为：

借：管理费用　　1 667

　　贷：累计摊销——专营权摊销　　1 667

## 五、管理用低值易耗品费用

管理用低值易耗品是指行政管理部门所用的、价值达不到固定资产条件的办公桌椅、饮水器、木制文件柜、用具等。一次购买价值较小时，可直接计入管理费用；一次

购置价值较大的，购入时记入长期待摊费用科目，然后分年摊销计入管理费用。

【例 9–8】永兴机械有限责任公司一次购入办公桌椅 5 套，普通发票金额 3 000 元，分 3 年摊销。本月应摊销 83 元。

购入时根据普通发票和银行付款回单，账务处理为：

借：长期待摊费用——办公桌椅　　3 000

　　贷：银行存款　　3 000

每月摊销时，原始凭证如图 9–4 所示。

**7 月份办公桌椅摊销计算单**

总 价 值　3 000元

摊销年限　3 年

本月摊销额=3000÷3÷12≈83(元)

**图 9–4　摊销计算单**

根据摊销计算单，账务处理为：

借：管理费用　　83

　　贷：长期待摊费用——办公桌椅　　83

## 六、管理用固定资产修理费

管理用固定资产的修理费，日常小修理费直接计入管理费用；大修理费支出，先计入长期待摊费用，然后在可使用年限内分年摊销计入管理费用。

账务处理见第四章第五节“固定资产后续支出的账务处理”中的“固定资产修理支出”部分。

【例 9–9】永兴机械有限责任公司转账支付办公室打印机修理费 200 元，收到普通发票。

根据普通发票和银行付款回单，账务处理为：

借：管理费用　　200

　　贷：银行存款　　200

## 七、租入管理用房屋装修费摊销

经营性租入管理用房屋装修费摊销，其账务处理见第四章第五节“固定资产后续支出的账务处理”中的“固定资产改造和改、扩建支出”部分。

## 八、技术研究费

技术研究费就是企业从事新技术、新产品、新工艺的研究开发活动所发生的相关费用。其账务处理见第五章第二节“无形资产取得的账务处理”。《企业所得税法》规定研究开发费用可以在计算应纳税所得额时加计扣除。

## 九、业务招待费

企业的业务招待费是指企业在商务接待中，为客户或其他来客支付的相关费用，包括：餐费、住宿费、交通费、礼品及纪念品费、旅游景点门票费等。企业当年支付的业务招待费，《企业所得税法》规定只允许列支 60%，且不得超过全年营业收入的 5‰，超过部分应在企业所得税汇算清缴时作调增处理。

支付业务招待费时，根据发票和银行付款回单，账务处理为：

借：管理费用——业务招待费（发票价税合计）

　　贷：银行存款或其他应收款

由于业务招待费支出按规定不得抵扣进项税额，所以账务处理中不计增值税进项税额。

## 十、开办费摊销

开办费是新设立的企业在筹建期间发生的各项筹建费用（包括利息费用），不包括购建固定资产支出和购买无形资产支出。发生的各项筹建费用应记入长期待摊费用——开办费账户，在企业开始生产经营后分年摊销，《企业所得税法》规定的摊销年限不少于 3 年。

根据支付开办费的各项费用凭证（发票、工资表、利息通知单等）和支付费用的银行付款回单，账务处理为：

借：长期待摊费用——开办费

　　应交税费——应交增值税（进项税额）

　　贷：银行存款（支付费用、利息）

　　　　应付职工薪酬——工资（人员工资）

分年摊销时，根据开办费摊销计算单，账务处理为：

借：管理费用——开办费摊销

　　贷：长期待摊费用——开办费

## 十一、其他管理费用

除上述费用外，其他管理费用如办公费、邮电通信费、办公用房租赁费、办公场所水电费、办公场所水电维修费、办公场所饮用水及纸杯费、咨询费、诉讼费、财产保险费、小额材料运输费、网上银行手续费、网络费等，支出费用时取得增值税专用发票的账务处理为：

借：管理费用

　　应交税费——应交增值税（进项税额）

　　贷：银行存款或库存现金

取得增值税普通发票的账务处理为：

借：管理费用（价税合计）

　　贷：银行存款或库存现金

【例 9-10】永兴机械有限责任公司本月支付招待费 2 000 元、取得普通发票，转账支付。

根据招待费发票和银行付款回单，账务处理为：

借：管理费用　　2 000

　　贷：银行存款　　2 000

# 第三节　财务费用的账务处理

财务费用是企业为筹集生产经营所需资金等而发生的费用。财务费用主要包括：一般借款（非专门借款）利息支出（减银行结算账户存款利息收入）、外币汇兑损失（减汇兑收益）以及带息票据利息、银行承兑商业汇票手续费、商业汇票贴现利息、现金折扣支出（减享受的现金折扣收入）等。

## 一、借款利息支出

企业借入的用于生产经营的短期或长期借款的利息支出，除用于建造固定资产的专门借款在建造期间的利息外，均计入财务费用。

按月支付当月借款利息账务处理为：

借：财务费用

贷：银行存款

计提本月按季付息的借款利息的账务处理为：

借：财务费用

贷：应付利息

关于借款利息的账务处理详见第一章第二节、第三节。

## 二、银行结算账户存款利息收入

企业银行结算账户存款利息收入，作冲减财务费用处理。

【例 9-11】永兴机械有限责任公司本月收到银行结算账户存款利息入账通知单，收到利息收入 3 000 元。

根据银行结算账户存款利息入账通知单，账务处理为：

| | | |
|---|---|---|
| 借：银行存款 | 3 000 | |
| 贷：财务费用 | | 3 000 |

## 三、带息票据利息

在采用商业汇票结算时，支付的带息票据利息计入财务费用，收到的带息票据利息冲减财务费用。

【例 9-12】达利公司从东大公司购货以商业汇票结算，票据到期，支付应付带息票据票面金额 20 000 元和利息 400 元。

根据银行付款回单，达利公司的账务处理为：

| | | |
|---|---|---|
| 借：应付票据——东大公司 | 20 000 | |
| 财务费用 | 400 | |
| 贷：银行存款 | | 20 400 |

依例 9-12，东大公司收到票款和利息时，根据银行收款回单，账务处理为：

| | | |
|---|---|---|
| 借：银行存款 | 20 400 | |
| 贷：应收票据——达利公司 | | 20 000 |
| 财务费用 | | 400 |

## 四、票据贴现利息

企业持商业汇票向银行贴现时，贴现利息计入财务费用。其账务处理见第七章中第一节“商业汇票贴现”部分。

## 五、支付银行承兑商业汇票手续费

支付银行承兑汇票手续费，计入财务费用。

【例 9-13】企业因银行承兑汇票结算，支付银行承兑手续费 200 元。

根据银行付款回单，账务处理为：

借：财务费用　　200

　　贷：银行存款　　200

## 六、现金折扣

给予购货方的现金折扣，借记财务费用；享受销货方的现金折扣，贷记财务费用。

给予购货方的现金折扣的账务处理，见第七章第一节“销售折扣、折让的账务处理”部分。

享受销货方的现金折扣的账务处理为：

借：应付账款——销货方（货款全额）

　　贷：银行存款（实际支付金额）

　　　　财务费用（现金折扣额）

# 练习题

**根据道同公司下列经济业务的原始凭证信息，分别作出账务处理。**

（1）运输费发票：付款单位道同公司，运费 600 元，增值税 54 元。

银行付款回单：付运费款 654 元。

（2）广告费发票：付款单位道同公司，广告费 5 000 元，增值税 300 元。

银行付款回单：收款人西安电视台，广告费 5 300 元。

（3）材料出库单：领物单位售后服务部，产品零配件 800 元。

（4）固定资产折旧计提表：生产用固定资产折旧费 2 000 元，销售用固定资产折旧费 900 元，管理用固定资产折旧费 1 200 元。

（5）差旅费报销单：业务员张大忠，参加展销会，合计金额 1 200 元。（原预借备用金 3 000 元）

（6）借款单：借款人李虎，用途为投标会差旅费，金额 2 500 元。

银行付款回单：付给李虎预借差旅费 2 500 元。

（7）差旅费报销单：行政经理李虎，参加投标会，合计金额 3 000 元。

银行付款回单：付给李虎差旅费 500 元。

（8）银行业务收费凭证：付款人道同公司，结算手续费 20 元。

（9）办公桌椅摊销计算单：总价值 2 400 元，摊销期限 2 年，本月摊销额 100 元。

（10）普通发票：餐费，金额 530 元。

银行付款回单：付给李虎招待费 530 元。

（11）普通发票：打印纸 200 元。

银行付款回单：付办公室购打印纸款 200 元。

（12）中国电信收费专用发票：道同公司，合计金额 300 元。

银行付款回单：付办公电话费 300 元。

（13）土地使用权摊销计算单：本月摊销额 2 000 元。

（14）银行付款通知：付款人道同公司，收款人华美公司，金额 40 500 元（商业汇票面值 40 000 元、利息 500 元）。

（15）银行借款利息通知单：利息 1 000 元（当月短期借款利息）。

（16）借款利息计提计算单：本月应付利息 3 000 元（长期流动资金借款，按季付息）。

（17）银行存款利息通知单：单位名称道同公司，本期利息 560 元。

# 第十章

## 利润及其分配业务的核算

会计从业人员发现会计账簿记录与实物、款项及有关资料不相符的，按照国家统一会计制度的规定有权自行处理的，应当及时处理；无权处理的，应当立即向单位负责人报告，请求查明原因，作出处理。

# 第一节　利润的计算和账务处理

## 一、营业外收支的账务处理

营业外收支是指企业发生的与其生产经营无直接关系的收入和支出。虽然营业外收支与企业的生产经营没有直接联系，但同样会影响到企业的利润，营业外收支净额也是利润的组成部分。

### （一）营业外收入

**1. 营业外收入的内容**

营业外收入是指企业发生的与其生产经营无直接关系的非经常性收益。包括财产盘盈、固定资产处置和报废净收益、股权转让收益、转让无形资产净收益、得到的损失赔偿和违约金收入、收到的捐赠收入、出租包装物和商品的租金收入、逾期未退包装物押金收益、汇兑收益、政府补助、已作坏账损失处理又收回的应收账款以及无法支付的应付款项等。

**2. 营业外收入的账务处理**

主要的营业外收入项目的账务处理如下。

（1）财产盘盈、无法支付的应付款项：账务处理见第八章第二节“固定资产清查的账务处理”。

（2）固定资产处置和报废净收益：固定资产处置和报废净收益是指固定资产出售、抵债、对外投资、捐赠和报废时取得的收入大于固定资产账面价值和处置费用及支付的相关税费的差额。

账务处理的程序和方法见第四章第六节“固定资产减少的账务处理”。

（3）转让无形资产净收益：转让无形资产净收益是指无形资产出售、抵债、对外投资、捐赠取得的货币和非货币收入大于无形资产账面价值和出售无形资产支付的相关税费的差额。

账务处理见第五章第四节“无形资产转让的账务处理”。

（4）得到的损失赔偿和违约金收入：得到的损失赔偿和违约金收入是指在经济合同

履行时，因对方违约而向本企业支付的损失赔偿款和违约金，以及得到的保险赔偿款。

【例 10-1】永兴机械有限责任公司在购销合同履行中，由于对方违约，按合同约定收到对方支付的违约金 20 000 元。

根据银行收款回单，账务处理为：

借：银行存款　　20 000

　　贷：营业外收入　　20 000

（5）收到的捐赠：收到的货币捐赠，按实际金额入账。收到的非货币捐赠，按捐赠协议、发票上载明的价值入账；若捐赠协议未载明价值，则按市场价估价入账。

【例 10-2】永兴机械有限责任公司得到其他公司捐赠的车床一台，捐赠协议载明的价值为 26 000 元，发票价款 20 000 元，增值税 2 600 元。

根据捐赠协议、增值税专用发票，账务处理为：

借：固定资产——车床　　20 000

　　应交税费——应交增值税（进项）　　2 600

　　贷：营业外收入　　22 600

（6）已作坏账损失处理又收回的应收账款：收到款项时，根据银行收款回单，账务处理为：

借：银行存款

　　贷：营业外收入

（7）政府补助。

①收到政府用于购置固定资产、无形资产的资金补助。

收到补助款时，根据银行收款回单，账务处理为：

借：银行存款

　　贷：递延收益

在所购固定资产、无形资产使用受益年限内每年平均分摊收益的账务处理为：

借：递延收益

　　贷：营业外收入

②收到政府用于补偿本企业已发生的费用或亏损的补助。

根据银行收款回单，账务处理为：

借：银行存款

　　贷：营业外收入

③收到政府用于补偿本企业以后年度费用或亏损的补助。

收到补助款时，根据银行收款回单，账务处理为：

借：银行存款

　　贷：递延收益

在以后年度用于补偿费用或亏损的账务处理为：

借：递延收益

　　贷：营业外收入

（8）生产过程中产生的废料变价收入。

销售废料时，根据开具的增值税专用发票或普通发票，账务处理为：

借：银行存款或库存现金（价税合计）

　　贷：营业外收入（不含增值税价款）

　　　　应交税费——应交增值税（销项税额）

### （二）营业外支出

**1. 营业外支出的内容**

营业外支出是指企业发生的与其生产经营无直接关系的各种支出。包括财产盘亏、固定资产处置和报废净损失、处置无形资产净损失、坏账损失、违约金和赔偿支出、税收滞纳金及罚款支出、被没收财产的损失、无法收回的长期投资损失、捐赠赞助支出和非常损失等。

**2. 营业外支出的账务处理**

主要的营业外支出项目的账务处理如下。

（1）财产盘亏、坏账损失：账务处理见第八章“财产清查业务的核算”。

（2）固定资产处置和报废净损失：固定资产处置和报废净损失是指固定资产出售、对外投资、抵债、捐赠和报废时取得的货币收入、投资资产价值、所抵偿债务价值等小于固定资产账面价值和处置费用的差额。

账务处理的程序和方法见第四章第六节“固定资产减少的账务处理”。

（3）处置无形资产净损失：处置无形资产净损失是指无形资产出售、抵债、对外投资、捐赠取得的货币和非货币收入小于无形资产账面价值和转让无形资产支付的相关税费的差额。

账务处理见第五章第四节“无形资产转让的账务处理”。

（4）违约金和赔偿支出：违约金和赔偿支出是指在经济合同履行时，因本企业违约而向对方支付的损失赔偿款和违约金。

【例 10-3】永兴机械有限责任公司在履行一供货合同时违约，按合同约定支付对方违约金和损失赔偿共 50 000 元。

根据银行付款回单，账务处理为：

借：营业外支出　　　　50 000

贷：银行存款　　50 000

（5）税收滞纳金及罚款支出：税收滞纳金及罚款支出是指企业因违法经营或违反税收法规等，被国家有关部门处以罚款和加收滞纳金等而发生的支出。

【例 10-4】永兴机械有限责任公司因拖延纳税，以银行存款支付税收滞纳金 2 000 元。

根据银行付款回单，账务处理为：

借：营业外支出　　2 000

贷：银行存款　　2 000

（6）被没收财产的损失。

【例 10-5】永兴机械有限责任公司因产品质量不合格，被质量技术监督局没收钢构件产品 2 000 件，产品单位成本为 10 元。该批产品消耗材料 200 千克，材料单价为 30 元 / 千克，购买发票上的增值税税率为 13%。

该批产品消耗材料的进项增值税 =200 × 30 × 13%=780（元）

由于产品被没收，无法产生销项税额，因此所消耗材料的进项税额 780 元不得抵扣，应予转出。没收产品的损失为产品成本和转出的进项税额之和。账务处理为：

借：营业外支出　　20 780

贷：库存商品——钢构件　　20 000

应交税费——应交增值税（进项税额转出）　　780

（7）捐赠赞助支出：捐赠赞助支出是指企业对外无偿捐赠或赞助的资产价值。以货币捐赠或赞助时，以实际金额计入营业外支出；以产品捐赠或赞助时，应视同销售处理。

【例 10-6】永兴机械有限责任公司通过民政局向灾区捐赠 30 000 元，款已转账。

根据银行付款回单和取得的捐赠收据，账务处理为：

借：营业外支出　　30 000

贷：银行存款　　30 000

【例 10-7】永兴机械有限责任公司向灾区捐赠钢床架产品 100 件，单位售价为 50 元，适用增值税税率为 13%。

根据视同销售发票和取得的捐赠收据，账务处理为：

借：营业外支出　　5 650

贷：主营业务收入　　5 000

应交税费——应交增值税（销项税额）　　650

（8）非常损失：非常损失是指企业因自然灾害（如地震、台风、水灾等）、火灾、事故和失窃等而造成的资产损失，损失数额扣除责任人或保险公司赔偿后的差额计入营业外支出。

账务处理见第八章“财产清查业务的核算”。

## 二、财产税、行为税的计算和账务处理

财产税、行为税包括：房产税、车船税、城镇土地使用税、印花税、契税、耕地占用税、土地增值税、车辆购置税、资源税、环境保护税、水利建设基金、残疾人就业保障金等。

按照《小企业会计准则》缴纳的这些税除计入资产入账价值和资产转让成本的税金外，均记入“税金及附加”账户。凡按次和按年应在年度内分次或一次性缴纳的税种，不用计提应交税费；按月（季）缴纳的税种（购销合同印花税、资源税、水利建设基金、环境保护税），与当月收入有配比关系，因而应当在应交的月（季）计提应交税费，次月缴款时再贷记银行存款账户。

### （一）房产税

房产税是对企业在城市、县城、建制镇和工矿区内自有的房产征收的一种税，按年计算，可年内分次缴纳。

应交房产税的计算公式为：

自用房产年应缴房产税 = 房产原值 × ［1-（10%~30%）］ × 1.2%

出租房产应缴房产税 = 租金收入 × 12%

【例 10-8】永兴机械有限责任公司位于城市，拥有自用房产的原值为 200 000 元，经税务机关核定的减除比例为 10%。

本年应缴房产税 =200 000 ×（1-10%）× 1.2%=2 160（元）

根据房产税纳税申报表和缴纳税款的银行付款回单，账务处理为：

借：税金及附加　　2 160

　　贷：银行存款　　2 160

### （二）车船税

车船税是对企业自有的车船征收的一种税，按年计算，应在年度内一次性缴纳。

应缴车船税的计算公式为：

载人车辆年应缴车船税 = 辆数 × 每辆适用税额

载货车辆年应缴车船税 = 自重吨数 × 每吨税额

船舶年应缴车船税 = 净吨位数 × 每吨税额

【例 10-9】永兴机械有限责任公司拥有小汽车 1 辆，每辆税额为 100 元；有载货汽车 1 辆，自重 5 吨，每吨税额为 50 元。

本年应缴车船税 =1 × 100+5 × 50=350（元）

根据车船税纳税申报表和缴纳税款的银行付款回单，账务处理为：

借：税金及附加　　350

　　贷：银行存款　　350

### （三）城镇土地使用税

城镇土地使用税是对企业在城市、县城、建制镇和工矿区内自有的土地征收的一种税，按年计算，可年内分次缴纳。

应交城镇土地使用税的计算公式为：

本年应交城镇土地使用税 = 使用土地的面积（平方米）× 适用定额税率

【例 10–10】永兴机械有限责任公司位于中等城市，占用土地面积 10 000 平方米，所处地段税额为 5 元 / 平方米。

本年应缴城镇土地使用税 =10 000 × 5=50 000（元）

根据城镇土地使用税纳税申报表和缴纳税款的银行付款回单，账务处理为：

借：税金及附加　　　50 000

　　贷：银行存款　　　50 000

### （四）印花税

此处主要讲述常用的买卖合同、建筑工程合同、租赁合同、借款合同的账务处理。

**1. 合同印花税**

（1）买卖合同，即购销合同，按照采购、销售合同所载金额（不含增值税）计税。

本月应缴购销合同印花税 = 当月购销合同不含增值税金额 × 税率

没有购销合同时，按照购买材料或商品和销售商品的不含增值税价款计算。在实际征管中，各地税务机关为了简化计税方法，将购买和销售合同金额合并计税。一般按当月销售收入的一定比例计算征收，比例通常在 80%~130%。因此，简化的计算方法为：

本月应缴购销合同印花税 = 当月销售收入 × 当地规定比例 × 税率

购销合同印花税一般按月申报。

根据印花税纳税申报表，账务处理为：

借：税金及附加

　　贷：应交税费——应交印花税

次月缴纳税款时，根据缴纳税款的银行付款回单，账务处理为：

借：应交税费——应交印花税

　　贷：银行存款

（2）建筑工程合同，按照合同所载金额（不含增值税）计税，该税按次缴纳。

应缴建筑工程合同印花税 = 合同所载不含增值税金额 × 税率

建设单位根据印花税纳税申报表和缴纳税款的银行付款回单，账务处理为：

借：在建工程——某建筑工程

　　贷：银行存款

建筑企业该合同印花税应记入税金及附加账户。

（3）租赁合同，按照合同所载金额（不含增值税）计税，该税按次缴纳。

应缴租赁合同印花税 = 合同不含增值税金额 × 税率

租赁双方根据印花税纳税申报表和缴纳税款的银行付款回单，账务处理为：

借：税金及附加

　　贷：银行存款

（4）借款合同，按借款金额计税，按次缴纳。

应缴借款合同印花税 = 借款金额 × 税率

根据借款合同印花税纳税申报表和缴纳税款的银行付款回单，账务处理为：

借：税金及附加

　　贷：银行存款

借款合同印花税只对银行或金融机构借款合同征收，民间借款合同不征收，按国家政策规定在 2027 年（含）之前，对于小微企业暂免征收该税。

**2. 产权转移书据印花税**

产权转移书据包括土地使用权转让书据、房屋等建筑物和构筑物所有权转让书据、股权转让书据、知识产权（商标专用权、著作权、专利权、专有技术使用权）转让书据。该税应在订立产权转移合同或协议时缴纳，为按次缴纳的税金。

产权转移书据印花税按书据所载金额（不含增值税）计税。

应缴产权转移书据印花税 = 书据所载不含增值税金额 × 税率

该税双方均需缴纳，转让方计入资产转让成本，受让方计入资产入账价值。

账务处理参见第一章、第二章、第四章、第五章相关部分。

**3. 营业账簿印花税**

营业账簿印花税按照实收资本和资本公积增加额计税，按次缴纳。

应缴营业账簿印花税 = 实收资本和资本公积增加额 × 税率

【例 10-11】永兴机械有限责任公司本年营业账簿中实收资本和资本公积增加金额为 1 000 000 元，适用税率 0.25‰。

应缴营业账簿印花税 =1 000 000 × 0.25‰ =250（元）

根据印花税纳税申报表和缴纳税款的银行付款回单，账务处理为：

借：税金及附加　　250

　　贷：银行存款　　250

### （五）契税

契税是在房地产购买、换入、接受捐赠时缴纳的一种税，该税按次缴纳。

应缴契税 = 不含增值税的买价、支付差价、受赠价款金额 × 税率

缴纳的契税，计入房地产的入账价值。

根据契税纳税申报表和缴纳税款的银行付款回单，账务处理为：

借：固定资产或无形资产——土地使用权

应交税费——应交增值税（进项税额）

贷：银行存款或营业外收入

### （六）耕地占用税

耕地占用税是对企业占用耕地建房及其他非农业建设时征收的一种税，该税在征用耕地时一次性缴纳。

应缴耕地占用税 = 占用耕地面积（平方米）× 适用定额税率

根据耕地占用税纳税申报表和缴纳税款的银行付款回单，账务处理为：

借：无形资产——土地使用权

贷：银行存款

### （七）土地增值税

土地增值税是出售房地产时按增值额征收的一种税。

应缴土地增值税 = 土地增值额 × 适用税率 − 扣除项目金额 × 速算扣除系数

扣除项目金额是指房地产的建造成本或旧房评估价值及出售的相关税费，土地增值额是指房地产销售收入减去扣除项目的差额。土地增值税适用超率累进税率。

一般企业在出售时一次性缴纳。

根据土地增值税纳税申报表和缴纳税款的银行付款回单，账务处理为：

借：固定资产清理——出售某房屋

贷：银行存款

房地产开发企业分期预缴。

根据预缴的纳税申报表，账务处理为：

借：税金及附加

贷：应交税费——应交土地增值税

缴纳税款时，根据缴纳税款的银行付款回单，账务处理为：

借：应交税费——应交土地增值税

贷：银行存款

### （八）车辆购置税

企业缴纳的车辆购置税，一般包括汽车及挂车等。车辆购置税是企业购买汽车及挂车缴纳的一种税，在购买时一次性缴纳。

应缴车辆购置税 = 车辆买价（不含增值税）× 税率

根据车辆购置税纳税申报表和缴纳税款的银行付款回单、购车发票、支付号牌费等银行付款回单，账务处理为：

借：固定资产——某车辆（发票买价 + 车辆购置税 + 号牌费等）

　　应交税费——应交增值税（进项税额）

　　贷：银行存款（发票价税合计 + 车辆购置税 + 号牌费等）

### （九）资源税

资源税是对企业在我国境内从事金属矿产品和原油、天然气、煤炭、盐等非金属矿产品开采行为征收的一种税，该税按月申报缴纳。资源税的应纳税额，根据资源产品的销售量或销售额和规定的税率计算，其计算公式为：

本月应交资源税 = 资源产品销售量 × 适用定额税率

或 = 资源产品销售额 × 适用比例税率

根据当月资源税纳税申报表，账务处理为：

借：税金及附加

　　贷：应交税费——应交资源税

次月缴纳税款时，根据缴纳税款的银行付款回单，账务处理为：

借：应交税费——应交资源税

　　贷：银行存款

### （十）环境保护税

环境保护税是对企业污染物排放行为征收的一种税，污染物包括气体污染物、水污染物、固体污染物和噪声污染。该税按月或按季申报缴纳。

应缴环境保护税的计算方法为：

本期应缴环境保护税 = 当期污染物排放量 × 适用定额税率

根据本期环境保护税纳税申报表，账务处理为：

借：税金及附加

　　贷：应交税费——应交环境保护税

次月，根据缴纳税款的银行付款回单，账务处理为：

借：应交税费——应交环境保护税

　　贷：银行存款

### （十一）水利建设基金

水利建设基金实际上也是一种税收，按月申报缴纳。

应缴水利建设基金的计算方法为：

本月应缴水利建设基金 = 当月营业收入 × 征收率

根据当月水利建设基金纳税申报表，账务处理为：

借：税金及附加

贷：应交税费——应交水利建设基金

次月，根据缴纳税款的银行付款回单，账务处理为：

借：应交税费——应交水利建设基金

贷：银行存款

### （十二）残疾人就业保障金

残疾人就业保障金是国家为安置残疾人就业而征收的一种政府基金，实质上也是一种税收，残疾人就业保障金按年在年度内缴纳。

残疾人就业保障金的计算方法为：

年应缴残疾人就业保障金 =（上年平均职工人数 × 征收比例 - 上年雇佣残疾人人数）× 上年职工平均工资

上年职工平均人数 = 上年每月工资表上职工人数之和 /12

上年职工平均工资 = 上年职工工资总额 / 上年职工平均人数

按国家规定，2027 年（含）之前职工人数在 30 人（含）以下的暂予免征残疾人就业保障金，30 人以上按实际人数计征。

残疾人就业保障金应在年度内申报缴纳，不用计提应交税费。

（计算结果为负值时不用缴纳，但不退税）

征收比例各地规定不尽相同，实际工作中应按当地规定比例计算。

【例 10–12】某企业上年平均职工人数 32 人，上年职工平均工资 50 000 元，上年未雇佣残疾人，本地规定的征收比例为 1.5%。

年应缴残疾人就业保障金 =（32 × 1.5%–0）× 50 000=24 000（元）

根据残疾人就业保障金纳税申报表和缴款的银行付款回单，账务处理为：

借：税金及附加　　24 000

贷：银行存款　　24 000

根据例 10–8~ 例 10–12 填写纳税申报表（表 10–1）。

**表 10–1　财产和行为税纳税申报表**

纳税人识别号（统一社会信用代码）：□□□□□□□□□□□□□□□□□□□□

纳税人名称：永兴机械有限责任公司　　金额单位：元（列至角分）

| 序号 | 税种 | 税目 | 税款所属期起 | 税款所属期止 | 计税依据 | 税率 | 应纳税额 | 减免税额 | 已缴税额 | 应补（退）税额 |
|---|---|---|---|---|---|---|---|---|---|---|
| 1 | 房产税 | 自用 | 20×× 年 1 月 1 日 | 20×× 年 12 月 31 日 | 180 000 元 | 1.2% | 2 160.00 | | | |
| 2 | 城镇土地使用税 | 中等城市 | 20×× 年 1 月 1 日 | 20×× 年 12 月 31 日 | 10 000 平方米 | 5 元 / 平方米 | 50 000.00 | | | |
| 3 | 车船税 | 载人车 | 20×× 年 1 月 1 日 | 20×× 年 12 月 31 日 | 1 辆 | 100 元 / 辆 | 100.00 | | | |

续表

| 序号 | 税种 | 税目 | 税款所属期起 | 税款所属期止 | 计税依据 | 税率 | 应纳税额 | 减免税额 | 已缴税额 | 应补（退）税额 |
|---|---|---|---|---|---|---|---|---|---|---|
| 4 | 车船税 | 载货车 | 20×× 年 1 月 1 日 | 20×× 年 12 月 31 日 | 5 吨 | 50 元 / 吨 | 250 | | | |
| 5 | 印花税 | 营业账簿 | 20×× 年 1 月 1 日 | 20×× 年 12 月 31 日 | 1 000 000 元 | 0.25‰ | 250.00 | | | |
| 6 | 残疾人就业保障金 | | 20×× 年 1 月 1 日 | 20×× 年 12 月 31 日 | 0.48 人 | 50 000 元 / 人 | 24 000.00 | | | |
| 7 | | | | | | | | | | |
| 8 | | | | | | | | | | |
| 9 | | | | | | | | | | |
| 10 | | | | | | | | | | |
| 11 | 合计 | — | — | — | — | — | | | | |

声明：此表是根据国家税收法律法规及相关规定填写的，本人（单位）对填报内容（及附带资料）的真实性、可靠性、完整性负责。

纳税人（签章）：　　年　月　日

| | |
|---|---|
| 经办人：<br>经办人身份证号：<br>代理机构签章：<br>代理机构统一社会信用代码： | 受理人：<br>受理税务机关（章）：<br>受理日期：　　年　月　日 |

## 三、损益类账户结转的账务处理

每月末，应将损益类账户的发生净额结转至本年利润账户。将各项收入账户的贷方发生净额结转至本年利润账户的贷方，将各项费用账户的借方发生净额结转至本年利润账户的借方，结转后，损益类账户的余额为 0。所谓发生净额，就是账户借方或贷方发生额减去其反方发生额的差额。损益类账户结转后，本年利润账户贷方大于借方的差额，表示本月实现的净利润数额；借方大于贷方的差额，表示当月发生的亏损数额。本年利润账户的期末贷方余额表示本年累计实现的净利润数，借方余额表示本年累计实现的亏损数。

【例 10-13】根据总分类账的记录，永兴机械有限责任公司 8 月份损益类账户发生净额见表 10-2。

**表 10-2　永兴机械有限责任公司 8 月损益类账户发生净额**　　单位：元

| 账户名称 | 借或贷 | 发生净额 | 账户名称 | 借或贷 | 发生净额 |
|---|---|---|---|---|---|
| 主营业务收入 | 贷方 | 2 620 000 | 主营业务成本 | 借方 | 1 680 000 |
| 其他业务收入 | 贷方 | 59 000 | 其他业务成本 | 借方 | 45 000 |
| 投资收益 | 贷方 | 120 000 | 税金及附加 | 借方 | 89 000 |

续表

| 账户名称 | 借或贷 | 发生净额 | 账户名称 | 借或贷 | 发生净额 |
| --- | --- | --- | --- | --- | --- |
| 营业外收入 | 贷方 | 32 000 | 销售费用 | 借方 | 78 000 |
| | | | 管理费用 | 借方 | 125 000 |
| | | | 财务费用 | 借方 | 59 000 |
| | | | 营业外支出 | 借方 | 38 000 |
| 合计 | | 2 831 000 | 合计 | | 2 114 000 |

以表 10–2 为原始凭证，收入账户结转的账务处理为：

借：主营业务收入　　2 620 000

　　其他业务收入　　59 000

　　投资收益　　120 000

　　营业外收入　　32 000

　　贷：本年利润　　2 831 000

费用账户结转账务处理为：

借：本年利润　　2 114 000

　　贷：主营业务成本　　1 680 000

　　　　其他业务成本　　45 000

　　　　税金及附加　　89 000

　　　　销售费用　　78 000

　　　　管理费用　　125 000

　　　　财务费用　　59 000

　　　　营业外支出　　38 000

本月实现的利润总额 =2 831 000–2 114 000=717 000（元）

在使用会计核算软件的情况下，损益结转的账务处理软件会自动完成，不需要填制记账凭证。

## 四、预缴企业所得税的申报和账务处理

企业所得税按年计算，分月或分季预缴。

### （一）预缴企业所得税的计算

预缴企业所得税，一般采用据实预缴办法，即按当月或当季的实际利润总额计算，计算公式为：

月（季）应预缴所得税 =［本月（季）累计利润总额 – 弥补以前年度（5 年内）亏损］× 所得税税率 – 减免所得税额 – 本月（季）累计已缴所得税额

按当月或当季的利润总额计算预缴有困难的，也可以按上一年度应纳税所得额的

1/12 或 1/4 计算，计算公式为：

月（季）应预缴所得税 = 上一年度应纳税所得额 ×1/12（或 1/4）× 所得税税率

## （二）预缴企业所得税的申报和账务处理

依例 10–13，永兴机械有限责任公司按月预缴所得税，采用据实预缴办法。8 月份利润总额为 717 000 元，1~7 月累计利润总额为 2 300 000 元，1~7 月累计已缴所得税额为 55 000 元。以前年度（5 年内）未弥补亏损为 1 200 000 元。所得税税率为 25%。本年减按 5% 的税率缴纳。

8 月份累计应缴所得税 =［（2 300 000+717 000）–1 200 000］×25%=

1 817 000×25%=454 250（元）

减免所得税额 =1 817 000×20%=363 400（元）

8 月份应预缴所得税 =454 250–363 400–55 000=35 850（元）

以预缴所得税纳税申报表（表 10–3）为原始凭证，账务处理为：

借：所得税费用　　35 850

　　贷：应交税费——应交企业所得税　　35 850

同时，将本月所得税费用结转至本年利润科目的借方，账务处理为：

借：本年利润　　35850

　　贷：所得税费用　　35 850

所得税费用结转后，净利润为：

本月净利润 =717 000–35 850=681 150（元）

缴纳所得税时，根据银行付款回单，账务处理为：

借：应交税费——应交企业所得税　　35 850

　　贷：银行存款　　35 850

**表 10–3　中华人民共和国企业所得税月（季）度预缴纳税申报表（A 类）**

A200000　　税款所属期间：　年　月　日至　年　月　日

纳税人识别号（统一社会信用代码）：□□□□□□□□□□□□□□□□□□□□

纳税人名称：永兴机械有限责任公司　　金额单位：人民币元（列至角分）

| 优惠及附报事项有关信息 | | | | | | | | | |
|---|---|---|---|---|---|---|---|---|---|
| 项目 | 一季度 | | 二季度 | | 三季度 | | 四季度 | | 季度平均值 |
| | 季初 | 季末 | 季初 | 季末 | 季初 | 季末 | 季初 | 季末 | |
| 从业人数 | | | | | | | | | |
| 资产总额（万元） | | | | | | | | | |
| 国家限制或禁止行业 | □是□否 | | | | 小型微利企业 | | | | □是□否 |
| | 附报事项名称 | | | | | | | | 金额或选项 |
| 事项 1 | （填写特定事项名称） | | | | | | | | |
| 事项 2 | （填写特定事项名称） | | | | | | | | |

续表

| 优惠及附报事项有关信息 | | |
| --- | --- | --- |
| | 预缴税款计算 | 本年累计 |
| 1 | 营业收入 | |
| 2 | 营业成本 | |
| 3 | 利润总额 | 3 017 000 |
| 4 | 加：特定业务计算的应纳税所得额 | |
| 5 | 减：不征税收入 | |
| 6 | 减：资产加速折旧、摊销（扣除）调减额（填写 A201020） | |
| 7 | 减：免税收入、减计收入、加计扣除（7.1+7.2+…） | |
| 7.1 | （填写优惠事项名称） | |
| 7.2 | （填写优惠事项名称） | |
| 8 | 减：所得减免（8.1+8.2+…） | |
| 8.1 | （填写优惠事项名称） | |
| 8.2 | （填写优惠事项名称） | |
| 9 | 减：弥补以前年度亏损 | 1 200 000 |
| 10 | 实际利润额（3+4-5-6-7-8-9）/ 按照上一纳税年度应纳税所得额平均额确定的应纳税所得额 | 1 817 000 |
| 11 | 税率（25%） | |
| 12 | 应纳所得税额（10 × 11） | 454 250 |
| 13 | 减：减免所得税额（13.1+13.2+…） | 363 400 |
| 13.1 | （填写优惠事项名称） | |
| 13.2 | （填写优惠事项名称） | |
| 14 | 减：本年实际已缴纳所得税额 | 55 000 |
| 15 | 减：特定业务预缴（征）所得税额 | |
| 16 | 本期应补（退）所得税额（12-13-14-15）/ 税务机关确定的本期应纳所得税额 | 35 850 |

## 五、年末本年利润账户结转的账务处理

每年年度终了，企业应将本年度净利润或亏损从本年利润账户结转至利润分配账户。若本年利润账户年末为贷方余额，表示当年盈利，则结转至利润分配账户的贷方；若本年利润账户年末为借方余额，表示当年亏损，则结转至利润分配账户的借方。结转后，本年利润账户的余额为 0。

【例 10-14】永兴机械有限责任公司本年利润账户年末贷方余额为 620 000 元，当年盈利，向利润分配账户结转。

账务处理为：

借：本年利润　　620 000

　　贷：利润分配——未分配利润　　620 000

【例 10-15】永兴机械有限责任公司本年利润账户年末借方余额为 50 000 元，当年亏损，向利润分配账户结转。

账务处理为：

借：利润分配——未分配利润　　　　50 000

　　贷：本年利润　　　　50 000

在使用会计核算软件的情况下，软件会自动完成结转，不需要填制结转的记账凭证。

# 第二节　企业所得税年度汇算清缴和账务处理

企业所得税实行月（季）预缴、年终汇算清缴的征收办法，企业所得税汇算清缴，应于年度终了后 5 个月内申报年度纳税申报表，计算出本年实际应缴纳的所得税，与本年内累计已预缴的所得税比较，多退少补，予以结清。

## 一、企业所得税汇算清缴的计算

企业所得税汇算清缴的计算公式为：

纳税调整后所得 = 全年利润总额 + 调增项目金额 − 调减项目金额

应纳税所得额 = 纳税调整后所得 − 弥补以前年度亏损

应纳所得税额 = 应纳税所得额 × 税率（25%）

本年应补（退）所得税 = 应纳所得税额 − 本年累计实际已预缴的所得税额

全年应缴所得税的计算，关键是确定全年应纳税所得额。应纳税所得额与利润总额基本相同，但也有所不同。利润总额是按会计准则计算的，而应纳税所得额是按税法规定计算的，所以二者计算的口径不完全相同，在计算应交所得税时，就需要对利润总额进行调整。但如果是进行会计处理，在不违反会计准则的前提下，尽可能按税法规定处理，就会减少两者的差异，避免大量的调整。

按本书所讲的会计处理办法，小企业的调整项目主要有以下几项内容。

### （一）调增项目

调增项目是指会计列入费用、支出，而税法有限额或不准列支的项目。因而要对会计多列支的费用或支出导致的所得额减少予以调增。调增项目主要有以下几项。

（1）借款利息支出。税法规定，支付给金融机构的利息支出可以据实列支，支付给非金融机构的利息支出超过按金融机构同类同期贷款利率计算的利息部分不得列支。故其调增金额的计算公式为：

调增金额 = 支付给非金融机构的利息 − 向非金融机构借款额 ×
金融机构同类同期贷款利率

（2）公益救济性捐赠。企业通过国内非营利性社会团体和国家机关进行的公益救济性捐赠，不超过年度利润总额 12% 的，可以据实列支，超过部分不得列支。故其调增金额的计算公式为：

调增金额 = 公益救济性捐赠金额 − 年度利润总额 ×12%

（3）业务招待费。全年发生的业务招待费，按照发生额的 60% 列支，但最高不超过当年销售（营业）收入的 5‰，超过部分不得列支。

业务招待费限额 = 全年发生的业务招待费 ×60%（实际费用的 60% 未超过销售收入 5‰时）
= 当年销售收入 ×5‰（实际费用的 60% 超过销售收入 5‰时）

调增金额 = 全年发生的业务招待费 − 业务招待费限额

（4）广告宣传费。全年发生的广告宣传费，超过当年销售（营业收入）的 15% 的部分，当年不得列支，但可结转下年列支。因此，当年调增金额的计算公式为：

调增金额 = 全年发生的广告宣传费 − 当年销售收入 ×15%

（5）职工福利费、职工教育经费、工会经费。三项费用当年支出分别超过工资总额 14%、8%、2% 的部分，应当调增。调增金额的计算方法为：

职工福利费调增金额 = 当年职工福利费实际支出额 − 当年工资总额 ×14%

职工教育经费调增金额 = 当年职工教育经费实际支出额 − 当年工资总额 ×8%

工会经费调增金额 = 当年工会经费实际支出额 − 当年工资总额 ×2%

按税法规定，职工教育经费实际支出额超过限额的部分，可在下年度职工教育经费支出不满工资总额 8% 的限额内继续扣除。

（6）因违法经营而被国家机关罚款和没收财产的损失、税收滞纳金和罚款，不得列支，应全额调增。

（7）未通过国内非营利性社会团体和国家机关进行的公益救济性捐赠、非公益救济性捐赠和各种赞助支出，不得列支，应全额调增。

（8）未取得正式发票的成本费用支出以及其他需要调增的事项。

### （二）调减项目

调减项目就是会计计入利润总额，而按税法规定不计入应纳税所得额或免于征税的收益项目。因而，这部分收益在计算应纳税所得额时，需要从利润总额中减去。调整减少项目主要有以下几项。

（1）国债投资利息收益。

（2）从国内企业取得的股利收益（不需补税的）。

（3）治理“三废”收益。

（4）财政拨款收入。

（5）开发新产品、新技术、新工艺的研究开发费用加计扣除额。

加计扣除额 = 当年研究开发费用的发生额 × 加计扣除率

（6）安置残疾人员及国家鼓励安置的其他就业人员所支付的工资额加计扣除额。

加计扣除额 = 当年实际支付的工资额 ×100%

（7）综合利用资源生产符合国家产业政策规定的产品所取得的收入减计 10% 的金额。

### （三）弥补以前年度亏损

以前年度（不超过 5 年）的亏损可以税前扣除，超过 5 年以上的亏损不得税前扣除。

### （四）减免所得税

减免所得税项目主要有以下各项。

（1）高新技术企业减按 15% 的税率征收企业所得税。

（2）小型微利企业（近几年税率又有不同程度的优惠，如 10%、5%、2.5%）（小型微利企业的标准：年应纳税所得额小于 300 万元，职工人数小于 300 人，资产总额小于 5 000 万元）减按 20% 的税率征收企业所得税。

（3）从事农、林、牧、渔业项目的所得，免征所得税。

（4）从事国家重点扶持的公共基础设施项目投资经营的所得，1~3 年免税，第 4~6 年减半征税。

（5）从事符合条件的环境保护、节能节水项目的所得，1~3 年免税，第 4~6 年减半征税。

（6）年技术转让所得不超过 500 万元的部分免税；超过部分减半征税。

（7）企业遇到重大损失申请减免，以及临时性、新增的减免政策。

【例 10-16】永兴机械有限责任公司 2025 年利润总额为 700 000 元，其中投资收益为国债投资利息收入 30 000 元。营业外支出中有支付的税收滞纳金 10 000 元，为文化艺术节赞助 500 元。管理费用中，全年业务招待费支出 20 000 元（本年营业收入 1 500 000 元）。2023 年亏损，2024 年盈利，但年末尚有未弥补完的亏损 10 000 元。再无其他调整项目。企业所得税税率为 25%，2025 年优惠税率为 5%。年内已预缴所得税 34 500 元。无减免所得税事项。进行 2026 年 2 月企业所得税年度汇算清缴。

调增项目有：

（1）支付的税收滞纳金 10 000 元。

（2）为文化艺术节赞助 500 元。

（3）业务招待费超限额部分 =20 000−1 500 000 × 5‰ =12 500 元。（因为 20 000 × 60%=12 000，1 500 000 × 5‰ =7500，12000 ＞ 7500）

合计 23 000 元。

调减项目有：

（1）国债投资利息收入 30 000 元。

（2）纳税调整后所得 =700 000+23 000−30 000=693 000（元）

应纳税所得额 =693 000−10 000=683 000（元）

应纳所得税额 =683 000 × 25%=170 750（元）

减免所得税额 =683 000 × 20%=136 600（元）

应纳税额 = 170 750−136 600=34 150（元）

本年应补（退）所得税 =34 150−34 500=−350（元）

## 二、企业所得税年度汇算清缴的申报

企业在上一年度结束后 5 个月内办理企业所得税年度汇算清缴的申报，申报表如表 10−4。

**表 10−4　中华人民共和国企业所得税年度纳税申报表（A 类）**

税款所属期间：　年　月　日至　　年　月　日

纳税人名称：永兴机械有限责任公司

纳税人识别号：□□□□□□□□□□□□□□□□□　　　　金额单位：元（列至角分）

| 类别 | 行次 | 项目 | 金额 |
|---|---|---|---|
| 利润总额计算 | 1 | 一、营业收入（填附表一） | |
| | 2 | 减：营业成本（填附表二） | |
| | 3 | 　　营业税金及附加 | |
| | 4 | 　　销售费用（填附表二） | |
| | 5 | 　　管理费用（填附表二） | |
| | 6 | 　　财务费用（填附表二） | |
| | 7 | 　　资产减值损失 | |
| | 8 | 加：公允价值变动收益 | |
| | 9 | 　　投资收益 | |
| | 10 | 二、营业利润（1−2−3−4−5−6−7+8+9） | |
| | 11 | 加：营业外收入（填附表一） | |
| | 12 | 减：营业外支出（填附表二） | |
| | 13 | 三、利润总额（10 + 11−12） | 700 000 |

续表

| 类别 | 行次 | 项目 | 金额 |
|---|---|---|---|
| 应纳税所得额计算 | 14 | 加：纳税调整增加额（填附表三） | |
| | 15 | 减：纳税调整减少额（填附表三） | |
| | 16 | 其中：不征税收入 | |
| | 17 | 免税收入 | |
| | 18 | 减计收入 | |
| | 19 | 减、免税项目所得 | |
| | 20 | 加计扣除 | |
| | 21 | 抵扣应纳税所得额 | |
| | 22 | 加：境外应税所得弥补境内亏损 | |
| | 23 | 纳税调整后所得（13 + 14-15-19-21 + 22） | 693 000 |
| | 24 | 减：弥补以前年度亏损（填附表四） | 10 000 |
| | 25 | 应纳税所得额（23-24） | 683 000 |
| 应纳税额计算 | 26 | 税率（25%） | |
| | 27 | 应纳所得税额（25 × 26） | 170 750 |
| | 28 | 减：减免所得税额（填附表五） | 136 600 |
| 应纳税额计算 | 29 | 减：抵免所得税额（填附表五） | |
| | 30 | 应纳税额（27-28-29） | 34 150 |
| | 31 | 加：境外所得应纳所得税额（填附表六） | |
| | 32 | 减：境外所得抵免所得税额（填附表六） | |
| | 33 | 实际应纳所得税额（30 + 31-32） | 34 150 |
| | 34 | 减：本年累计实际已预缴的所得税额 | 34 500 |
| | 35 | 其中：汇总纳税的总机构分摊预缴的税额 | |
| | 36 | 汇总纳税的总机构财政调库预缴的税额 | |
| | 37 | 汇总纳税的总机构所属分支机构分摊的预缴税额 | |
| | 37.1 | 其中：本市总机构所属本市分支机构分摊的预缴税额 | |
| | 38 | 合并纳税（母子体制）成员企业就地预缴比例 | |
| | 39 | 合并纳税企业就地预缴的所得税额 | |
| | 40 | 本年应补（退）的所得税额（33-34） | -350 |
| 附列资料 | 41 | 以前年度多缴的所得税额在本年抵减额 | |
| | 42 | 以前年度应缴未缴在本年入库所得税额 | |

谨声明：此纳税申报表是根据《中华人民共和国企业所得税法》《中华人民共和国企业所得税法实施条例》和国家有关税收规定填报的，是真实的、可靠的、完整的。

法定代表人（签字）： 年 月 日

| 纳税人公章：<br>经办人：<br>申报日期： 年 月 日 | 代理申报中介机构公章：<br>经办人及执业证件号码：<br>代理申报日期： 年 月 日 | 主管税务机关受理专用章：<br>受理人：<br>受理日期： 年 月 日 |
|---|---|---|

### 三、应退、补企业所得税的账务处理

在应退、补的税额相对较小的情况下，可在进行汇算清缴的年度内调整。

根据汇算清缴申报表和退、补税额的银行回单，账务处理为：

借：银行存款

　　贷：所得税费用

或

借：所得税费用

　　贷：银行存款

如果应退、补的税额相对较大，在进行汇算清缴的年度内调整，会对当年净利润造成较大的影响，在这种情况下，应按调整上年损益处理。

应退还企业所得税的账务处理为：

借：银行存款

　　贷：利润分配——未分配利润

应补缴企业所得税的账务处理为：

借：利润分配——未分配利润

　　贷：银行存款

如果税务检查时应退、补以前年度的企业所得税也按上述方法处理。

依例 10–16，应退税 350 元，相对金额较小，账务处理为：

借：银行存款　　350

　　贷：所得税费用　　350

## 第三节　利润分配的账务处理

利润分配是指企业根据《公司法》和企业章程或协议，对企业净利润所进行的分配。根据我国《公司法》及会计准则等有关法规的规定，以企业当年实现的净利润，加

上年初未分配利润（或减去年初未弥补亏损）和盈余公积转入后的金额，即为当年可供分配利润。企业的可供分配利润应按照《公司法》规定的顺序和要求进行分配。

## 一、利润分配的内容和顺序

企业的可供分配利润应按下列顺序分配。

### （一）提取盈余公积

法定盈余公积按弥补亏损后剩余净利润的 10% 提取，当法定盈余公积累计余额超过实收资本余额的 50% 时可不再提取。根据股东会或股东大会决议，企业还可以提取任意盈余公积。

### （二）向股东分配股利

提取盈余公积后剩余可供投资者分配的利润，根据利润分配方案，按股东的出资比例进行分配。

若企业当年没有可供分配利润，则不进行利润分配。

## 二、利润分配的账务处理

### （一）弥补以前年度亏损

当年净利润弥补亏损时，不需专门进行账务处理，年终将当年净利润从本年利润科目结转至利润分配科目时，就自然达到了亏损弥补的目的。

若没有利润可以弥补亏损，用盈余公积弥补亏损时，账务处理为：

借：盈余公积

　　贷：利润分配——未分配利润

### （二）提取盈余公积

账务处理为：

借：利润分配——提取法定盈余公积

　　　　　　——提取任意盈余公积

　　贷：盈余公积——法定盈余公积

　　　　　　　　——任意盈余公积

企业历年积累的盈余公积可用于弥补亏损、分配股利和转增实收资本。

如果当年实现的净利润较少，可以动用盈余公积补充可供投资者分配利润，补充可供投资者分配利润的账务处理与用盈余公积弥补亏损的账务处理相同。

用盈余公积转增实收资本的账务处理为：

借：盈余公积

　　贷：实收资本——各股东

### （三）确定应向股东分配红利

账务处理为：

借：利润分配——应付利润

　　贷：应付利润——各股东

### （四）向股东支付红利时

账务处理为：

借：应付利润——各股东

　　贷：银行存款

股东为个人的，还要扣缴个人红利收入 20% 的个人所得税。

### （五）将利润分配明细科目提取盈余公积、应付利润的金额结转至未分配利润明细科目

账务处理为：

借：利润分配——未分配利润

　　贷：利润分配——提取法定盈余公积

　　　　　　　　——提取任意盈余公积

　　　　　　　　——应付利润

【例 10-17】永兴机械有限责任公司 20×× 年度利润分配方案如图 10-1 所示。

**永兴机械有限责任公司20××年度利润分配方案**

（20××年12月31日股东会议通过）

| | |
|---|---|
| 20××年度净利润 | 620 000元 |
| 弥补以前年度亏损 | 10 000元 |
| 全年可供分配利润 | 610 000元 |
| 提取法定盈余公积 | 61 000元 |
| 提取任意盈余公积 | 249 000元 |
| 向股东分配红利 | 300 000元 |

其中：李兴华 55 000 元　吴青 55 000 元　大明机械厂 80 000 元　智能设备研究所 110 000 元。

（印章：永兴机械有限责任公司）

董事长：王振华

20××.3.10

**图 10-1　年度利润分配方案**

根据利润分配方案，账务处理为：

借：利润分配——提取法定盈余公积　　61 000

　　　　　——提取任意盈余公积　　249 000

　贷：盈余公积——法定盈余公积　　61 000

　　　　　　——任意盈余公积　　249 000

借：利润分配——应付利润　　300 000

　贷：应付利润——李兴华　　55 000

　　　　　　——吴青　　55 000

　　　　　　——大明机械厂　　80 000

　　　　　　——智能设备研究所　　110 000

也可将以上两个分录合并为一个复合分录。

借：利润分配——提取法定盈余公积　　61 000

　　　　　——提取任意盈余公积　　249 000

　　　　　——应付利润　　300 000

　贷：盈余公积——法定盈余公积　　61 000

　　　　　　——任意盈余公积　　249 000

　　应付利润——李兴华　　55 000

　　　　　　——吴青　　55 000

　　　　　　——大明机械厂　　80 000

　　　　　　——智能设备研究所　　110 000

向股东支付红利时，根据向各股东支付红利银行付款回单，账务处理为：

借：应付利润——李兴华　　55 000

　　　　　——吴青　　55 000

　　　　　——大明机械厂　　80 000

　　　　　——智能设备研究所　　110 000

　贷：应交税费——应交个人所得税　　22 000

　　银行存款（付款金额合计）　　278 000

最后，将利润分配明细科目提取盈余公积、应付利润的金额结转至未分配利润明细科目，账务处理为：

借：利润分配——未分配利润　　610 000

　贷：利润分配——提取法定盈余公积　　61 000

　　　　　　——提取任意盈余公积金　　249 000

　　　　　　——应付利润　　300 000

# 练习题

**根据大明公司下列原始凭证信息，作出账务处理。**

（1）民政局捐款收据报销联：向地震灾区捐款 10 000 元。

银行付款回单：收款人民政局，金额 10 000 元，用途为捐款。

（2）财产清查结果处理决定：盘亏电脑一台，账面净值 35 000 元，作为损失。

（3）收款收据记账联：收到宏达公司违约金 40 000 元。

银行收款回单：付款人宏达公司，金额 40 000 元。

（4）应付账款核销报告单：欠东风公司货款 3 000 元，已过 3 年，东风公司已注销，无法偿还。批准转销。

（5）收款收据报销联：收到大明公司违约金 10 000 元。

银行付款回单：金额 10 000 元，用途为违约金。

（6）税收罚款单：事由为偷税，罚款 5 000 元。

银行付款回单：罚款金额 5 000 元。

（7）地方税纳税申报表：应交房产税 800 元、城镇土地使用税 500 元、车船税 200 元、印花税 700 元。

（8）11 月各损益账户发生净额如下。

| | |
|---|---|
| 主营业务收入 | 500 000（贷） |
| 税金及附加 | 30 000（借） |
| 主营业务成本 | 300 000（借） |
| 销售费用 | 10 000（借） |
| 管理费用 | 50 000（借） |
| 财务费用 | 10 000（借） |
| 其他业务收入 | 60 000（贷） |
| 其他业务成本 | 40 000（借） |
| 投资收益 | 8 000（贷） |
| 营业外收入 | 20 000（贷） |
| 营业外支出 | 18 000（借） |

要求进行以下计算或账务处理：

①将各损益账户净发生额向本年利润科目结转。

②计算企业本月实现的利润总额。

③按本月利润总额计算应预交企业所得税（实际税率 5%），并作账务处理。

④计算本月实现的净利润。

⑤缴纳本月应预缴的企业所得税。

（9）12 月末本年利润科目贷方余额 700 000 元。本年利润总额 875 000 元，适用企业所得税税率为 25%，减按 5%，全年已预缴企业所得税 42 750 元。

本年度主营业务收入和其他业务收入共计 1 600 000 元。

全年业务招待费支出 25 000 元。

税务检查中被罚款 20 000 元。

企业通过民政局向灾区捐赠 10 000 元。

上年亏损 20 000 元，年初利润分配科目借方余额为 20 000 元。

从所投资的大秦公司分得股利 50 000 元，大秦公司适用企业所得税税率为 25%。

要求：

①将年末本年利润科目余额结转至利润分配科目。

②进行本年度所得税汇算清缴，计算应补（退）所得税额并清缴，进行账务处理。

③进行本年度利润分配，提取法定盈余公积 10%，提取任意盈余公积 20%，剩余净利润向股东分配，进行账务处理。

# 第十一章

## 财务报表的编制

会计从业人员对违反《会计法》和国家统一的会计制度规定的行为，有权检举。收到检举的部门有权处理的，应当依法按照职责分工及时处理；无权处理的，应当及时移送有权处理的部门处理。收到检举的部门、负责处理的部门应当为检举人保密，不得将检举人姓名和检举材料转给被检举人单位和被检举人个人。

财务报表是对企业财务状况、经营成果和现金流量的结构性表述，是会计核算的最终成果和报告。企业财务报表至少包括资产负债表、利润表、现金流量表及附注，此外，企业还可以自行设置内部报表。

# 第一节　资产负债表的编制

## 一、资产负债表概述

### （一）资产负债表的性质和作用

资产负债表是企业的基本财务报表之一，反映企业期末的财务状况，即期末（月末、年末）各项资产、负债、所有者权益的实存数，按总账账户及有关明细账户期末余额填列，属于时点数。资产负债表反映的是期末当日的财务状况，所以属于静态报表。

资产负债表有以下两个作用：

（1）反映资产总额及构成，即反映流动资产与长期资产（非流动资产）的构成和内部各项资产的构成。

（2）反映筹资结构，即反映负债和权益资金的结构，以及短期资金（流动负债）与长期资金（长期负债、所有者权益）的结构。

资产负债表是考察企业财务状况、进行财务分析的基本依据。

### （二）资产负债表的结构

资产负债表是按“资产 = 负债 + 所有者权益”这一会计等式设计的，左方为资产，右方为负债和所有者权益，左方和右方总计相等，即左右平衡。

左、右两方，是按流动性大小排列的，流动性强的在前，流动性小的在后。资产的流动性是按周转时间长短划分的，流动资产周转时间短（1 年以内），排在前面；固定资产、无形资产和长期投资等非流动资产周转时间长（1 年以上），排在后面。负债的流动性是按偿还期限划分的，流动负债偿还期在 1 年以内，排在前面；长期负债（非流动负债）偿还期在 1 年以上，排在后面。所有者权益是永久性资金，是无期限的，所以排在负债之后。

### （三）资产负债表的编报周期

资产负债表一般有月报和年报之分，即每月编制 1 次月报，年末编制 1 次年报，季报其实就是每季最后 1 个月的月报。

## 二、资产负债表的编制方法

资产负债表中的年初余额就是上年年报表中的期末余额，只要从上年年报表中抄写即可，作为对比之用。期末余额，月报就是月末余额，年报就是年末余额。资产负债表的编制就是填列期末余额。资产负债表各项目的填列方法如下。

### （一）资产

**1. 流动资产**

（1）货币资金：按银行存款、库存现金及其他货币资金 3 个总账账户的余额之和填列。

（2）应收账款：根据应收账款和预收账款科目所属的相关明细科目的期末借方余额合计数填列，如果为贷方余额，则记入预收账款项目。

（3）预付账款：根据预付账款账户的借方余额填列，如果为贷方余额，则记入应付账款项目。超过 1 年期以上的预付账款借方余额，记入其他非流动资产项目。

（4）存货：根据原材料、周转材料、库存商品、发出商品及生产成本等总账账户余额之和填列。

其中：原材料、库存商品、周转材料项目，分别根据本总账账户余额填列，在产品项目根据生产成本总账账户余额填列。

（5）其他流动资产：根据长期债券投资账户余额中将在未来 1 年（12 个月）内到期的部分填列。

（6）其余项目：按总账账户余额直接填列即可。

**2. 非流动资产**

（1）长期债券投资：根据长期债券投资账户余额减去将于未来 1 年内到期部分的差额填列。

（2）固定资产账面价值：按固定资产账户余额减去累计折旧账户余额的差额填列。

（3）固定资产清理：按固定资产清理账户借方余额填列，如为贷方余额，则以负数填列。

（4）无形资产：按无形资产账户余额减去累计摊销账户余额的差额填列。

（5）开发支出：根据研发支出账户余额填列。

（6）其他非流动资产：根据超过 1 年期以上的预付账款借方余额填列。

（7）其余项目：按总账账户余额直接填列即可。未设置账户的项目则不填。

资产总计 = 流动资产合计 + 非流动资产合计

### （二）负债和所有者权益

**1. 流动负债**

（1）应付账款：根据应付账款和预付账款科目所属的相关明细科目的期末贷方余额合计数填列。如果为借方余额，则记入预付账款项目。

（2）预收账款：根据预收账款账户贷方余额填列。如果为借方余额，则记入应收账款项目。超过 1 年期以上的预收账款贷方余额，记入其他非流动负债项目。

（3）其他流动负债：根据长期借款、长期应付款账户余额中将在未来 1 年（12 个月）内到期的部分填列。

（4）其余项目：按总账账户余额直接填列即可。

**2. 非流动负债**

（1）长期借款：根据长期借款账户余额减去将于未来 1 年内到期部分的差额填列。

（2）长期应付款：根据长期应付款账户余额减去将于未来 1 年内到期部分的差额填列。

（3）其他非流动负债：根据超过 1 年期以上的预收账款贷方余额填列。

（4）其余项目：按总账账户余额直接填列即可。

负债合计 = 流动负债合计 + 非流动负债合计

**3. 所有者权益**

（1）未分配利润：根据利润分配账户余额（贷方余额为正，借方余额为负）和本年利润账户余额（贷方余额为正，借方余额为负）的代数和填列。

（2）其余项目：按总账账户余额直接填列即可。

负债和所有者权益总计 = 负债合计 + 所有者权益合计

最后，应达到左右平衡，即：

资产总计 = 负债和所有者权益总计

【例 11-1】永兴机械有限责任公司 6 月末结账后的总账科目余额表见表 11-1。

**表 11-1　总账科目余额表**

20×× 年 6 月　　　　单位：元

| 科目 | 借方余额 | 贷方余额 |
|---|---|---|
| 库存现金 | 2 390 | |
| 银行存款 | 164 600 | |
| 应收账款 | 94 800 | |
| 预付账款 | 86 800 | |
| 其他应收款 | 4 000 | |
| 原材料 | 223 000 | |
| 库存商品 | 70 850 | |
| 发出商品 | 35 000 | |
| 固定资产 | 1 150 700 | |
| 累计折旧 | | 389 700 |
| 无形资产 | 10 700 | |
| 累计摊销 | | 3 000 |
| 长期待摊费用 | 4 000 | |

续表

| 科目 | 借方余额 | 贷方余额 |
|---|---|---|
| 短期借款 | | 20 000 |
| 应付账款 | | 177 680 |
| 应付职工薪酬 | | 12 460 |
| 应交税费 | | 92 443 |
| 应付利润 | | 5 400 |
| 其他应付款 | | 4 200 |
| 长期借款 | | 120 000 |
| 实收资本 | | 1 000 000 |
| 盈余公积 | | 46 390 |
| 本年利润 | | 22 067 |
| 利润分配 | 46 500 | |
| 合计 | 1 893 340 | 1 893 340 |

注：表中应收账款、预付账款所属明细账余额均为借方，应付账款所属明细账余额均为贷方。

根据总账科目余额编制的资产负债表见表 11–2（年初余额略）。

**表 11–2　资产负债表**

会小企 01 表

编制单位：永兴机械有限责任公司　　20×× 年 6 月 30 日　　单位：元

| 资产 | 期末余额 | 年初余额 | 负债和所有者权益（或股东权益） | 期末余额 | 年初余额 |
|---|---|---|---|---|---|
| 流动资产： | | | 流动负债： | | |
| 货币资金 | 166 990 | | 短期借款 | 20 000 | |
| 短期投资 | | | 应付票据 | | |
| 应收票据 | | | 应付账款 | 177 680 | |
| 应收账款 | 94 800 | | 预收账款 | | |
| 预付账款 | 86 800 | | 应付职工薪酬 | 12 460 | |
| 应收股利 | | | 应交税费 | 92 443 | |
| 应收利息 | | | 应付利息 | | |
| 其他应收款 | 4 000 | | 应付利润 | 5 400 | |
| 存货 | 328 850 | | 其他应付款 | 4 200 | |
| 其中：原材料 | 223 000 | | 其他流动负债 | | |
| 在产品 | | | 流动负债合计 | 312 183 | |
| 库存商品 | 70 850 | | | | |
| 周转材料 | | | 非流动负债： | | |
| 其他流动资产 | | | 长期借款 | 120 000 | |

续表

| 资产 | 期末余额 | 年初余额 | 负债和所有者权益（或股东权益） | 期末余额 | 年初余额 |
|---|---|---|---|---|---|
| 流动资产合计 | 681 440 | | 长期应付款 | | |
| 非流动资产： | | | 递延收益 | | |
| 长期债券投资 | | | 其他非流动负债 | | |
| 长期股权投资 | | | 非流动负债合计 | 120 000 | |
| 固定资产原价 | 1 150 700 | | 负债合计 | 432 183 | |
| 减：累计折旧 | 389 700 | | | | |
| 固定资产账面价值 | 761 000 | | | | |
| 在建工程 | | | | | |
| 工程物资 | | | | | |
| 固定资产清理 | | | | | |
| 生产性生物资产 | | | 所有者权益（或股东权益）： | | |
| 无形资产 | 7 700 | | 实收资本（或股本） | 1 000 000 | |
| 开发支出 | | | 资本公积 | | |
| 长期待摊费用 | 4 000 | | 盈余公积 | 46 390 | |
| 其他非流动资产 | | | 未分配利润 | –24 433 | |
| 非流动资产合计 | 772 700 | | 所有者权益（或股东权益合计） | 1 021 957 | |
| 资产总计 | 1 454 140 | | 负债和所有者权益（或股东权益）总计 | 1 454 140 | |

# 第二节　利润表的编制

## 一、利润表概述

### （一）利润表的性质和作用

利润表是企业的基本财务报表之一，反映企业在一定时期（月、年）内的经营成果，即盈亏情况。利润表按损益类账户当期发生额填列，属于时期数，为动态报表。

利润表的作用在于反映盈亏情况及其形成原因，为企业盈利能力分析和业绩变动分析提供依据。

### （二）利润表的结构

利润表的结构为多步式，按营业利润、利润总额、净利润的次序分步显示不同范围下的利润数额。按照“收入 - 费用 = 利润”的原理编制而成。

### （三）利润表的编报周期

利润表一般有月报和年报之分，即每月编制一次，全年编制一次。如需季报，则将季度内 3 个月的数目相加即可。

## 二、利润表的编制方法

利润表的编制方法如下：本月金额根据本月损益类账户记录或计算填列；本年累计金额为本年 1 月至本月的累计数，根据上月累计加本月金额填列。编制年报时，将本月金额改为上年金额，填列上年累计金额。

编制利润表时，首先将各损益类账户当月发生净额（借、贷发生额之差）填入表内，然后按表中提示计算填列各步利润。

利润表的填列方法为：

营业收入 = 主营业务收入 + 其他业务收入

营业成本 = 主营业务成本 + 其他业务成本

税金及附加、销售费用、管理费用、财务费用、投资收益、营业外收入、营业外支出、所得税费用等项目，按当月发生净额填列。

税金及附加项目下“其中”的各项目，按照税金及附加各明细账户借方发生额填列。

销售费用、管理费用、财务费用、营业外收入、营业外支出项目下“其中”的各项目，按照其明细账户或总账账户记录填列。

营业利润 = 营业收入 - 营业成本 - 税金及附加 - 销售费用 - 管理费用
- 财务费用 + 投资收益

利润总额 = 营业利润 + 营业外收入 - 营业外支出

净利润 = 利润总额 - 所得税费用

【例 11-2】永兴机械有限责任公司 6 月份损益类账户发生净额见表 11-3。编制的利润表见表 11-4（上期金额略）。

**表 11-3　损益类账户发生净额**

单位：元

| 账户 | 借方发生额 | 账户 | 贷方发生额 |
|---|---|---|---|
| 主营业务成本 | 750 000 | 主营业务收入 | 1 250 000 |
| 其他业务成本 | 30 900 | 其他业务收入 | 35 900 |
| 税金及附加 | 2 000 | 投资收益 | 31 500 |
| 销售费用 | 20 000 | 营业外收入 | 50 000 |
| 管理费用 | 157 100 | | |
| 财务费用 | 41 500 | | |
| 营业外支出 | 19 700 | | |
| 所得税费用 | 86 550 | | |

**表 11-4　利润表**

会小企 02 表

编制单位：永兴机械有限责任公司　　20×× 年 6 月　　单位：元

| 项目 | 本年累计金额 | 本月金额 |
|---|---|---|
| 一、营业收入 | | 1 285900 |
| 减：营业成本 | | 780 900 |
| 税金及附加 | | 2 000 |
| 其中：消费税 | | |
| 城市维护建设税 | | 1 200 |
| 资源税 | | |
| 土地增值税 | | |
| 城镇土地使用税、房产税、车船税、印花税 | | 300 |
| 教育费附加、矿产资源补偿费、排污费 | | 500 |
| 销售费用 | | 20 000 |
| 其中：商品维修费 | | 3 000 |
| 广告费和业务宣传费 | | 15 000 |
| 管理费用 | | 157 100 |
| 其中：开办费 | | |
| 业务招待费 | | 2 000 |
| 研究费用 | | |
| 财务费用 | | 41 500 |
| 其中：利息费用（收入以“-”号填列） | | 41 000 |
| 加：投资收益（损失以“-”号填列） | | 31 500 |
| 二、营业利润（亏损以“-”号填列） | | 315 900 |
| 加：营业外收入 | | 50 000 |
| 其中：政府补助 | | |

续表

| 项目 | 本年累计金额 | 本月金额 |
| --- | --- | --- |
| 减：营业外支出 | | 19 700 |
| 其中：坏账损失 | | 10 000 |
| 无法收回的长期债券投资损失 | | |
| 无法收回的长期股权投资损失 | | |
| 自然灾害等不可抗力因素造成的损失 | | |
| 税收滞纳金 | | 3 000 |
| 三、利润总额（亏损总额以“-”号填列） | | 346 200 |
| 减：所得税费用 | | 86 550 |
| 四、净利润（净亏损以“-”号填列） | | 259 650 |

# 第三节　现金流量表的编制

## 一、现金流量表概述

### （一）现金流量表的性质和作用

现金流量表是反映一定时期现金［指库存现金、银行存款和其他货币资金（包括银行汇票存款、银行本票存款、存出投资款等）］流入、流出（收入、支出）量的报表，属于动态报表。

利用现金流量表可以反映企业的支付能力和偿债能力；能补充利润表的不足，评价利润的质量。为分析财务状况提供重要信息。

现金流量表对于小企业来说，不是基本报表，通常可以不编制，但若有需要可以编制。

### （二）现金流量表的结构

现金流量表由 3 个部分组成，即经营活动产生的现金流量、投资活动产生的现金流量和筹资活动产生的现金流量。每部分内容均包括现金流入量、流出量和净额。最后为 3 个部分现金净流量的总和，并与现金的账面余额相对照。

### （三）现金流量表的编报周期

现金流量表按月、按年编报。

## 二、现金流量表的编制方法

现金流量表的编制方法如下：现金流入、流出的信息，一般可从现金日记账和银行存款日记账中取得，也可以从记账凭证核算形式下的库存现金、银行存款总账账户中的记录取得。在当今电子结算方式下，一般没有其他货币资金，因此其他货币资金账户一般不用。根据账面记录，可以逐笔辨认出各种现金流入（收入）、流出（支出）量的金额，然后加以汇总即可填入表中。但需要强调的是，货币资金内部转化（将现金存入银行、从银行提取现金、银行存款转为其他货币资金、其他货币资金转回银行存款）不计算现金流入、流出量。

本月金额根据本月账簿记录计算填列；本年累计金额为本年 1 月至本月的累计数，根据上月累计加本月金额填列。编制年报时，将本月金额改为上年金额，填列上年累计金额。

### （一）经营活动产生的现金流量

**1. 销售产成品、商品、提供劳务收到的现金**

此项内容是指企业主营业务收入收到的现金，包括收到的现销款、收回的应收账款（赊销款）、收到的应收票据款（包括票据利息）、收到的代销商品款、预收的销售款，但要减去因销售退回而退还的货款。

**2. 收到其他与经营活动有关的现金**

此项内容包括收到的合同违约金和赔偿款、存货损失保险赔偿和责任人赔偿款、收取的押金及保证金、收回的原支付的押金及保证金、收回的备用金、收回的预借差旅费余款、收到的经营性租出资产租金收入、收到的转让无形资产使用权取得的使用费收入、收到的税费返还、收到的各种代理手续费、收到的政府补助款、收到的销售材料款、附营其他业务收到的现金、收回借给其他单位或个人的不计利息的借款、收到的银行账户存款利息收入等。

**3. 购买原材料、商品、接受劳务支付的现金**

此项内容包括支付的购进存货（原材料、商品、低值易耗品及其他生产经营用物资）和劳务（加工、修理、运输）的现款、支付的应付账款和应付票据款（包括票据利息）、预付的购进存货或劳务款，减去购进存货退回而收回的货款。支付的劳务款是指支付的外部加工费、支付的固定资产外部小修理费、支付的外部运输费。

**4. 支付的职工薪酬**

此项内容包括为职工提供的工资、奖金、各种津贴、补贴、福利费、职工教育经费，和为职工缴纳的社会保险费、住房公积金和支付的短期临时用工的报酬。

5. **支付的税费**

此项内容包括缴纳的各种税金及附加、各种费（不减税费返还），包括各种税、费、水利建设基金、残疾人就业保障金，还包括企业代扣代缴的个人所得税及其他税金；但不包括计入资产入账价值的有关税金，如耕地占用税、车辆购置税、契税、购买固定资产的印花税、进口固定资产的关税和消费税等。

6. **支付的其他与经营活动有关的现金**

此项内容包括支付的合同违约金、罚款、滞纳金、差旅费或预借差旅费、备用金、招待费、保险费、办公费、各种手续费、中介服务费、审计费、技术服务费、律师费、诉讼费、不作为原材料用水的水费、电费、邮递费、电话费、网络服务费、广告宣传费、工会经费、捐赠赞助费、押金及保证金、退回原收取的押金及保证金、经营性租入房屋和设备的租赁费、物业管理费、暖气冷气费、受让无形资产使用权的使用费、研究费用中的现金支出、代垫运杂费、车辆加油费、车辆过路过桥费、停车费、借给其他单位或个人的不计利息的借款等。

经营活动产生的现金流量净额 =1+2–3–4–5–6

## （二）投资活动产生的现金流量

1. **收回短期投资、长期债券投资和长期股权投资收到的现金**

此项内容包括转让股份和长期持有的股票、债券收回的现金，债券到期收回的本金（面值），转让短期投资收到的现金，收回借给其他单位或个人的计息借款本金。

2. **取得投资收益收到的现金**

此项内容包括收到的现金股利、现金分红和收到的债权投资利息，收到的借给其他单位或个人的计息借款利息。

3. **处置固定资产、无形资产和其他非流动资产收回的现金净额**

此项内容包括固定资产出售、报废、毁损等收到的现金减去支付的清理费和有关税金后的差额，收到的相关保险赔偿款和责任人赔偿款；出售无形资产的现金收入减去支付相关税费后的差额；出售工程物资、转让在建工程等收到的现金。

4. **短期投资、长期债券投资和长期股权投资支付的现金**

此项内容包括支付的购买长短期股票、债券的价款和相关税费，向有限责任公司的现金出资，借给其他单位或个人的计息借款。

5. **购建固定资产、无形资产和其他非流动资产支付的现金**

此项内容包括：①支付的购置固定资产的货款和运杂费、支付的相关税费和安装调试费、建造固定资产支付的购买工程物资款、支付给施工企业的工程款，不包括构建固定资产的资本化利息支出和支付在建工程中本企业人员的薪酬。②支付购买无形资产的款项和相关税费支出、自行开发的无形资产资本化支出中的现金支出。③固定资产大修理、改扩建、技术改造支出中的现金支出。④经营租入固定资产改良支出中的现金支出。⑤企业筹建期间开办费支出中的现金支出。

投资活动产生的现金流量净额 =1+2+3-4-5

## (三)筹资活动产生的现金流量

**1. 取得借款收到的现金**

此项内容包括各种借款收到的现金,包括银行等金融机构的长、短期借款和民间借款。

**2. 吸收投资者投资收到的现金**

此项内容为接受股东的现金出资总额,包括计入资本公积的部分。退回投资者投入资本支付的现金以负数填列。

**3. 偿还借款本金支付的现金**

此项内容是指偿还各项借款本金而支付的现金。

**4. 偿还借款利息支付的现金**

此项内容是指支付的各项借款利息(包括购建固定资产的资本化利息)支付的现金。

**5. 分配利润支付的现金**

此项内容是指向股东分配利润支付的现金。

筹资活动产生的现金流量净额 =1+2-3-4-5

现金流量表中收到、支付的现金中,涉及销项、进项增值税的均包括在收、付的现金中。

## (四)现金净增加额

现金净增加额 = 经营活动产生的现金流量净额 + 投资活动产生的现金流量净额 + 筹资活动产生的现金流量净额。

期初现金余额:即银行存款、库存现金、其他货币资金账户期初余额之和。

## (五)期末现金余额

期末现金余额 = 现金净增加额 + 期初现金余额(期末现金余额应等于银行存款、库存现金、其他货币资金账户期末余额之和,即同期资产负债表中货币资金期末数)。

【例 11-3】永兴机械有限责任公司 8 月份的银行存款日记账、现金日记账记录如图 11-1、图 11-2 所示,以 8 月份为例说明现金流量表的编制方法。

对账面发生额记录逐笔进行辨认并汇总的结果如下:

销售产成品、租车收到的现金 =16 000+220 000+2 000

=238 000(元)

购买材料、商品、接受劳务支付的现金 =1 500+6 000+5 000+2 000

=14 500(元)

支付的职工薪酬 =1 200 元

# 银行存款日记账

| 20××年 | | 凭证编号 | 摘要 | 借方 | | | | | | | | | | 贷方 | | | | | | | | | | 余额 | | | | | | | | | |
|---|---|---|---|---|---|---|---|---|---|---|---|---|---|---|---|---|---|---|---|---|---|---|---|---|---|---|---|---|---|---|---|---|---|
| 月 | 日 | | | 千 | 百 | 十 | 万 | 千 | 百 | 十 | 元 | 角 | 分 | 千 | 百 | 十 | 万 | 千 | 百 | 十 | 元 | 角 | 分 | 千 | 百 | 十 | 万 | 千 | 百 | 十 | 元 | 角 | 分 |
| | | | 期初余额 | | | | | | | | | | | | | | | | | | | | | | | 6 | 0 | 0 | 0 | 0 | 0 | 0 | 0 |
| 8 | 2 | 银收1 | 销售甲产品 | | | | 1 | 6 | 0 | 0 | 0 | 0 | 0 | | | | | | | | | | | | | 6 | 1 | 6 | 0 | 0 | 0 | 0 | 0 |
| 8 | 3 | 银付1 | 购买设备 | | | | | | | | | | | | | | | 5 | 0 | 0 | 0 | 0 | 0 | | | 6 | 1 | 1 | 0 | 0 | 0 | 0 | 0 |
| 8 | 5 | 银付2 | 支付电话费 | | | | | | | | | | | | | | | 2 | 5 | 0 | 0 | 0 | 0 | | | 6 | 0 | 8 | 5 | 0 | 0 | 0 | 0 |
| 8 | 6 | 银付3 | 购买办公品 | | | | | | | | | | | | | | | 1 | 0 | 0 | 0 | 0 | 0 | | | 6 | 0 | 7 | 5 | 0 | 0 | 0 | 0 |
| 8 | 9 | 银收2 | 销售乙产品 | | | 2 | 2 | 0 | 0 | 0 | 0 | 0 | 0 | | | | | | | | | | | | | 8 | 2 | 7 | 5 | 0 | 0 | 0 | 0 |
| 8 | 12 | 银付4 | 支付水费 | | | | | | | | | | | | | | | 1 | 5 | 0 | 0 | 0 | 0 | | | 8 | 2 | 6 | 0 | 0 | 0 | 0 | 0 |
| 8 | 16 | 银付5 | 支付广告费 | | | | | | | | | | | | | | 1 | 0 | 0 | 0 | 0 | 0 | 0 | | | 8 | 1 | 6 | 0 | 0 | 0 | 0 | 0 |
| 8 | 18 | 银付6 | 购买材料 | | | | | | | | | | | | | | | 6 | 0 | 0 | 0 | 0 | 0 | | | 8 | 1 | 0 | 0 | 0 | 0 | 0 | 0 |
| 8 | 26 | 银付7 | 偿还借款 | | | | | | | | | | | | | | 1 | 0 | 0 | 0 | 0 | 0 | 0 | | | 8 | 0 | 0 | 0 | 0 | 0 | 0 | 0 |
| 8 | 28 | 银收3 | 收到投资款 | | | 1 | 0 | 0 | 0 | 0 | 0 | 0 | 0 | | | | | | | | | | | | | 9 | 0 | 0 | 0 | 0 | 0 | 0 | 0 |
| 8 | 29 | 银付8 | 购买电脑 | | | | | | | | | | | | | | | 5 | 0 | 0 | 0 | 0 | 0 | | | 8 | 9 | 5 | 0 | 0 | 0 | 0 | 0 |
| 8 | 31 | 银付9 | 购买材料 | | | | | | | | | | | | | | | 5 | 0 | 0 | 0 | 0 | 0 | | | 8 | 9 | 0 | 0 | 0 | 0 | 0 | 0 |
| | | | 本月合计 | | | 3 | 3 | 6 | 0 | 0 | 0 | 0 | 0 | | | | 4 | 6 | 0 | 0 | 0 | 0 | 0 | | | 8 | 9 | 0 | 0 | 0 | 0 | 0 | 0 |
| | | | | | | | | | | | | | | | | | | | | | | | | | | | | | | | | | |

图 11-1　银行存款日记账

# 现金日记账

| 20××年 | | 凭证编号 | 摘要 | 对方科目 | 借方 | | | | | | | | | | 贷方 | | | | | | | | | | 余额 | | | | | | | | | |
|---|---|---|---|---|---|---|---|---|---|---|---|---|---|---|---|---|---|---|---|---|---|---|---|---|---|---|---|---|---|---|---|---|---|---|
| 月 | 日 | | | | 千 | 百 | 十 | 万 | 千 | 百 | 十 | 元 | 角 | 分 | 千 | 百 | 十 | 万 | 千 | 百 | 十 | 元 | 角 | 分 | 千 | 百 | 十 | 万 | 千 | 百 | 十 | 元 | 角 | 分 |
| | | | 期初余额 | | | | | | | | | | | | | | | | | | | | | | | | | | 9 | 0 | 0 | 0 | 0 | 0 |
| 8 | 2 | 银付1 | 发岗位津贴 | | | | | | | | | | | | | | | | 1 | 2 | 0 | 0 | 0 | 0 | | | | | 7 | 8 | 0 | 0 | 0 | 0 |
| 8 | 5 | 银付2 | 购买支票 | | | | | | | | | | | | | | | | | | 2 | 0 | 0 | 0 | | | | | 7 | 7 | 8 | 0 | 0 | 0 |
| 8 | 6 | 银收1 | 租车收入 | | | | | | 2 | 0 | 0 | 0 | 0 | 0 | | | | | | | | | | | | | | | 9 | 7 | 8 | 0 | 0 | 0 |
| 8 | 12 | 银付3 | 支付外部加工费 | | | | | | | | | | | | | | | | 2 | 0 | 0 | 0 | 0 | 0 | | | | | 7 | 7 | 8 | 0 | 0 | 0 |
| 8 | 16 | 银付4 | 预支差旅费 | | | | | | | | | | | | | | | | 2 | 0 | 0 | 0 | 0 | 0 | | | | | 5 | 7 | 8 | 0 | 0 | 0 |
| 8 | 20 | 银收2 | 出售机床 | | | | | | 1 | 5 | 0 | 0 | 0 | 0 | | | | | | | | | | | | | | | 7 | 2 | 8 | 0 | 0 | 0 |
| 8 | 25 | 银付5 | 购买办公品 | | | | | | | | | | | | | | | | | 6 | 0 | 0 | 0 | 0 | | | | | 6 | 6 | 8 | 0 | 0 | 0 |
| | | | 本月合计 | | | | | | 3 | 5 | 0 | 0 | 0 | 0 | | | | | 5 | 8 | 2 | 0 | 0 | 0 | | | | | 6 | 6 | 8 | 0 | 0 | 0 |
| | | | | | | | | | | | | | | | | | | | | | | | | | | | | | | | | | | |

图 11-2　现金日记账

支付的其他与经营活动有关的现金 =2 500+1 000+10 000+20+2 000+600

=16 120（元）

购建固定资产、无形资产和其他非流动资产支付的现金 =5 000+5 000

=10 000（元）

处置固定资产、无形资产和其他非流动资产收回的现金净额 =1 500 元

吸收投资者投资收到的现金 =100 000 元

偿还借款本金支付的现金 =10 000 元

现金缴存银行不计算现金流量。

将汇总结果填入现金流量表（表 11–5），并计算各类现金流量净额。最后几项的计算公式为：

现金净增加额 = 经营活动产生的现金流量净额 + 投资活动产生的现金流量净额 + 筹资活动产生的现金流量净额

期初现金余额 = 银行存款期初余额 + 库存现金期初余额 + 其他货币资金期初余额

期末现金余额 = 银行存款期末余额 + 库存现金期末余额 + 其他货币资金期末余额

最后，应满足下面的等式：

现金净增加额 + 期初现金余额 = 期末现金余额

**表 11–5　现金流量表**

会小企 03 表

编制单位：永兴机械有限责任公司　　20×× 年 8 月　　单位：元

| 项目 | 本年累计金额 | 本月金额 |
|---|---|---|
| 一、经营活动产生的现金流量 | | |
| 销售产成品、商品，提供劳务收到的现金 | | 238 000 |
| 收到其他与经营活动有关的现金 | | |
| 购买原材料、商品，接受劳务支付的现金 | | 14 500 |
| 支付的职工薪酬 | | 1 200 |
| 支付的税费 | | |
| 支付的其他与经营活动有关的现金 | | 16 120 |
| 经营活动产生的现金流量净额 | | 206 180 |
| 二、投资活动产生的现金流量 | | |
| 收回短期投资、长期债券投资和长期股权投资收到的现金 | | |
| 取得投资收益收到的现金 | | |
| 处置固定资产、无形资产和其他非流动资产收回的现金净额 | | 1 500 |
| 短期投资、长期债券投资和长期股权投资支付的现金 | | |
| 购建固定资产、无形资产和其他非流动资产支付的现金 | | 10 000 |
| 投资活动产生的现金流量净额 | | –8 500 |
| 三、筹资活动产生的现金流量 | | |
| 取得借款收到的现金 | | |

续表

| 项目 | 本年累计金额 | 本月金额 |
|---|---|---|
| 吸收投资者投资收到的现金 | | 100 000 |
| 偿还借款本金支付的现金 | | 10 000 |
| 偿还借款利息支付的现金 | | |
| 分配利润支付的现金 | | |
| 筹资活动产生的现金流量净额 | | 90 000 |
| 四、现金净增加额 | | 287 680 |
| 加：期初现金余额 | | 609 000 |
| 五、期末现金余额 | | 896 680 |

# 练习题

宏建电工有限责任公司 20×× 年 10 月的总账科目余额表（表 11–6）、损益类账户发生净额（表 11–7）和银行存款日记账（图 11–3）、库存现金日记账资料如下（图 11–4）。

要求：编制 10 月份资产负债表（表 11–8）、利润表（表 11–9）和现金流量表（表 11–10）（填入后面空白表中）。（年初余额、本年累计金额略）

**表 11–6　总账科目余额表**　　单位：元

| 科目名称 | 借方余额 | 贷方余额 |
|---|---|---|
| 库存现金 | 1 763 | |
| 银行存款 | 1 001 109 | |
| 应收票据 | 593 650 | |
| 应收账款 | 3 989 375 | |
| 预付账款 | 528 750 | |
| 其他应收款 | 516 412 | |
| 原材料 | 2 696 625 | |
| 周转材料 | 70 500 | |
| 库存商品 | 1 515 750 | |
| 固定资产 | 10 011 000 | |
| 在建工程 | 680 325 | |
| 无形资产 | 477 637 | |
| 长期待摊费用 | 315 488 | |

续表

| 科目名称 | 借方余额 | 贷方余额 |
|---|---|---|
| 累计摊销 | | 18 947 |
| 累计折旧 | | 1 360 650 |
| 短期借款 | | 2 115 000 |
| 应付票据 | | 641 550 |
| 应付账款 | | 846 000 |
| 预收账款 | | 84 157 |
| 应付职工薪酬 | | 1 521 |
| 应交税费 | | 264 375 |
| 应付利润 | | 120 000 |
| 其他应付款 | | 623 925 |
| 长期借款 | | 9 812 500 |
| 实收资本 | | 5 434 784 |
| 盈余公积 | | 607 475 |
| 本年利润 | | 55 000 |
| 利润分配 | | 412 500 |
| 合计 | 22 398 384 | 22 398 384 |

补充资料：长期借款中 1 年内到期的部分有 500 000 元。

**表 11–7　损益类账户发生净额**　　单位：元

| 科目 | 借方发生额 | 科目 | 贷方发生额 |
|---|---|---|---|
| 主营业务成本 | 11 829 900 | 主营业务收入 | 18 083 250 |
| 其他业务成本 | 588 250 | 其他业务收入 | 764 500 |
| 税金及附加 | 1 092 250 | 投资收益 | 125 700 |
| 销售费用 | 981 250 | 营业外收入 | 931 288 |
| 管理费用 | 639 255 | | |
| 财务费用 | 705 620 | | |
| 营业外支出 | 531 013 | | |
| 所得税费用 | 884 175 | | |

补充资料：

（1）应交税费明细账户贷方发生额：城市维护建设税 700 000 元，教育费附加 390 000 元，车船税 2 000 元，印花税 250 元。

（2）销售费用明细账：产品保修费 5 000 元，广告费 15 000 元。

（3）管理费用明细账：业务招待费 5 000 元。

（4）财务费用中：利息费用 700 000 元。

（5）营业外支出中：坏账损失 500 000 元。

（6）营业外收入中无政府补助。

## 银行存款日记账

| 年 | | 凭证编号 | 摘要 | 借方 | | | | | | | | | | 贷方 | | | | | | | | | | 余额 | | | | | | | | | |
|---|---|---|---|---|---|---|---|---|---|---|---|---|---|---|---|---|---|---|---|---|---|---|---|---|---|---|---|---|---|---|---|---|---|
| 月 | 日 | | | 千 | 百 | 十 | 万 | 千 | 百 | 十 | 元 | 角 | 分 | 千 | 百 | 十 | 万 | 千 | 百 | 十 | 元 | 角 | 分 | 千 | 百 | 十 | 万 | 千 | 百 | 十 | 元 | 角 | 分 |
| 10 | | | 月初余额 | | | | | | | | | | | | | | | | | | | | | | | 1 | 7 | 3 | 6 | 0 | 0 | 0 | 0 |
| | 1 | 收 1 | 收胜利厂投资 | | | 2 | 0 | 0 | 0 | 0 | 0 | 0 | 0 | | | | | | | | | | | | | 3 | 7 | 3 | 6 | 0 | 0 | 0 | 0 |
| | 2 | 付 1 | 付购材料款 | | | | | | | | | | | | | | 4 | 6 | 8 | 0 | 0 | 0 | 0 | | | 3 | 2 | 6 | 8 | 0 | 0 | 0 | 0 |
| | 2 | 付 2 | 付广告费 | | | | | | | | | | | | | | | 4 | 5 | 0 | 0 | 0 | 0 | | | 3 | 2 | 2 | 3 | 0 | 0 | 0 | 0 |
| | 3 | 付 4 | 购国库券 | | | | | | | | | | | | | | 2 | 0 | 0 | 0 | 0 | 0 | 0 | | | 3 | 0 | 2 | 3 | 0 | 0 | 0 | 0 |
| | 5 | 付 5 | 购机床一台 | | | | | | | | | | | | | | 2 | 0 | 0 | 0 | 0 | 0 | 0 | | | 2 | 8 | 2 | 3 | 0 | 0 | 0 | 0 |
| | 8 | 收 2 | 收伟光公司货款 | | | | 3 | 0 | 0 | 0 | 0 | 0 | 0 | | | | | | | | | | | | | 3 | 1 | 2 | 3 | 0 | 0 | 0 | 0 |
| | 8 | 付 6 | 付财产保险费 | | | | | | | | | | | | | | | 3 | 6 | 0 | 0 | 0 | 0 | | | 3 | 0 | 8 | 7 | 0 | 0 | 0 | 0 |
| | 9 | 收 3 | 收商贸公司货款 | | | 3 | 0 | 8 | 8 | 8 | 0 | 0 | 0 | | | | | | | | | | | | | 6 | 1 | 7 | 5 | 8 | 0 | 0 | 0 |
| | 9 | 付 7 | 付购材料款 | | | | | | | | | | | | | | 4 | 6 | 7 | 1 | 5 | 0 | 0 | | | 5 | 7 | 0 | 8 | 6 | 5 | 0 | 0 |
| | 10 | 付 8 | 提现金 | | | | | | | | | | | | | | 2 | 8 | 2 | 0 | 0 | 0 | 0 | | | 5 | 4 | 2 | 6 | 6 | 5 | 0 | 0 |
| | 10 | 付 10 | 交税 | | | | | | | | | | | | | 1 | 6 | 7 | 2 | 0 | 0 | 0 | 0 | | | 3 | 7 | 5 | 4 | 6 | 5 | 0 | 0 |
| | 12 | 付 12 | 付利达公司货款 | | | | | | | | | | | | | 2 | 1 | 0 | 0 | 0 | 0 | 0 | 0 | | | 1 | 6 | 5 | 4 | 6 | 5 | 0 | 0 |
| | 13 | 收 4 | 银行借款 | | | 3 | 0 | 0 | 0 | 0 | 0 | 0 | 0 | | | | | | | | | | | | | 4 | 6 | 5 | 4 | 6 | 5 | 0 | 0 |
| | 14 | 付 13 | 购买办公用品 | | | | | | | | | | | | | | | | 6 | 0 | 0 | 0 | 0 | | | 4 | 6 | 4 | 8 | 6 | 5 | 0 | 0 |
| | 15 | 收 5 | 销售产品 | | | 2 | 7 | 6 | 1 | 2 | 0 | 0 | 0 | | | | | | | | | | | | | 7 | 4 | 0 | 9 | 8 | 5 | 0 | 0 |
| | 18 | 付 15 | 归还借款 | | | | | | | | | | | | | | 8 | 0 | 0 | 0 | 0 | 0 | 0 | | | 6 | 6 | 0 | 9 | 8 | 5 | 0 | 0 |
| | 19 | 付 16 | 付设备维修费 | | | | | | | | | | | | | | | 2 | 0 | 0 | 0 | 0 | 0 | | | 6 | 5 | 8 | 9 | 8 | 5 | 0 | 0 |
| | 20 | 收 6 | 银行借款 | | | 2 | 0 | 0 | 0 | 0 | 0 | 0 | 0 | | | | | | | | | | | | | 8 | 5 | 8 | 9 | 8 | 5 | 0 | 0 |
| | 22 | 收 7 | 出售股票 | | | | 6 | 0 | 9 | 0 | 0 | 0 | 0 | | | | | | | | | | | | | 9 | 1 | 9 | 8 | 8 | 5 | 0 | 0 |
| | 23 | 付 17 | 付车间电费 | | | | | | | | | | | | | | | 6 | 2 | 0 | 0 | 0 | 0 | | | 9 | 1 | 3 | 6 | 8 | 5 | 0 | 0 |
| | | | 本月合计 | | 1 | 3 | 7 | 5 | 9 | 0 | 0 | 0 | 0 | | | 6 | 3 | 5 | 8 | 1 | 5 | 0 | 0 | | | 9 | 1 | 3 | 6 | 8 | 5 | 0 | 0 |

图 11–3　银行存款日记账

## 库存现金日记账

| 年 | | 凭证编号 | 摘要 | 借方 | | | | | | | | | | 贷方 | | | | | | | | | | 余额 | | | | | | | | | |
|---|---|---|---|---|---|---|---|---|---|---|---|---|---|---|---|---|---|---|---|---|---|---|---|---|---|---|---|---|---|---|---|---|---|
| 月 | 日 | | | 千 | 百 | 十 | 万 | 千 | 百 | 十 | 元 | 角 | 分 | 千 | 百 | 十 | 万 | 千 | 百 | 十 | 元 | 角 | 分 | 千 | 百 | 十 | 万 | 千 | 百 | 十 | 元 | 角 | 分 |
| 10 | | | 月初余额 | | | | | | | | | | | | | | | | | | | | | | | | | 3 | 0 | 0 | 0 | 0 | 0 |
| | 2 | 付3 | 预借差旅费 | | | | | | | | | | | | | | | | 5 | 0 | 0 | 0 | 0 | | | | | 2 | 5 | 0 | 0 | 0 | 0 |
| | 8 | 收8 | 宗良交回差旅费余额 | | | | | | | 3 | 0 | 0 | 0 | | | | | | | | | | | | | | | 2 | 5 | 3 | 0 | 0 | 0 |
| | 10 | 付8 | 提现金 | | | | 2 | 8 | 2 | 0 | 0 | 0 | 0 | | | | | | | | | | | | | | 3 | 0 | 7 | 3 | 0 | 0 | 0 |
| | 10 | 付9 | 发放工资 | | | | | | | | | | | | | | 2 | 8 | 2 | 0 | 0 | 0 | 0 | | | | | 2 | 5 | 3 | 0 | 0 | 0 |
| | 11 | 付11 | 付办公用品费 | | | | | | | | | | | | | | | | 2 | 2 | 0 | 0 | 0 | | | | | 2 | 3 | 1 | 0 | 0 | 0 |
| | 18 | 付14 | 报销医疗费 | | | | | | | | | | | | | | | | 4 | 3 | 0 | 0 | 0 | | | | | 1 | 8 | 8 | 0 | 0 | 0 |
| | 23 | 付18 | 支付招待费 | | | | | | | | | | | | | | | | 7 | 0 | 0 | 0 | 0 | | | | | 1 | 1 | 8 | 0 | 0 | 0 |
| | | | 本月合计 | | | | 2 | 8 | 2 | 3 | 0 | 0 | 0 | | | | 3 | 0 | 0 | 5 | 0 | 0 | 0 | | | | | 1 | 1 | 8 | 0 | 0 | 0 |

图 11–4　库存现金日记账

**表 11-8　资产负债表**

会小企 01 表

编制单位：　　　　　　　　　　年　月　日　　　　　　　　　　单位：元

| 资产 | 期末余额 | 年初余额 | 负债和所有者权益（或股东权益） | 期末余额 | 年初余额 |
|---|---|---|---|---|---|
| 流动资产： | | | 流动负债： | | |
| 货币资金 | | | 短期借款 | | |
| 短期投资 | | | 应付票据 | | |
| 应收票据 | | | 应付账款 | | |
| 应收账款 | | | 预收账款 | | |
| 预付账款 | | | 应付职工薪酬 | | |
| 应收股利 | | | 应交税费 | | |
| 应收利息 | | | 应付利息 | | |
| 其他应收款 | | | 应付利润 | | |
| 存货 | | | 其他应付款 | | |
| 其中：原材料 | | | 其他流动负债 | | |
| 在产品 | | | 流动负债合计 | | |
| 库存商品 | | | | | |
| 周转材料 | | | 非流动负债： | | |
| 其他流动资产 | | | 长期借款 | | |
| 流动资产合计 | | | 长期应付款 | | |
| 非流动资产： | | | 递延收益 | | |
| 长期债券投资 | | | 其他非流动负债 | | |
| 长期股权投资 | | | 非流动负债合计 | | |
| 固定资产原价 | | | 负债合计 | | |
| 减：累计折旧 | | | | | |
| 固定资产账面价值 | | | | | |
| 在建工程 | | | | | |
| 工程物资 | | | | | |
| 固定资产清理 | | | | | |
| 生产性生物资产 | | | 所有者权益（或股东权益）： | | |
| 无形资产 | | | 实收资本（或股本） | | |
| 开发支出 | | | 资本公积 | | |
| 长期待摊费用 | | | 盈余公积 | | |
| 其他非流动资产 | | | 未分配利润 | | |
| 非流动资产合计 | | | 所有者权益（或股东权益）合计 | | |
| 资产总计 | | | 负债和所有者权益（或股东权益）总计 | | |

**表 11-9　利润表**

会小企 02 表

编制单位：　　　　　　　　　　　　　　年　月　日　　　　　　　　　　　　单位：元

| 项目 | 本年累计金额 | 本月金额 |
| --- | --- | --- |
| 一、营业收入 | | |
| 减：营业成本 | | |
| 税金及附加 | | |
| 其中：消费税 | | |
| 城市维护建设税 | | |
| 资源税 | | |
| 土地增值税 | | |
| 城镇土地使用税、房产税、车船税、印花税 | | |
| 教育费附加、矿产资源补偿费、排污费 | | |
| 销售费用 | | |
| 其中：商品维修费 | | |
| 广告费和业务宣传费 | | |
| 管理费用 | | |
| 其中：开办费 | | |
| 业务招待费 | | |
| 研究费用 | | |
| 财务费用 | | |
| 其中：利息费用（收入以“-”号填列） | | |
| 加：投资收益（损失以“-”号填列） | | |
| 二、营业利润（亏损以“-”号填列） | | |
| 加：营业外收入 | | |
| 其中：政府补助 | | |
| 减：营业外支出 | | |
| 其中：坏账损失 | | |
| 无法收回的长期债券投资损失 | | |
| 无法收回的长期股权投资损失 | | |
| 自然灾害等不可抗力因素造成的损失 | | |
| 税收滞纳金 | | |
| 三、利润总额（亏损总额以“-”号填列） | | |
| 减：所得税费用 | | |
| 四、净利润（净亏损以“-”号填列） | | |

**表 11-10　现金流量表**

会小企 03 表

编制单位：　　　　　　　　　　　　年　月　日　　　　　　　　单位：元

| 项目 | 本年累计金额 | 本月金额 |
|---|---|---|
| 一、经营活动产生的现金流量 | | |
| 销售产成品、商品，提供劳务收到的现金 | | |
| 收到其他与经营活动有关的现金 | | |
| 购买原材料、商品，接受劳务支付的现金 | | |
| 支付的职工薪酬 | | |
| 支付的税费 | | |
| 支付的其他与经营活动有关的现金 | | |
| 经营活动产生的现金流量净额 | | |
| 二、投资活动产生的现金流量 | | |
| 收回短期投资、长期债券投资和长期股权投资收到的现金 | | |
| 取得投资收益收到的现金 | | |
| 处置固定资产、无形资产和其他非流动资产收回的现金净额 | | |
| 短期投资、长期债券投资和长期股权投资支付的现金 | | |
| 购建固定资产、无形资产和其他非流动资产支付的现金 | | |
| 投资活动产生的现金流量净额 | | |
| 三、筹资活动产生的现金流量 | | |
| 取得借款收到的现金 | | |
| 吸收投资者投资收到的现金 | | |
| 偿还借款本金支付的现金 | | |
| 偿还借款利息支付的现金 | | |
| 分配利润支付的现金 | | |
| 筹资活动产生的现金流量净额 | | |
| 四、现金净增加额 | | |
| 加：期初现金余额 | | |
| 五、期末现金余额 | | |

# 第十二章

## 批发商业企业的会计核算

会计从业人员不得出具不实或者不当的审计报告，财政部门有权对会计师事务所出具审计报告的程序和内容进行监督。

商业企业是指从事商品流通活动的企业，通俗地说，就是从事商品（货物）购、销活动的企业，包括：批发商业企业和零售商业企业、经营生产资料的商业企业和经营消费资料的商业企业、从事工业品购销的商业企业和从事农产品购销的商业企业。

与工业企业不同，商业企业没有生产活动，只有商品采购和销售活动，因而其会计核算中没有成本核算业务。与工业企业会计相比，商业企业会计除了采购业务和销售业务的核算有所不同且没有成本核算业务，其余业务的核算方法与工业企业相同。所以与工业企业会计相同的业务不再重复。

# 第一节　商品采购业务的账务处理

## 一、一般纳税人的账务处理

商品采购业务可分为以下几种类型。

**1. 商品已入库，发票已收到，货款已付**

凡在月内商品入库、发票收到、已付款的情况下，均属此类。

【例 12-1】永盛商贸有限责任公司向中天商贸有限责任公司购入钢材，中天商贸有限责任公司开来的增值税专用发票 50 000 元，增值税 6 500 元，商品已验收入库，货款已转账支付。

根据购货发票、商品入库单、银行付款回单，账务处理为：

借：库存商品——钢材　　50 000

　　应交税费——应交增值税（进项税额）　　6 500

　　贷：银行存款　　　　56 500

**2. 商品已入库，发票已收到，货款未付**

依例 12-1，如果月内货款未付，则根据发票和入库单，账务处理为：

借：库存商品——钢材　　50 000

　　应交税费——应交增值税（进项税额）　　6 500

　　贷：应付账款——中天商贸有限责任公司　　　　56 500

将来支付货款时，账务处理为：

借：应付账款——中天商贸有限责任公司　　56 500

　　贷：银行存款　　　　56 500

若永盛商贸有限责任公司向中天商贸有限责任公司签发了商业汇票，则根据商业汇票、发票和入库单，账务处理为：

借：库存商品——钢材　　50 000

　　应交税费——应交增值税（进项税额）　　6 500

贷：应付票据——中天商贸有限责任公司　　56 500

到期支付票款时，根据银行付款回单，账务处理为：

借：应付票据——中天商贸有限责任公司　　56 500

贷：银行存款　　56 500

**3. 商品已入库，发票未收到，货款未付**

在月内可等到销货方开来发票后，再按上述办法处理。如果到月末仍未收到发票，则可先作入库处理。

仍依例 12-1，如果到月末仍未收到发票，则根据入库单和议定的价格，账务处理为：

借：库存商品——钢材　　50 000

贷：应付账款——中天商贸有限责任公司　　50 000

下月收到发票并付款后，账务处理为：

借：应付账款——中天商贸有限责任公司　　50 000

应交税费——应交增值税（进项税额）　　6 500

贷：银行存款　　56 500

**4. 预付货款购商品**

【例 12-2】永盛商贸有限责任公司向宏利公司预付货款 20 000 元。下月，收到宏利公司发来的 A 商品，发票上写明数量为 1 000 件，单价为 30 元 / 件，金额为 30 000 元，增值税为 3 900 元。商品已入库，开出转账支票补付余款 13 900 元。

预付货款时，根据银行付款回单，账务处理为：

借：预付账款（或应付账款）——宏利公司　　20 000

贷：银行存款　　20 000

收到商品后，根据发票、入库单和银行付款回单，账务处理为：

借：库存商品——A 商品　　30 000

应交税费——应交增值税（进项税额）　　3 900

贷：预付账款（或应付账款）——宏利公司　　20 000

银行存款　　13 900

## 二、小规模纳税人的账务处理

小规模纳税人购进商品不抵扣进项增值税，因此，购进商品时按发票上的价税合计金额入账，不记应交税费科目。其余处理与一般纳税人类同。

【例 12-3】某小规模纳税人商业企业购入大成贸易有限责任公司 B 商品，取得的增值税专用发票上写明价税合计金额为 20 000 元。货款已转账支付，商品已入库。

根据发票、入库单和银行付款回单，账务处理为：

借：库存商品——B 商品　　20 000

　　贷：银行存款　　20 000

如果月内货款未付，根据发票和入库单，账务处理为：

借：库存商品——B 商品　　20 000

　　贷：应付账款——大成贸易有限责任公司　　20 000

偿还应付账款时，根据银行付款回单，账务处理为：

借：应付账款——大成贸易有限责任公司　　20 000

　　贷：银行存款　　20 000

# 第二节　商品销售业务的账务处理

## 一、一般纳税人商品销售的账务处理

一般纳税人销售商品的账务处理与工业企业销售产品相同。

【例 12-4】某批发商业企业向宏业商场销售某商品，开具的增值税专用发票上写明的数量为 2 000 件，单价为 50 元 / 件，金额为 100 000 元，增值税为 13 000 元。已收到银行收款回单。

根据发票记账联和银行收款回单，账务处理为：

借：银行存款　　113 000

　　贷：主营业务收入　　100 000

　　　　应交税费——应交增值税（销项税额）　　13 000

## 二、小规模纳税人商品销售的账务处理

批发商业企业小规模纳税人销售商品的账务处理与工业企业销售产品相同。

【例 12-5】某小规模纳税人商业企业销售 B 商品 10 000 元，增值税专用发票上写明的金额为 9 900.99 元 [10 000 元 /（1+1%）]，税率为 1%，增值税额为 99.01 元（9900.99 元 ×1%）。货款已转账收讫。

根据发票和银行收款回单，账务处理为：

借：银行存款　　10 000

　贷：主营业务收入　　9900.99

　　　应交税费——应交增值税　　99.01

## 三、销售成本的结转

每月末，应结转当月已销商品的销售成本。月末，应将当月销售商品的发货单（或出库单）加以汇总，汇总出各种商品的销售总量，再根据商品进价，计算编制发货汇总表（或销售成本计算表），作为账务处理的依据。销售成本的计算公式为：

商品销售成本 = 销售量 × 单位进价

式中的单位进价，可由个别计价法、先进先出法、加权平均法中的任一种方法确定。

【例 12-6】某商业企业当月商品销售成本计算表见表 12-1。销售量为发货单汇总的数量，单位进价是根据库存商品明细账记录按加权平均法计算确定的。

**表 12-1　商品销售成本计算表**

20×× 年 ×× 月

| 品名 | 销售量（件） | 单位进价（元 / 件） | 销售成本（元） |
|---|---|---|---|
| A 商品 | 1 000 | 10 | 10 000 |
| B 商品 | 500 | 20 | 10 000 |
| C 商品 | 2 000 | 15 | 30 000 |
| D 商品 | 200 | 40 | 8 000 |
| 合计 | — | — | 58 000 |

根据表 12-1，账务处理为：

借：主营业务成本　　58 000

　贷：库存商品——A 商品　　10 000

　　　　　　——B 商品　　10 000

　　　　　　——C 商品　　30 000

　　　　　　——D 商品　　8 000

# 第三节　销售费用和销售税金的账务处理

商业企业的商品销售费用，包括采购和销售过程中发生的相关费用。销售税金包括增值税、城市维护建设税和教育费附加等。

## 一、销售费用的账务处理

销售费用是指在商品采购、销售过程中发生的费用。

**1. 商品采购、销售、保管人员薪酬**

此项内容包括采购人员、销售人员、保管人员、收银人员等的工资、津贴和奖金，计提的福利费、社会保险费、职工教育经费、工会经费等。

【例 12–7】某商场当月采购、销售、保管、收银人员工资合计为 10 000 元，行政管理人员工资合计为 5 000 元，按 14% 计提福利费，按 2.5% 计提职工教育经费，按 20% 计提应缴社会保险费。

（1）结算工资（含津贴、奖金）。

根据工资结算表，账务处理为：

借：销售费用　　10 000

　　管理费用　　5 000

　　贷：应付职工薪酬——工资　　15 000

（2）计提职工福利费、职工教育经费、社会保险费。

原始凭证见表 12–2。

**表 12–2　职工福利费、教育经费、社会保险费计提表**

20×× 年 × 月　　单位：元

| 职工类别 | 工资总额 | 福利费（14%） | 教育经费（2.5%） | 社会保险费（20%） | 三费合计 |
|---|---|---|---|---|---|
| 销售人员 | 10 000 | 1 400 | 250 | 2 000 | 3 650 |
| 管理人员 | 5 000 | 700 | 125 | 1 000 | 1 825 |
| 合计 | 15 000 | 2 100 | 375 | 3 000 | 5 475 |

账务处理为：

借：销售费用　　3 650

　管理费用　　1 825

　贷：应付职工薪酬——职工福利费　　2 100

　　　　　　——职工教育经费　　375

　　　　　　——社会保险费　　3 000

**2. 商品购、销运杂费**

此项内容包括购、销商品过程中支付的运费、装卸搬运费等。

【例 12-8】某商业企业为增值税一般纳税人，采购商品以银行存款支付货运公司运费、装卸费 600 元，增值税 54 元。

根据发票和银行付款回单，账务处理为：

借：销售费用　　600

　应交税费——应交增值税（进项税额）　　54

　贷：银行存款　　654

**3. 营业场所水电费**

支付水电费，一般纳税人按价款计入销售费用，增值税计入进项税额；小规模纳税人按价税合计计入销售费用。

【例 12-9】某商场为增值税一般纳税人，本月转账支付营业大厅电费 1 000 元，增值税为 130 元。

根据电费发票和银行付款回单，账务处理为：

借：销售费用　　1 000

　应交税费——应交增值税（进项税额）　　130

　贷：银行存款　　1 130

**4. 营业用固定资产折旧费**

营业用固定资产包括厂店房屋、运输车辆及其他设备等。其折旧费应计入销售费用。

【例 12-10】某商场计提的本月营业用各项固定资产折旧费共计 5 000 元，管理用固定资产折旧费 1 000 元。

根据折旧计提表，账务处理为：

借：销售费用　　5 000

　管理费用　　1 000

　贷：累计折旧　　6 000

**5. 商品自然损耗**

商品在采购、储存和销售过程中的自然损耗，如碰坏、融化和变质等，应作为销售费用处理。

【例 12-11】某商业企业购进 A 商品 200 件，进价为 10 元 / 件，增值税为 260 元，在装卸时损坏商品 5 件，按 195 件办理了入库手续。贷款已转账支付。

购买入库时，根据发票、入库单和银行付款回单，账务处理为：

借：库存商品——A 商品　　1 950

　　待处理财产损溢　　50

　　应交税费——应交增值税（进项税额）　　260

　　贷：银行存款　　2 260

批准按合理损耗处理时，账务处理为：

借：销售费用　　50

　　贷：待处理财产损溢　　50

**6. 采购、销售人员差旅费**

从事商品采购和销售的业务人员的差旅费，属于商品购销过程中发生的费用，应作销售费用处理。

【例 12-12】业务员王世杰报销差旅费 1 200 元，对王世杰规定的定额备用金为 2 000 元，在定额内报销以银行存款转账补足。

根据差旅费报销单，账务处理为：

借：销售费用　　1 200

　　贷：银行存款　　1 200

接例 12-12，假如不实行定额备用金制度，王世杰预借差旅费 2 000 元，报销时应退回余款 800 元。

根据差旅费报销单和银行收款回单，账务处理为：

借：销售费用　　1 200

　　银行存款　　800

　　贷：其他应收款——王世杰　　2 000

**7. 广告费、促销费、售后服务费、商品保险费、代购代销手续费和包装物租金支出等**

支付上述费用时，取得增值税专用发票的账务处理为：

借：销售费用

　　应交税费——应交增值税（进项税额）

　　贷：银行存款或库存现金

取得增值税普通发票的账务处理为：

借：销售费用（价税合计）

　　贷：银行存款或库存现金

## 二、销售税金的账务处理

商业企业的销售税金，包括增值税、城市维护建设税和教育费附加等。增值税的计算缴纳与第七章相同。应交的城市维护建设税和教育费附加，记入税金及附加账户。

$$应交城市维护建设税 = 缴纳增值税的税额 \times 适用税率$$

$$应交教育费附加 = 缴纳增值税的税额 \times 3\%$$

【例 12-13】某商业企业当月缴纳增值税为 5 000 元，企业位于城市市区，适用城市维护建设税税率为 7%。

$$应交城市维护建设税 =5\,000 \times 7\%=350（元）$$

$$应交教育费附加 =5\,000 \times 3\%=150（元）$$

根据纳税申报表，账务处理为：

借：税金及附加　　500

　　贷：应交税费——应交城市维护建设税　　350

　　　　　　　——应交教育费附加　　150

缴纳税款后，根据缴款银行付款回单，账务处理为：

借：应交税费——应交城市维护建设税　　350

　　　　　　——应交教育费附加　　150

　　贷：银行存款　　500

# 练习题

**1. 根据原始凭证信息，作出某一般纳税人批发商业企业下列经济业务的账务处理。**

（1）增值税专用发票：甲商品，数量 1 000 件，单价 5 元 / 件，金额 5 000 元，增值税 650 元。

入库单：甲商品，数量 1 000 件，单价 5 元 / 件，金额 5 000 元。

银行付款回单：货款，金额 5 650 元。

（2）增值税专用发票：乙商品，数量 500 件，单价 20 元 / 件，金额 10 000 元，增值税 1 300 元，销货单位东方公司。

入库单：乙商品，数量 500 件，单价 20 元 / 件，金额 10 000 元。

（3）入库单：供货单位惠民商贸公司，丙商品，数量 100 千克，单价 20 元 / 千克（到月末未收到发票，未付款）。

（4）增值税专用发票：丙商品，数量 100 千克，单价 20 元 / 千克，金额 2 000 元，增值税 260 元，销货单位惠民商贸公司。

银行付款回单：货款，金额 2 260 元。

（5）增值税专用发票：购货单位华美公司，甲商品，数量 500 件，单价 8 元 / 件，金额 4 000 元，增值税 520 元。

银行收款回单：付款人华美公司，金额 4 520 元。

（6）增值税普通发票：购货单位明德公司，乙商品，金额 5 000 元，增值税 650 元，价税合计 5 650 元。

银行收款回单：付款人明德公司，金额 5 650 元。

（7）月末汇总发货单后，编制的销售成本计算表见表 12–3。根据销售量和平均进价，计算商品的销售成本并结转。

**表 12–3　销售成本计算表**　　单位：元

| 品名 | 单位 | 销售量 | 平均进价 | 销售成本 |
|---|---|---|---|---|
| 甲 | 件 | 300 | 5 | |
| 乙 | 件 | 500 | 20 | |
| 丙 | 千克 | 200 | 20 | |
| 合计 | — | — | — | |

（8）增值税普通发票（含税）：运费 200 元。

现金付出凭证：付运费 200 元。

（9）折旧计提表：营业用固定资产折旧 1 000 元，管理用固定资产折旧 200 元。

**2. 根据原始凭证信息，作出某小规模纳税人批发商业企业下列经济业务的账务处理。**

（1）普通发票：A 商品，数量 500 件，单价 5 元 / 件，金额 2 500 元。

入库单：A 商品，数量 500 件，单价 5 元 / 件，金额 2 500 元。

银行付款回单：货款，金额 2 500 元。

（2）普通发票：A 商品，数量 100 件，单价 7 元 / 件，金额 700 元，增值税 7 元。

银行收款回单：销货款 707 元。

（3）普通发票：运费 100 元。

现金付出凭证：付运费 100 元。

（4）增值税普通发票：电费，金额 500 元，增值税 65 元，合计 565 元。

银行付款回单：电费，金额 565 元。

# 第十三章

## 零售商业企业的会计核算

会计从业人员在有关监督检查部门依法实施的监督检查时，要如实提供会计凭证、会计账簿、财务会计报告和其他会计资料以及有关情况，不得拒绝、隐匿、谎报。

零售商业企业会计除了采购业务和销售业务的核算有所不同且没有成本核算业务外，其余业务的核算方法与工业企业相同。与工业企业会计相同的业务不再赘述。

# 第一节　商品购销的进价核算

零售商品购销的核算方法又可分为进价核算和售价核算两种形式。本节介绍进价核算方法。所谓进价核算，就是库存商品按照购进价格记账，购进、售出按进价计算金额。

## 一、商品购进的账务处理

商品购进的账务处理与批发商业企业的相同。

## 二、商品销售的账务处理

### （一）商品销售收入的账务处理

零售商品销售，销售笔数多，每笔金额小，不可能每笔销售都作账务处理，而是每天，甚至几天汇总一次作账务处理即可。核算方法是，根据每日的销售日报表和销售款银行入账回单，进行账务处理。但由于零售商品销售基本上都不开发票，所以销售收入是含增值税的。这样，就需要将含税销售收入换算为不含税收入，同时计算出销项增值税额，才能符合会计和税法的要求。

计算方法为：

不含税销售额 = 含税销售收入 /（1+ 适用增值税税率）

销项增值税额 = 不含税销售额 × 适用增值税税率

或　　　　　= 含税销售收入 – 不含税销售额

账务处理为：

借：银行存款（含税销售收入）

　　贷：主营业务收入（不含税销售额）

　　　　应交税费——应交增值税（销项税额）（销项增值税额）

【例 13-1】宝安家电商店 20×× 年 8 月 5 日销售日报表见表 13-1，经销的商品适用增值税税率为 13%。

**表 13-1　销售日报表**

20××年8月5日　　　　　　　　　　　　　　　　单位：元

| 品名 | 单位 | 销售量 | 销售单价 | 销售额 |
|---|---|---|---|---|
| 电饭锅 | 件 | 10 | 300 | 3 000 |
| 电热壶 | 件 | 15 | 120 | 1 800 |
| 电暖器 | 件 | 5 | 500 | 2 500 |
| 微波炉 | 台 | 8 | 500 | 4 000 |
| 高压锅 | 件 | 10 | 200 | 2 000 |
| 豆浆机 | 件 | 20 | 150 | 3 000 |
| 电磁炉 | 件 | 12 | 200 | 2 400 |
| 电吹风 | 件 | 14 | 50 | 700 |
| 电熨斗 | 件 | 16 | 100 | 1 600 |
| 洗衣机 | 台 | 5 | 800 | 4 000 |
| 合计 | — | — | — | 25 000 |

不含税销售额 =25 000/（1+13%）≈22 123.89（元）

销项增值税额 =22 123.89×13%≈2 876.11（元）

根据销售日报表和银行收款回单，账务处理为：

借：银行存款　　　　　　　　　　　　　　　　25 000

　　贷：主营业务收入　　　　　　　　　　　　　　22 123.89

　　　　应交税费——应交增值税（销项税额）　　　　2 876.11

对于小规模纳税人，平时销售可按含税销售收入记账，月末汇总计算应纳增值税，调整主营业务收入。

平时销售的账务处理为：

借：银行存款

　　贷：主营业务收入（含税销售收入）

月末计算应纳增值税：

不含税销售额 = 含税销售收入 /（1+1%）

应纳增值税 = 不含税销售额 ×1%

调整账务处理为：

借：主营业务收入（应纳增值税）

　　贷：应交税费——应交增值税

【例 13-2】某小规模纳税人商店 8 月 31 日商品销售收入为 2 000 元，销售款存入银行。本月销售收入合计为 50 000 元。

根据 8 月 31 日销售日报表和银行收款回单，账务处理为：

借：银行存款　　　　　　　　　　　　　　　　　　　　　　　2 000

　　贷：主营业务收入　　　　　　　　　　　　　　　　　　　　　　2 000

月末，计算本月应纳增值税，进行账务处理：

不含税销售额 =50 000/（1+1%）≈49 504.95（元）

应纳增值税 =49 504.95 × 1%≈495.05（元）

借：主营业务收入　　　　　　　　　　　　　　　　　　　　　495.05

　　贷：应交税费——应交增值税　　　　　　　　　　　　　　　　495.05

### （二）商品销售成本的计算与账务处理

商品销售成本，一般可在月末汇总计算和结转。月末，汇总当月销售量，按个别计价法或加权平均法确定单位进价，编制销售成本计算表，据以进行结转销售成本账务处理。

依例 13-1，宝安家电商店 8 月份编制的销售成本计算表见表 13-2，商品单位进价是按加权平均法计算的。

**表 13-2　商品销售成本计算表**

20× × 年 8 月　　　　　　　　　　单位：元

| 品名 | 单位 | 销售量合计 | 平均单位进价 | 销售成本 |
|---|---|---|---|---|
| 电饭锅 | 件 | 300 | 250 | 75 000 |
| 电热壶 | 件 | 400 | 100 | 40 000 |
| 电暖器 | 件 | 120 | 400 | 48 000 |
| 微波炉 | 台 | 250 | 450 | 112 500 |
| 高压锅 | 件 | 350 | 150 | 52 500 |
| 豆浆机 | 件 | 500 | 100 | 50 000 |
| 电磁炉 | 件 | 300 | 120 | 36 000 |
| 电吹风 | 件 | 500 | 40 | 20 000 |
| 电熨斗 | 件 | 450 | 80 | 36 000 |
| 洗衣机 | 台 | 150 | 700 | 105 000 |
| 合计 | — | — | — | 575 000 |

根据销售成本计算表，账务处理为：

借：主营业务成本　　　　　　　　　　　　　　　　　　　　　575 000

　　贷：库存商品——电饭锅　　　　　　　　　　　　　　　　　　75 000

　　　　　　　　——电热壶　　　　　　　　　　　　　　　　　　40 000

　　　　　　　　——电暖器　　　　　　　　　　　　　　　　　　48 000

　　　　　　　　——微波炉　　　　　　　　　　　　　　　　　　112 500

　　　　　　　　——高压锅　　　　　　　　　　　　　　　　　　52 500

　　　　　　　　——豆浆机　　　　　　　　　　　　　　　　　　50 000

——电磁炉　　36 000

——电吹风　　20 000

——电熨斗　　36 000

——洗衣机　　105 000

商品销售成本的核算，还有一种毛利率法，计算方法如下：

商品销售毛利率 =（商品售价 – 商品进价）/ 商品售价

上月综合毛利率 =（上月商品总销售额 – 总销售成本）/ 上月商品总销售额

当月商品销售成本 = 当月商品总销售额 ×（1– 上月综合毛利率）

【例 13–3】某零售商业企业上月商品总销售额为 120 000 元，总销售成本为 100 000 元，本月商品总销售额为 150 000 元。

上月综合毛利率 =（120 000–100 000）/120 000≈16.67%

本月商品销售成本 =150 000×（1–16.67%）=124 995（元）

根据销售成本计算单，账务处理为：

借：主营业务成本　　124 995

　　贷：库存商品　　124 995

毛利率法计算的商品销售成本准确性较差，适用于库存商品只需要核算金额的小商品零售商业企业。

# 第二节　商品购销的售价核算

## 一、商品购进的账务处理

在售价核算模式下，不是按照原来进价而是按照售价记入库存商品科目。这样库存商品中就包括商品的实际进价和未实现的进销差价（含销项税额）两部分。因此，当购进的商品验收入库后，按照售价记入库存商品科目，按商品进价与售价的差额贷记商品进销差价科目。

对于商品购进的账务处理，一般纳税人和小规模纳税人有所不同，下面分别介绍。

## (一)增值税一般纳税人的账务处理

由于商品入库、收到发票、付款的时间先后不同，账务处理也不同，下面分别讲述不同情况下的账务处理方法。

**1. 商品已入库，发票已收到，货款已付**

凡在月内商品入库、发票已收到、已付款的情况下，均属此类。

【例 13-4】天源水果店购入长河商贸股份有限公司苹果、核桃两种商品，长河商贸股份有限公司开来的发票（图 13-1）已收到，商品已验收入库，货款已转账支付。苹果、核桃的售价分别为 12 元 / 千克、35 元 / 千克。

动态二维码

**电子发票（增值税专用发票）**　发票号码：24612000000107794316
开票日期：20××年10月5日

购买方信息　名称：天源水果店　统一社会信用代码/纳税人识别号：91610402MA6XT10999

销售方信息　名称：长河商贸股份有限公司　统一社会信用代码/纳税人识别号：91610112MAB0W6NW19

| 项目名称 | 规格型号 | 单位 | 数量 | 单价 | 金额 | 税率/征收率 | 税额 |
|---|---|---|---|---|---|---|---|
| *水果*苹果 | | kg | 2 000 | 10.00 | 20 000.00 | 13% | 2 600.00 |
| *坚果*核桃 | | kg | 1 000 | 30.00 | 30 000.00 | 13% | 3 900.00 |
| 合　计 | | | | | ¥50 000.00 | | ¥6 500.00 |

价税合计（大写）　⊗伍万陆仟伍佰元整　（小写）¥56 500.00

备注

开票人：张华

**图 13-1　电子发票**

账务处理为：

借：库存商品——苹果　24 000（2 000×12）

　　　　　——核桃　35 000（1 000×35）

　应交税费——应交增值税（进项税额）　6 500

　贷：银行存款　56 500

　　商品进销差价　9 000（59000-50000）

**2. 商品已入库，发票已收到，货款未付**

依例 13-4，如果月内货款未支付，根据发票和入库单，账务处理为：

借：库存商品——苹果　24 000

　　　　　——核桃　35 000

　应交税费——应交增值税（进项税额）　6 500

贷：应付账款——长河商贸股份有限公司　　56 500
　　商品进销差价　　9 000

将来付款时，根据银行付款回单，账务处理为：

借：应付账款——长河商贸股份有限公司　　56 500
　　贷：银行存款　　56 500

依例 13–4，如果天源水果店向长河商贸股份有限公司签发了商业汇票并承兑，则根据商业汇票、发票和入库单，账务处理为：

借：库存商品——苹果　　24 000
　　　　　　——核桃　　35 000
　　应交税费——应交增值税（进项税额）　　6 500
　　贷：应付票据——长河商贸股份有限公司　　56 500
　　　　商品进销差价　　9 000

票据到期付款时，账务处理为：

借：应付票据——长河商贸股份有限公司　　56 500
　　贷：银行存款　　56 500

**3. 商品已入库，发票未收到，货款未付**

如果商品已验收入库，发票未收到，在当月可等到销货方开来发票后，再按上述办法处理。若到月末仍未开来发票并未付款，则应按销售价格暂且入账。

仍依例 13–4，如果至月末仍未开来发票并未付款，则根据入库单，账务处理为：

借：库存商品——苹果　　24 000
　　　　　　——核桃　　35 000
　　贷：应付账款——长河商贸股份有限公司　　50 000
　　　　商品进销差价　　9 000

下月收到发票并付款后，根据发票和转账付款凭证，账务处理为：

借：应付账款——长河商贸股份有限公司　　50 000
　　应交税费——应交增值税（进项税额）　　6 500
　　贷：银行存款　　56 500

**4. 预付货款购商品**

（1）预付货款。预付货款时，账务处理为：

借：预付账款（或应付账款）——供货商
　　贷：银行存款

（2）收到商品。收到供货商发来的商品后，冲销预付账款，根据发票、入库单，账务处理为：

借：库存商品——品名

应交税费——应交增值税（进项税额）

贷：预付账款（或应付账款）——供货商

商品进销差价

【例 13-5】天源水果店欲向宏达公司采购苹果 1 000 千克，单价 10 元 / 千克，增值税为 1 300 元。预付宏达公司货款 11 300 元。15 日后，收到宏达公司发来的苹果和发票。苹果售价为 13 元 / 千克。

预付货款时，账务处理为：

| | | |
|---|---|---|
| 借：预付账款（或应付账款）——宏达公司 | 11 300 | |
| 贷：银行存款 | | 11 300 |

收到苹果和发票时，账务处理为：

| | | |
|---|---|---|
| 借：库存商品——苹果 | 13 000 | |
| 应交税费——应交增值税（进项税额） | 1 300 | |
| 贷：预付账款（或应付账款）——宏达公司 | | 11 300 |
| 商品进销差价 | | 3 000 |

依例 13-5，如果先预付了 50% 的价款 5 000 元，货到后再付余款。

预付货款时，账务处理为：

| | | |
|---|---|---|
| 借：预付账款（或应付账款）——宏达公司 | 5 000 | |
| 贷：银行存款 | | 5 000 |

收到商品和发票时，账务处理为：

| | | |
|---|---|---|
| 借：库存商品——苹果 | 13 000 | |
| 应交税费——应交增值税（进项税额） | 1 300 | |
| 贷：预付账款（或应付账款）——宏达公司 | | 5 000 |
| 银行存款 | | 6 300 |
| 商品进销差价 | | 3 000 |

### （二）增值税小规模纳税人的账务处理

小规模纳税人采购商品不计进项增值税，其余处理与一般纳税人相同。

【例 13-6】华兴电器商店为小规模纳税人，购入明远工业有限责任公司（简称明远公司）电连接器 500 只，单价 20 元 / 只，已验收入库，已转账付款。电连接器每只售价为 25 元。收到普通发票。

账务处理为：

| | | |
|---|---|---|
| 借：库存商品——电连接器 | 12 500 | |
| 贷：银行存款 | | 10 000 |

商品进销差价 2 500

如果货款未付，则根据发票和入库单，账务处理为：

借：库存商品——电连接器 12 500

贷：应付账款——明远公司 10 000

商品进销差价 2500

日后付款时，根据银行付款回单，账务处理为：

借：应付账款——明远公司 10 000

贷：银行存款 10 000

假如到月末明远公司仍未开来发票，则根据入库单和销售价格入账，账务处理为：

借：库存商品——电连接器 12 500

贷：应付账款——明远公司 10 000

商品进销差价 2500

下月开来发票并付款后，再根据发票和付款凭证，账务处理为：

借：应付账款——明远公司 10 000

贷：银行存款 10 000

依例 13-6，假定企业先预付明远公司全部货款，10 日后收到商品和发票。

根据预付款凭证，账务处理为：

借：预付账款（或应付账款）——明远公司 10 000

贷：银行存款 10 000

收到商品和发票后，根据发票和入库单，账务处理为：

借：库存商品——电连接器 12 500

贷：预付账款（或应付账款）——明远公司 10 000

商品进销差价 2500

依例 13-6，若企业先预付了 50% 的货款 5 000 元，货到后支付余款。

预付货款时，根据预付款凭证，账务处理为：

借：预付账款（或应付账款）——明远公司 5 000

贷：银行存款 5 000

收到商品和发票后，根据发票、入库单和付余款凭证，账务处理为：

借：库存商品——电连接器 12 500

贷：预付账款（或应付账款）——明远公司 5 000

银行存款 5 000

商品进销差价 2500

## 二、商品销售的账务处理

### （一）商品销售收入和销售成本的账务处理

按售价核算的商品销售收入与前述按进价核算的原理相同。

账务处理为：

借：银行存款（含税销售收入）

　　贷：主营业务收入（不含税销售额）

　　　　应交税费——应交增值税（销项税额）（销项增值税额）

同时，按与含税销售收入相同的金额结转商品销售成本。账务处理为：

借：主营业务成本（含税销售收入）

　　贷：库存商品——甲商品（含税销售额）

　　　　　　　　——乙商品（含税销售额）

　　　　　　　　……

【例 13-7】仍沿用例 13-6，采用售价核算形式，该家电零售商业企业 20×× 年 8 月 5 日销售日报表见表 13-1，经销的商品适用增值税税率为 13%。

不含税销售额 =25 000/（1+13%）≈22 123.89（元）

销项增值税额 =22 123.89×13%≈2 876.11（元）

根据表 13-1 和银行收款回单，账务处理为：

| | | |
|---|---|---|
| 借：银行存款 | 25 000 | |
| 　　贷：主营业务收入 | | 22 123.89 |
| 　　　　应交税费——应交增值税（销项税额） | | 2 876.11 |
| 借：主营业务成本 | 25 000 | |
| 　　贷：库存商品——电饭锅 | | 3 000 |
| 　　　　　　　　——电热壶 | | 1 800 |
| 　　　　　　　　——电暖器 | | 2 500 |
| 　　　　　　　　——微波炉 | | 4 000 |
| 　　　　　　　　——高压锅 | | 2 000 |
| 　　　　　　　　——豆浆机 | | 3 000 |
| 　　　　　　　　——电磁炉 | | 2 400 |
| 　　　　　　　　——电吹风 | | 700 |
| 　　　　　　　　——电熨斗 | | 1 600 |
| 　　　　　　　　——洗衣机 | | 4 000 |

对于小规模纳税人，平时销售也可按含税销售收入记账，月末汇总计算应纳增值

税，调整主营业务收入。

账务处理为：

平时：借：银行存款

贷：主营业务收入（含税销售收入）

借：主营业务成本（含税销售收入）

贷：库存商品——商品名称（含税销售额）

月末：不含税销售额 = 含税销售收入 /（1+ 征收率）

应纳增值税 = 不含税销售额 × 征收率

借：主营业务收入（应纳增值税）

贷：应交税费——应交增值税

【例 13-8】某小规模纳税人商店 8 月 30 日商品销售收入为 2 000 元，销售款存入银行。本月销售收入合计 50 000 元。当年增值税征收率为 1%。采用售价核算形式。

根据 8 月 30 日销售日报表和销售款银行收款回单，账务处理为：

借：银行存款 2 000

贷：主营业务收入 2 000

借：主营业务成本 2 000

贷：库存商品 2 000

月末，计算本月应纳增值税，进行账务处理：

不含税销售额 =50 000/（1+1%）≈49 504.95（元）

应纳增值税 =49 504.95 × 1%≈495.05（元）

借：主营业务收入 495.05

贷：应交税费——应交增值税 495.05

### （二）月末商品销售成本调整的账务处理

在售价核算形式下，平时结转商品销售成本是按与销售收入相同的售价金额记账的，并不是商品的进价成本。这样，就需要在月末对已结转的销售成本进行调整，减除其中的进销差价，使其还原为进价成本。方法是通过计算当月商品进销差价率，以原商品销售成本乘以进销差价率，即可计算出原商品销售成本中包含的进销差价，然后从主营业务成本中转出，同时结转商品进销差价。

计算方法如下：

当月商品进销差价率 =（商品进销差价月初余额 + 本月商品进销差价贷方发生额）/（库存商品月初余额 + 本月商品购进额）

本月商品销售成本中包含的进销差价额 = 本月商品销售成本总额 × 当月商品进销差价率

账务处理为：

借：商品进销差价

　　贷：主营业务成本（销售成本中包含的进销差价额）

【例 13–9】某零售商业企业采用售价核算形式，20×× 年 8 月已结转的销售成本合计为 500 000 元，本月库存商品、商品进销差价两个总账账户记录如图 13–2、图 13–3 所示。

## 总　分　类　账

账户：库存商品

| 年 | | 凭证编号 | 摘　要 | 借　方 | | | | | | | | | | 贷　方 | | | | | | | | | | 余　额 | | | | | | | | | |
|---|---|---|---|---|---|---|---|---|---|---|---|---|---|---|---|---|---|---|---|---|---|---|---|---|---|---|---|---|---|---|---|---|---|
| 月 | 日 | | | 千 | 百 | 十 | 万 | 千 | 百 | 十 | 元 | 角 | 分 | 千 | 百 | 十 | 万 | 千 | 百 | 十 | 元 | 角 | 分 | 千 | 百 | 十 | 万 | 千 | 百 | 十 | 元 | 角 | 分 |
| 8 | | | 月初余额 | | | | | | | | | | | | | | | | | | | | | | | 2 | 5 | 0 | 0 | 0 | 0 | 0 | 0 |
| 8 | 2 | 5 | 购进 | | | 2 | 0 | 0 | 0 | 0 | 0 | 0 | 0 | | | | | | | | | | | | | | | | | | | | |
| 8 | 10 | 16 | 销售 | | | | | | | | | | | | | 1 | 5 | 0 | 0 | 0 | 0 | 0 | 0 | | | | | | | | | | |
| 8 | 20 | 25 | 销售 | | | | | | | | | | | | | 2 | 0 | 0 | 0 | 0 | 0 | 0 | 0 | | | | | | | | | | |
| 8 | 25 | 31 | 购进 | | | 2 | 5 | 0 | 0 | 0 | 0 | 0 | 0 | | | | | | | | | | | | | | | | | | | | |
| 8 | 30 | 48 | 销售 | | | | | | | | | | | | | 1 | 5 | 0 | 0 | 0 | 0 | 0 | 0 | | | | | | | | | | |
| | | | | | | | | | | | | | | | | | | | | | | | | | | | | | | | | | |
| | | | | | | | | | | | | | | | | | | | | | | | | | | | | | | | | | |
| | | | | | | | | | | | | | | | | | | | | | | | | | | | | | | | | | |

图 13–2　总分类账（库存商品）

## 总　分　类　账

账户：商品进销差价

| 年 | | 凭证编号 | 摘　要 | 借　方 | | | | | | | | | | 贷　方 | | | | | | | | | | 余　额 | | | | | | | | | |
|---|---|---|---|---|---|---|---|---|---|---|---|---|---|---|---|---|---|---|---|---|---|---|---|---|---|---|---|---|---|---|---|---|---|
| 月 | 日 | | | 千 | 百 | 十 | 万 | 千 | 百 | 十 | 元 | 角 | 分 | 千 | 百 | 十 | 万 | 千 | 百 | 十 | 元 | 角 | 分 | 千 | 百 | 十 | 万 | 千 | 百 | 十 | 元 | 角 | 分 |
| 8 | | | 月初余额 | | | | | | | | | | | | | | | | | | | | | | | | 5 | 0 | 0 | 0 | 0 | 0 | |
| 8 | 2 | 5 | 购进 | | | | | | | | | | | | | | 3 | 8 | 0 | 0 | 0 | 0 | 0 | | | | | | | | | | |
| 8 | 25 | 31 | 购进 | | | | | | | | | | | | | | 4 | 5 | 0 | 0 | 0 | 0 | 0 | | | | | | | | | | |
| | | | | | | | | | | | | | | | | | | | | | | | | | | | | | | | | | |
| | | | | | | | | | | | | | | | | | | | | | | | | | | | | | | | | | |
| | | | | | | | | | | | | | | | | | | | | | | | | | | | | | | | | | |
| | | | | | | | | | | | | | | | | | | | | | | | | | | | | | | | | | |
| | | | | | | | | | | | | | | | | | | | | | | | | | | | | | | | | | |
| | | | | | | | | | | | | | | | | | | | | | | | | | | | | | | | | | |

图 13–3　总分类账（商品进销差价）

根据账户记录，计算如下：

本月商品进销差价率 =（50 000+38 000+45 000）/（250 000+200 000+250 000）=19%

本月商品销售成本中包含的进销差价额 =500 000 × 19% =95 000（元）

原始凭证见表 13–3。

**表 13–3　结转商品进销差价计算表**

20× × 年 8 月　　　　单位：元

| 账户 | 商品进销差价 | 库存商品 |
|---|---|---|
| 月初余额 | 50 000.00 | 250 000.00 |
| 本月购进 | 83 000.00 | 450 000.00 |
| 合计 | 133 000.00 | 700 000.00 |
| 进销差价率 | 19% | |
| 已结转的销售成本 | 500 000.00 | |
| 应结转的进销差价额 | 95 000.00 | |

根据表 13–3，账务处理为：

借：商品进销差价　　95 000

　　贷：主营业务成本　　95 000

月末销售成本调整，一般纳税人和小规模纳税人均按上述方法进行计算和账务处理。

## 三、库存商品盘点清查的账务处理

在售价核算形式下，库存商品盘点清查的核算方法与工业企业基本相同，不同之处是需要结转商品进销差价。

账务处理方法为：

盘盈：借：库存商品——某商品（售价金额）

　　　　贷：商品进销差价（进销差价）

　　　　　　待处理财产损溢（进价金额）

盘亏：借：待处理财产损溢（进价金额）

　　　　　商品进销差价（进销差价）

　　　　贷：库存商品——某商品（售价金额）

【例 13–10】某零售商业企业 7 月末库存商品清查的盘存表见表 13–4。查明原因后经理批准的处理意见如图 13–4 所示，企业未对商品仓库保险。该企业为增值税一般纳税人。

**表 13-4　库存商品盘存表**

20×× 年 7 月 31 日　　　　单位：元

| 品名 | 单位 | 账存数 | 实存数 | 盘盈 | | | 盘亏 | | |
|---|---|---|---|---|---|---|---|---|---|
| | | | | 数量 | 售价 | 进价 | 数量 | 售价 | 进价 |
| A 商品 | 件 | 500 | 495 | | | | 5 | 16.00 | 12.00 |
| B 商品 | 只 | 800 | 790 | | | | 10 | 5.00 | 4.00 |
| C 商品 | 个 | 200 | 202 | 2 | 10.00 | 8.00 | | | |
| D 商品 | 个 | 100 | 96 | | | | 4 | 15.00 | 10.00 |
| E 商品 | 米 | 300 | 301 | 1 | 15.00 | 10.00 | | | |
| F 商品 | 个 | 1 000 | 900 | | | | 100 | 4.00 | 3.00 |
| G 商品 | 个 | 600 | 600 | | | | | | |
| 合计 | — | — | — | — | — | — | — | — | — |

**关于 7 月末库存商品清查结果的处理意见**

1. C、E 商品盘盈属正常溢余；
2. B、D 商品盘亏属正常损耗；
3. A 商品盘亏属于库管员赵亮的责任，应赔偿；
4. F 商品盘亏为被盗所致，按非常损失处理。

总经理：张少华

20××.8.10

**图 13-4　处理意见**

根据盘存表（原始凭证），账务处理为：

借：库存商品——C 商品　　20

　　　　　　——E 商品　　15

　贷：商品进销差价　　9

　　　待处理财产损溢　　26

借：待处理财产损溢　　440

　　商品进销差价　　150

　贷：库存商品——A 商品　　80

——B 商品　50

——D 商品　60

——F 商品　400

处理盘盈盘亏的账务处理为：

借：待处理财产损溢　26

　　贷：营业外收入　26

借：其他应收款——赵亮　67.8（60+60×13%）

　　营业外支出　419（40+40+300+300×13%）

　　贷：待处理财产损溢　440

　　　　应交税费——应交增值税（进项税额转出）　46.8（360×13%）

## 四、商品调价的账务处理

在售价核算形式下，若商品售价调整，就要调整库存商品账户，同时还要调整商品进销差价账户。账务处理如下：

**1. 售价调高**

借：库存商品——某商品（调价商品数量 × 售价调高额）

　　贷：商品进销差价

**2. 售价调低**

借：商品进销差价

　　贷：库存商品——某商品（调价商品数量 × 售价调低额）

【例 13-11】某零售商业企业采用售价核算形式，8 月 12 日，决定对现存 200 件甲商品的售价下调 1.50 元，100 件乙商品的售价上调 0.50 元。调价通知单见表 13-5。

**表 13-5　商品调价通知单**

20××年 8 月 12 日　　单位：元

| 品名 | 原售价 | 调整后售价 | 调价金额 |
|---|---|---|---|
| 甲商品 | 18.00 | 16.50 | -1.50 |
| 乙商品 | 10.00 | 10.50 | 0.50 |

根据调价通知单，账务处理为：

借：商品进销差价　300

　　贷：库存商品——甲商品　300

借：库存商品——乙商品　50

　　贷：商品进销差价　50

# 第三节　物料用品的核算

## 一、物料用品的范围

商业企业的物料用品是指用于业务经营、商品一次性包装、设备维修、劳动保护、办公、保洁等方面的材料、物品、燃料、药剂、包装袋及捆扎材料等。这些物料用品是保证企业经营活动不可缺少的物质条件。

物料用品的核算是通过周转材料账户进行的。它是资产类账户，用来核算企业除包装物、低值易耗品和在建工程用的工程物资以外的各种材料、用品的收、发、存情况。

## 二、物料用品购进的账务处理

物料用品购进的核算，与工业企业原材料购进相同。根据购货发票、入库单、付款凭证等原始凭证，一般纳税人的账务处理为：

借：周转材料——品名（价款）

　　应交税费——应交增值税（进项税额）（增值税）

　　贷：银行存款或应付账款（价税合计）

【例 13-12】某商业企业购入水电维修用材料一批，取得增值税专用发票，价款金额 2 000 元，增值税 260 元，货款以银行存款支付。

账务处理为：

| | | |
|---|---|---|
| 借：周转材料——电料 | 1 000 | |
| 　　　　　　——水阀 | 1 000 | |
| 　　应交税费——应交增值税（进项税额） | 260 | |
| 　　贷：银行存款 | | 2 260 |

如果一般纳税人和小规模纳税人购进物料用品取得的是普通发票，则按发票价税合计金额记账，不记增值税。账务处理为：

借：周转材料——品名（发票价税合计金额）

贷：银行存款或应付账款

【例 13-13】某小规模纳税人商业企业购入打包带一批，普通发票价税合计金额 500 元，货款以转账支付。

账务处理为：

借：周转材料——打包带　　500

　　贷：银行存款　　500

如果购进物料用品的数量较少，随买随用、不入库的情况下，可以根据发票和付款凭证，直接计入费用。账务处理为：

借：管理费用或销售费用

贷：银行存款或库存现金

## 三、物料用品领用的账务处理

领用物料用品时，原始凭证为出库单，价格按个别计价法或加权平均法确定。根据用途，属于销售活动使用的，计入销售费用；属于行政管理活动使用的，计入管理费用。

账务处理为：

借：管理费用或销售费用

　　贷：周转材料——品名

【例 13-14】天源水果店营业场所水电维修领用水电材料，按个别计价法计价，出库单如图 13-5 所示。

**实 物 出 库 凭 证**

领物单位：后勤部　　20××年8月16日　　字第 3 号

| 品名 | 数量 | 单位 | 单价 | 金额 | | | | | | | | | 备注 |
|---|---|---|---|---|---|---|---|---|---|---|---|---|---|
| | | | | 百 | 十 | 万 | 千 | 百 | 十 | 元 | 角 | 分 | |
| 灯管 | 5 | 支 | 10 | | | | | | 5 | 0 | 0 | 0 | |
| 水阀 | 4 | 件 | 25 | | | | | 1 | 0 | 0 | 0 | 0 | |
| | | | | | | | | | | | | | |
| 合计 | 壹佰伍拾元整 | | | | | | | | | | | | 150.00元 |

负责人：　　会计：　　保管：王伟　　领物人：马建国

图 13-5　实物出库凭证

账务处理为：

借：销售费用　　150

　　贷：周转材料——灯管　　50

　　　　　　　——水阀　　100

零售商业企业销售费用和销售税金的核算与批发商业企业相同。核算方法参见第十二章第三节“销售费用和销售税金的账务处理”。

# 练习题

**1. 移动通信商场为增值税一般纳税人，采用进价核算方式，商品销售业务的原始凭证信息如下，作出各项业务的账务处理。**

（1）销售日报表（表 13–6）：

**表 13–6　销售日报表**

20×× 年 9 月 10 日

| 品名 | 销售量（部） | 销售单价（元 / 部） | 销售额（元） |
|---|---|---|---|
| 飞利浦 | 50 | 100 | 5 000 |
| 天翼 | 60 | 150 | 9 000 |
| 中兴 | 30 | 300 | 9 000 |
| 合计 | — | — | 23 000 |

银行收款回单：收款人移动通信商场，销售款 23 000 元。

（2）9 月份销售成本计算表（表 13–7）（需计算填写表中数字）：

**表 13–7　商品销售成本计算表**

20×× 年 9 月

| 品名 | 销售量合计（部） | 平均单位进价（元 / 部） | 销售成本（元） |
|---|---|---|---|
| 飞利浦 | 1 300 | 80 | |
| 天翼 | 2 000 | 100 | |
| 中兴 | 1 000 | 200 | |
| 合计 | — | — | |

**2. 红星粮油店为增值税小规模纳税人，采用进价核算形式，9 月份总销售额为 52 000 元。计算本月应交增值税，进行账务处理。**

**3. 电信商城为增值税一般纳税人，采用售价核算形式，商品购、销、存业务的原始凭证信息如下，作出各项业务的账务处理。**

（1）增值税专用发票：购买方电信商城，天翼手机 600 部，单价 200 元 / 部，金额 120 000 元，增值税 15 600 元。

入库单：天翼手机 600 部，单价 300 元 / 部，金额 180 000 元。

银行付款回单：付款人电信商城，货款 135 600 元。

（2）增值税专用发票：购买方电信商城，销售方中人通信公司，中兴手机 100 部，单价 100 元 / 部，金额 10 000 元，增值税 1 300 元。

入库单：中兴手机 100 部，单价 150 元 / 部，金额 15 000 元。

（3）银行付款回单：付款人电信商城，收款人中人通信公司。货款 11 300 元。

（4）销售日报表（表 13–8）：

**表 13–8　销售日报表**

20×× 年 9 月 10 日

| 品名 | 销售量（部） | 销售单价（元 / 部） | 销售额（元） |
|---|---|---|---|
| 飞利浦 | 50 | 100 | 5 000 |
| 中兴 | 60 | 150 | 9 000 |
| 天翼 | 30 | 300 | 9 000 |
| 合计 | — | — | 23 000 |

银行收款入账通知：商品销售款 23 000 元。

（5）根据总分类账数据，计算商品进销差价率，并填写表 13–9 中数字，进行账务处理。

总分类账：

库存商品账户，月初余额 450 000 元，购进 500 000 元。

商品进销差价账户，月初余额 180 000 元，购进 200 000 元。

主营业务成本账户，本月已结转销售成本 70 000 元。

**表 13–9　结转商品进销差价率计算表**　　单位：元

| 账户 | 商品进销差价 | 库存商品 |
|---|---|---|
| 月初余额 | | |
| 本月购进 | | |
| 合计 | | |
| 进销差价率 | | |
| 已结转的销售成本 | | |
| 应结转的进销差价额 | | |

（6）根据库存商品盘存表（表 13–10）进行账务处理。

**表 13–10　库存商品盘存表**　　单位：元

| 品名 | 单位 | 账存数 | 实存数 | 盘盈 | | | | | 盘亏 | | | | |
|---|---|---|---|---|---|---|---|---|---|---|---|---|---|
| | | | | 数量 | 售价 | 售价金额 | 进价 | 进价金额 | 数量 | 售价 | 售价金额 | 进价 | 进价金额 |
| 飞利浦 | 部 | 500 | 502 | 2 | 100 | 200 | 50 | 100 | | | | | |
| 天翼 | 部 | 800 | 790 | | | | | | 10 | 300 | 3 000 | 200 | 2 000 |
| 中兴 | 部 | 600 | 600 | | | | | | | | | | |
| 合计 | — | — | — | — | — | 200 | — | 100 | — | — | 3 000 | — | 2 000 |

（7）关于库存商品清查结果的处理意见：

飞利浦盘盈属收货点验不准，为正常溢余；

天翼盘亏属工作差错，属于库管员吴文华的责任，应赔偿。

（8）根据商品调价通知单（表 13–10）进行账务处理。

**表 13–11　商品调价通知单**

20×× 年 9 月 16 日

| 品名 | 库存量（部） | 原售价（元） | 调整后售价（元） | 调价金额（元 / 部） |
|---|---|---|---|---|
| 飞利浦 | 100 | 100.00 | 90.00 | –10.00 |
| 中兴 | 200 | 150.00 | 170.00 | 20.00 |

**4. 红星粮油店为增值税小规模纳税人，采用售价核算形式，商品购销业务的原始凭证信息如下，作出账务处理。**

（1）普通发票：菜籽油 500 千克，含税单价 14 元 / 千克，金额 7 000 元。

入库单：菜籽油 500 千克，单价 16 元 / 千克，金额 8 000 元。

银行付款回单：菜籽油货款 7 000 元。

（2）根据销售日报表（表 13–12）进行账务处理。

**表 13–12　销售日报表**

20×× 年 9 月 20 日

| 品名 | 销售量（千克） | 销售单价（元 / 千克） | 销售额（元） |
|---|---|---|---|
| 菜籽油 | 20 | 16.0 | 320 |
| 面粉 | 700 | 3.5 | 2 450 |
| 大米 | 400 | 4.0 | 1 600 |

续表

| 品名 | 销售量（千克） | 销售单价（元/千克） | 销售额（元） |
| --- | --- | --- | --- |
| 挂面 | 30 | 4.0 | 120 |
| 合计 | — | — | 4 490 |

银行收款回单：商品销售款 4 490 元。

（3）销售汇总表：本月销售额合计 120 000 元。

计算结转应交增值税。

（4）商品进销差价率计算表：本月进销差价率 10%。

# 第十四章

# 餐饮、旅店服务企业的会计核算

会计从业人员不得从事提供虚假财务会计报告，做假账，隐匿或者故意销毁会计凭证、会计账簿、财务会计报告，贪污，挪用公款，职务侵占等与会计职务有关的违法行为。

餐饮、旅店服务企业包括：旅馆、饭馆、宾馆、饭店、酒店、招待所、会馆、娱乐业和洗浴业等。这类企业的经营业务为提供服务，没有生产活动。因此，这类企业的会计核算没有生产成本核算业务，除了营业收入、营业成本和营业费用业务外，其余会计业务与工业企业相同。所以本章只介绍营业收入、营业成本和营业费用业务的核算，其他业务不再赘述。本章只讲述常用的一般纳税人的账务处理。

# 第一节　营业收入和营业成本业务的账务处理

## 一、营业收入业务的账务处理

餐饮、旅店服务企业营业收入的内容包括：

（1）饭店、酒店和宾馆等的餐饮收入和客房住宿费收入。

（2）娱乐业和洗浴业等的收费收入。

由于餐饮、旅店服务企业提供服务一般不开发票或者开具普通发票，所以营业收入销售额为含增值税的销售额，因此，需要将含税销售额换算为不含税销售额和销项增值税额两部分，换算方法如下：

不含税销售额 = 含税销售额 /（1+6%）

销项增值税 = 不含税销售额 ×6%

取得营业收入的账务处理为：

借：银行存款或库存现金（合计金额）

　　贷：主营业务收入（不含税销售额）

　　　　应交税费——应交增值税（销项税额）（销项增值税）

若客户未能当即付款，账务处理为：

借：应收账款——某客户

　　贷：主营业务收入

　　　　应交税费——应交增值税（销项税额）

【例 14-1】长城饭店承办一次宴会，价款收入 5 300 元，款已收到入账。

不含税销售额 =5 300/（1+6%）=5 000（元）

销项增值税 =5 000×6%=300（元）

根据增值税专用发票和银行收款回单，账务处理为：

借：银行存款　　5 300

　　贷：主营业务收入　　5 000

应交税费——应交增值税（销项税额） 300

## 二、营业成本业务的账务处理

营业成本是指为提供服务劳务而发生的直接成本，主要包括以下几方面的内容：餐饮原料支出；客房服务用品支出；娱乐业、洗浴业的食品、酒水、音像制品、药料和水费等的支出。

### （一）餐饮原料和饮料支出

**1. 购入餐饮原料和饮料时的账务处理**

（1）购入餐饮原料，取得增值税专用发票，若为可储存的面粉、大米、食用油、干菜、调料和饮料等且数量较多的，应先入库，然后再领用。

【例 14-2】长城饭店购入大米 200 千克，取得增值税专用发票，金额 400 元，增值税 52 元。转账支付，入库待用。

购买时根据发票、入库单和银行付款回单，账务处理为：

借：原材料——大米 400

应交税费——应交增值税（进项税额） 52

贷：银行存款 452

（2）如果购入材料数量不多，直接使用的，取得增值税专用发票时，也可以直接记入主营业务成本科目，账务处理为：

借：主营业务成本

应交税费——应交增值税（进项税额）

贷：银行存款或库存现金

若购入材料取得的是普通发票或者小额收据，则按价税合计金额记入原材料或主营业务成本科目，不记入应交增值税科目。

（3）购入蔬菜、肉、鱼和蛋等不可长时间储存的鲜活免税农产品，直接使用时，可直接记入主营业务成本科目。取得发票的，按照农产品收购发票或者销售发票上注明的农产品买价和 9% 的扣除率计算的进项税额，账务处理为：

借：主营业务成本（总买价 ×91%）

应交税费——应交增值税（进项税额）（总买价 ×9%）

贷：库存现金或银行存款（总买价）

以上账务处理，若为赊购，则贷记应付账款科目。

【例 14-3】长城饭店承办一次宴会，从个体食品商店购入粉丝 50 元、蔬菜 200 元、肉 500 元、鱼 300 元，直接使用，以现金支付。

根据普通发票和现金付出凭证，账务处理为：

借：主营业务成本　　1 050

　　贷：库存现金　　1 050

**2. 领用餐饮原料和饮料时的账务处理**

对于先入库再领用的可储存原料，领用时，要办理领料手续。根据领料单或领料登记表，月末汇总记账。

【例 14-4】长城饭店当月领料汇总表见表 14-1。

**表 14-1　领料汇总表**

| 品名 | 单位 | 数量 | 单价 | 金额（元） |
| --- | --- | --- | --- | --- |
| 面粉 | 千克 | 100 | 2.0 元 / 千克 | 200 |
| 大米 | 千克 | 200 | 2.0 元 / 千克 | 400 |
| 菜油 | 千克 | 50 | 8.0 元 / 千克 | 400 |
| 调料 | 瓶 | 20 | 2.0 元 / 瓶 | 40 |
| 合计 | — | — | — | 1 040 |

根据领料汇总表，账务处理为：

借：主营业务成本　　1 040

　　贷：原材料——面粉　　200

　　　　　　——大米　　400

　　　　　　——菜油　　400

　　　　　　——调料　　40

## （二）客房用品支出

**1. 购入客房用品时的账务处理**

客房用品包括：①床上用品，如被褥、被套、毛毯、床单、枕芯和枕巾等。②洗漱用品，如牙刷、牙膏、梳子和肥皂等。③洗浴用品，如沐浴液、洗发液、毛巾、浴巾和一次性拖鞋等。④其他用品，如卫生纸、茶叶、口杯、电热壶和热水瓶等。

购入时的账务处理为：

借：周转材料——名称

　　应交税费——应交增值税（进项税额）

　　贷：银行存款

【例 14-5】福瑞宾馆购入一批客房床上用品，其中毛毯 50 条，单价为 50 元 / 条；棉被 50 条，单价为 100 元 / 条；床单 100 件，单价为 20 元 / 件；增值税 1 235 元。已办理了入库手续，货款已转账支付。

根据增值税专用发票、入库单和付款凭证，账务处理为

借：周转材料——毛毯　　2 500

——棉被　　5 000
——床单　　2 000
应交税费——应交增值税（进项税额）　　1 235
贷：银行存款　　10 735

**2. 领用客房用品时的账务处理**

领用客房用品时，对于一次性用品（洗漱用品、茶叶、沐浴液、洗发液、一次性拖鞋和卫生纸等）和使用寿命不超过 1 年的床上用品（如床单、枕巾和被套等），以及价值较小的消耗品（如口杯、毛巾和热水瓶等），可直接记入主营业务成本科目；对于使用寿命超过 1 年且价值较大的用品（如被褥、毛毯等），应先记入长期待摊费用科目，然后再分期摊销记入主营业务成本科目。

【例 14-6】福瑞宾馆客房某月领用一次性洗漱用品 500 元、一次性洗浴用品 400 元、卫生纸 200 元、茶叶 100 元和口杯 300 元。

根据出库单或领用登记表，账务处理为：

借：主营业务成本　　1 500
贷：周转材料——洗漱用品　　500
——洗浴用品　　400
——卫生纸　　200
——茶叶　　100
——口杯　　300

【例 14-7】福瑞宾馆本月从库房领出被褥 2 000 元、毛毯 3 000 元。

根据出库单，账务处理为：

借：长期待摊费用——被褥毛毯　　5 000
贷：周转材料——被褥　　2 000
——毛毯　　3 000

如果按 3 年分月摊销，每月摊销额为 $5\,000 \div 3 \div 12 \approx 139$（元）。每月摊销时，根据摊销计算单，账务处理为：

借：主营业务成本　　139
贷：长期待摊费用——被褥毛毯　　139

### （三）娱乐、洗浴等其他服务业的服务支出

娱乐、洗浴等其他服务企业的食品、茶水、音像制品和药料等，一般是现购现用，购买时直接记入主营业务成本科目；洗浴业的水费和其他服务业的服务费用在支付时记入主营业务成本科目。根据增值税专用发票和付款凭证，账务处理为：

借：主营业务成本

应交税费——应交增值税（进项税额）

贷：银行存款或库存现金

【例 14-8】某茶社购入茶叶 100 元、音乐光盘 50 元和小食品 100 元，发票增值税 32.5 元。以现金支付。

根据购货发票和现金付出凭证，账务处理为：

借：主营业务成本　　250

应交税费——应交增值税（进项税额）　　32.5

贷：库存现金　　282.5

# 第二节　营业费用的账务处理

营业费用是指营业活动的间接费用，包括营业人员薪酬、营业用固定资产折旧费、燃料费、工具用具消耗、水电费、广告宣传费、服装费、维修费、保险费、清洁工具费、洗涤用品和消毒用品费等。

## 一、营业人员薪酬

营业人员包括客房和餐厅服务员、吧员、接待员、厨师、收银员和导游等，薪酬包括工资、福利费、职工教育经费及社会保险费等。

【例 14-9】长城饭店当月营业人员工资 20 000 元，管理人员工资 10 000 元，按 14% 提取职工福利费，按 2.5% 计提职工教育经费，按 20% 计提应缴社会保险费。

工资结算表的样式与第六章中的相同，职工福利费、职工教育经费和社会保险费计提表的样式与第六章中的相同。

### （一）结算工资（含津贴、奖金）

根据工资结算表，账务处理为：

借：销售费用　　20 000

管理费用　　10 000

贷：应付职工薪酬——工资　　30 000

### （二）计提职工福利费、职工教育经费和社会保险费

根据职工福利费、职工教育经费和社会保险费计提表，账务处理为：

借：销售费用　　7 300

　　管理费用　　3 650

　　贷：应付职工薪酬——职工福利费　　4 200

　　　　　　　　　　——职工教育经费　　750

　　　　　　　　　　——社会保险费　　6 000

## 二、营业用固定资产折旧费

营业用固定资产包括营业用房屋、汽车、冰箱、空调机、电视机、音响设备、灯具、吸尘器、洗衣机、消毒柜、油烟机、餐桌椅和床等，其折旧费计入营业费用。如果营业用房与办公用房连为一体，且办公用房面积较小时，为了简化核算，办公用房的折旧费也可一并计入营业费用。

【例 14–10】长城饭店本月各项营业用固定资产计提的折旧费为 3 000 元，管理用固定资产折旧费为 1 000 元，折旧计提表的样式与第四章第四节中的相同。

根据折旧计提表，账务处理为：

借：销售费用　　3 000

　　管理费用　　1 000

　　贷：累计折旧　　4 000

## 三、燃料费

燃料费是指饭店烧菜和客房供热水、暖气的锅炉耗用燃料的费用，包括煤和气体燃料消耗。

【例 14–11】长城饭店本月天然气费 1 500 元、增值税 135 元，转账支付。

根据发票和银行付款回单，账务处理为：

借：销售费用　　1 500

　　应交税费——应交增值税（进项税额）　　135

　　贷：银行存款　　1 635

## 四、工具、用具消耗

工具、用具包括炊具、餐具、橱柜、灭火器和水电材料等。对于价值较小，使用寿命不超过 1 年的炊具、餐具和水电材料等，在购买时可直接记入营业费用科目；对于价值较大、使用寿命超过 1 年的橱柜和灭火器等，可分期摊销。

【例 14-12】长城饭店购买餐具 200 元、炊具 100 元，增值税 39 元，以现金支付。

根据发票和现金付出凭证，账务处理为：

借：销售费用 300

　　应交税费——应交增值税（进项税额） 39

　　贷：库存现金 339

【例 14-13】长城饭店购入灭火器 10 具，单价为 100 元 / 具，金额为 1 000 元，增值税为 130 元。以银行转账支付。灭火器使用寿命为 5 年。

购买时，根据发票和银行付款回单，账务处理为：

借：长期待摊费用——灭火器 1 000

　　应交税费——应交增值税（进项税额） 130

　　贷：银行存款 1 130

每年摊销时，账务处理为：

借：销售费用 200

　　贷：长期待摊费用——灭火器 200

## 五、水电费、广告宣传费、服装费、维修费、保险费、清洁工具费、洗涤用品和消毒用品费等

支付上述费用或购买工具用品时，根据增值税专用发票和付款凭证，账务处理为：

借：销售费用

　　应交税费——应交增值税（进项税额）

　　贷：银行存款或库存现金

# 练习题

**根据原始凭证信息，作出天宇饭店（设有餐饮部和客房部）本月下列经济业务的账务处理，天宇饭店为增值税一般纳税人。**

（1）普通发票记账联：宴席，金额 4 716.98，增值税 283.02，合计金额 5 000 元。

银行收款回单：宴席费 5 000 元。

（2）普通发票记账联（当日 10 张合计）：住宿费，金额 1 886.79 元，增值税 113.21 元，合计 2 000 元。

银行收款回单：收款人天宇饭店，金额 2 000 元。

（3）农产品收购发票：鸡、菜、鱼，金额 3 000 元。

银行付款回单：付购鸡、菜、鱼款，金额 3 000 元。

（4）出库单：面粉 100 元、大米 150 元、干菜 300 元、饮料 1 000 元。

（5）增值税专用发票：大米 100 千克，单价 10 元 / 千克，金额 1 000 元，增值税 130 元。

入库单：大米 100 千克，单价 10 元 / 千克，金额 1 000 元。

银行付款回单：大米款 1 130 元。

（6）增值税专用发票：牙刷牙膏 500 元、洗浴液 500 元、毛毯 2 000 元，增值税 390 元。

入库单：牙刷牙膏 500 元、洗浴液 500 元、毛毯 2 000 元。

银行付款回单：客房用品款，金额 3 390 元。

（7）客房用品领用汇总表：牙刷牙膏 100 元、洗浴液 150 元。

（8）出库单：毛毯 20 条，金额 2 000 元（分 4 年摊销）。

（9）本年毛毯费摊销。

（10）本月工资结算表：营业人员工资 60 000 元，管理人员工资 20 000 元。本月职工福利费、职工教育经费、社会保险费计提表:（分别按工资的 14%、2.5%、25% 计提）。

（11）折旧计提表：营业用固定资产折旧费 5 000 元，管理用固定资产折旧费 2 000 元。

（12）增值税专用发票：电费 1 000 元，增值税 130 元。

银行付款回单：电费 1 130 元。

（13）普通发票：洗涤剂、消毒液，金额合计 500 元。

银行付款回单：洗涤剂、消毒液款 500 元。

# 第十五章

## 运输企业的会计核算

会计从业人员对知悉的国家秘密、工作秘密、商业秘密、个人隐私、个人信息负有保密义务。

运输业包括公路运输、铁路运输、航空运输、船舶运输和管道运输。本章只介绍常用的公路（汽车）运输企业一般纳税人的会计核算。

运输企业没有产品生产活动，没有产品生产成本核算业务；没有销售业务，不设销售费用或营业费用科目。除营运收入、营运成本外，其余的会计处理与工业企业相同。

# 第一节　营运收入与营运成本业务的账务处理

## 一、营运收入业务的账务处理

运输企业的营运收入主要包括：

（1）货运收入，即从事货物运输取得的运费收入。

（2）客运收入，即从事旅客运输取得的售票收入和包车收入。

取得营运收入的账务处理为：

借：银行存款或应收账款

　　贷：主营业务收入

　　　　应交税费——应交增值税（销项税额）

【例 15-1】四达运输公司为诺信公司运货应收运费 1 000 元、增值税 90 元，发票已开，但本月末款项尚未收到。

根据增值税专用发票，账务处理为：

| | | |
|---|---|---|
| 借：应收账款——诺信公司 | 1 090 | |
| 　　贷：主营业务收入 | | 1 000 |
| 　　　　应交税费——应交增值税（销项税额） | | 90 |

【例 15-2】咸运公司为北方国际旅行社客车包车收入 5 000 元、增值税 450 元，开具增值税专用发票，款已收。

根据增值税专用发票和银行收款回单，账务处理为：

| | | |
|---|---|---|
| 借：银行存款 | 5 450 | |
| 　　贷：主营业务收入 | | 5 000 |
| 　　　　应交税费——应交增值税（销项税额） | | 450 |

客运售票收入，不开增值税专用发票，为含增值税收入，需换算为不含税的销售额和销项增值税两部分，换算方法如下：

不含税销售额 = 含增值税收入 /（1+ 税率）

销项增值税 = 不含税销售额 × 税率

【例 15-3】咸运公司某日客运售票收入 22 000 元，款已存银行。

不含税销售额 =22 000/（1+9%）≈20 183.49（元）

销项增值税 =20 183.49 × 9%≈1 816.51（元）

根据售票收入汇总表和银行收款回单，账务处理为：

借：银行存款　　22 000

　　贷：主营业务收入　　20 183.49

　　　　应交税费——应交增值税（销项税额）　　1 816.51

## 二、营运成本业务的账务处理

营运成本是指因从事运输业务而发生的成本，内容包括以下几方面。

（1）营运人员薪酬，是指司机、乘务员、售票员、修理工等人员的工资、津贴、奖金、职工福利费、职工教育经费和社会保险费等。

（2）营运固定资产折旧费，是指营运车辆、车库、售票厅、候车室、售票用计算机、装卸设备等的折旧费。

（3）车辆修理费。

（4）保险费，包括车辆保险、事故保险和司机人身保险。

（5）其他费用，包括过路费、过桥费、停车费、加油费、洗车费、审验费、司机劳动保护费、司机差旅费和交通违章罚款等。

发生营运成本的账务处理如下。

### （一）营运人员薪酬

【例 15-4】四达运输公司某月职工福利费、职工教育经费、社会保险费计提表见表 15-1。

**表 15-1　职工福利费、职工教育经费、社会保险费计提表**　　单位：元

| 职工类别 | 工资总额 | 福利费（14%） | 教育经费（2.5%） | 社会保险费（25%） | 合计 |
|---|---|---|---|---|---|
| 营运人员 | 50 000 | 7 000 | 1 250 | 12 500 | 70 750 |
| 管理人员 | 10 000 | 1 400 | 250 | 2 500 | 14 150 |
| 合计 | 60 000 | 8 400 | 1 500 | 15 000 | 84 900 |

根据工资结算表和表 15-1，账务处理为：

借：主营业务成本　　70 750

　　管理费用　　14 150

　　贷：应付职工薪酬——工资　　60 000

　　　　　　　　　　——职工福利费　　8 400

——职工教育经费　　1 500

——社会保险费　　15 000

### （二）营运固定资产折旧费

根据折旧计提表（样式与第四章中的相同），账务处理为：

借：主营业务成本（营运固定资产折旧费）

管理费用（管理用固定资产折旧费）

贷：累计折旧

### （三）车辆修理费

车辆修理费有外部修理和内部修理两种情况，账务处理也有所不同。

**1. 外部修理**

外部修理是指在外部汽车修理厂或修理部进行的修理，只需支付修理费。根据修理费发票和银行付款回单，账务处理为：

借：主营业务成本

应交税费——应交增值税（进项税额）

贷：银行存款或库存现金

**2. 内部修理**

内部修理是指运输公司内部修理工或司机进行的修理，内部修理主要是配件、润滑油和轮胎等的消耗。

【例 15–5】四达运输公司本月车辆修理耗用物资汇总表见表 15–2。

**表 15–2　车辆修理物资消耗汇总表**

| 品名 | 单位 | 消 耗 量 | 单价 | 金额（元） |
|---|---|---|---|---|
| 配件 A | 件 | 100 | 20 元 / 件 | 2 000 |
| 配件 B | 件 | 200 | 15 元 / 件 | 3 000 |
| 配件 C | 只 | 50 | 40 元 / 只 | 2 000 |
| 内 胎 | 条 | 30 | 50 元 / 条 | 1 500 |
| 外 胎 | 条 | 20 | 200 元 / 条 | 4 000 |
| 润滑油 | 千克 | 20 | 5 元 / 千克 | 100 |
| 润滑脂 | 千克 | 10 | 8 元 / 千克 | 80 |
| 合 计 | — | — | — | 12 680 |

根据表 15–2，账务处理为：

借：主营业务成本　　12 680

贷：原材料——配件 A　　2 000

——配件 B　　3 000

——配件 C　　2 000

——内胎　　1 500

——外胎　　4 000

——润滑油　　100

——润滑脂　　80

### （四）保险费

保险费包括车辆保险、事故保险和司机人身保险。根据保险费发票和银行付款回单，支付保险费的账务处理为：

借：主营业务成本

应交税费——应交增值税（进项税额）

贷：银行存款

### （五）事故净损失

事故净损失是指因道路交通事故造成车辆损坏修理的损失减去获得事故责任方和保险公司赔偿后的净额，不包括旅客人身伤亡的赔偿损失（计入营业外支出）。

【例 15-6】四达运输公司一车辆与捷达公司一车辆发生相撞事故，修车费 2 000 元、增值税 260 元。对方同意承担 60% 的责任，达成协议。

根据修理费发票、协议和银行付款回单，账务处理为：

借：主营业务成本　　800

其他应收款——捷达公司　　1 200

应交税费——应交增值税（进项税额）　　260

贷：银行存款　　2 260

【例 15-7】四达运输公司一车辆因自身责任发生交通事故，赔偿对方损失 5 000 元，已转账支付。之后根据保险合同获得保险公司理赔 4 000 元，款已到账。

赔偿对方损失时，根据对方开来的赔偿款收据和银行付款回单，账务处理为：

借：主营业务成本　　5 000

贷：银行存款　　5 000

收到保险公司理赔款时，根据银行收款回单和理赔单，账务处理为：

借：银行存款　　4 000

贷：主营业务成本　　4 000

### （六）加油费

支付加油费的账务处理为：

借：主营业务成本

应交税费——应交增值税（进项税额）

贷：银行存款或库存现金

### （七）过路费、过桥费、停车费、洗车费、审验费、司机劳动保护费、司机差旅费和交通违章罚款等

支付上述费用时，根据收据、发票、差旅费报销单等和付款凭证，账务处理为：

借：主营业务成本

　　贷：银行存款或库存现金

# 第二节　其他业务收支的账务处理

常见的汽车运输企业的其他业务，主要有车辆、房屋出租和对外修车业务。这些业务在取得收入的同时，也有相应的成本，这就是其他业务收支。

## 一、其他业务收入的账务处理

### （一）车辆、房屋出租收入

车辆、房屋出租取得租金收入的账务处理为：

借：银行存款（库存现金）或应收账款

　　贷：其他业务收入

　　　　应交税费——应交增值税（销项税额）

【例 15-8】四达运输公司本月门面房出租应收租金 2 000 元、增值税 180 元，转账收款；将一辆汽车租给华旅旅行社，本月应收租金 30 00 元、增值税 390 元，发票已开出，款已收。

根据开具的房屋租金发票记账联和银行收款回单，账务处理为：

| | | |
|---|---|---|
| 借：银行存款 | 2 180 | |
| 　　贷：其他业务收入 | | 2 000 |
| 　　　　应交税费——应交增值税（销项税额） | | 180 |

根据开具的车辆租金发票记账联和银行收款回单，账务处理为：

| | | |
|---|---|---|
| 借：银行存款 | 3 390 | |

贷：其他业务收入 3 000

应交税费——应交增值税（销项税额） 390

### （二）对外修车收入

运输公司的修理车间，除为本公司修车外，也可能对外提供修车服务，取得修理费收入，属于其他业务收入。

【例 15-9】四达运输公司修理车间为华电公司修车取得修理费收入 1 000 元、增值税 130 元，开具了增值税专用发票，款已转入本公司银行账户。

根据发票和银行收款回单，账务处理为：

借：银行存款 1 130

贷：其他业务收入 1 000

应交税费——应交增值税（销项税额） 130

## 二、其他业务成本的账务处理

其他业务成本是指为取得其他业务收入而发生的成本。下面就车辆、房屋出租业务和对外修车业务分别说明其会计处理方法。

### （一）车辆、房屋出租成本

车辆、房屋出租成本，就是其出租期间的折旧费，如承担修理责任，还应包括修理支出。

【例 15-10】依例 15-8，出租的门面房月折旧费为 500 元，出租的汽车月折旧费为 2 000 元。本月门面房水电修理支出现金 234 元，收到普通发票。

根据折旧计提表，账务处理为：

借：其他业务成本 2 500

贷：累计折旧 2 500

根据水电修理费发票和现金付出凭证，账务处理为：

借：其他业务成本 234

贷：库存现金 234

### （二）对外修车成本

对外修车成本，包括耗用配件、油料等材料的成本和人工成本。

**1. 耗用配件、油料等材料的成本**

【例 15-11】四达运输公司本月对外修车耗用 A 配件 1 000 元，B 配件 1 500 元，油料 200 元。

根据领料出库单，账务处理为：

借：其他业务成本 2 700

贷：原材料——A 配件 1 000

——B 配件 1 500

——油料 200

**2. 人工成本**

若公司有对外修理业务，则应将修理人员薪酬在对内和对外修理之间进行分配，将对外修理应分配的薪酬记入其他业务成本科目，将对内修理应分配的薪酬记入主营业务成本科目。

【例 15–12】四达运输公司本月修理人员工资为 12 000 元，对内修理工时为 1 000 小时，对外修理工时为 500 小时。

分配率 = $\frac{12\ 000}{1\ 000+500}$ =8（元 / 小时）

对内修理应分配人工成本 =1 000 × 8=8 000（元）

对外修理应分配人工成本 =500 × 8=4 000（元）

原始凭证见表 15–3。

**表 15–3 修理工人工资分配表**

| 产品 | 修理工时（小时） | 分配率（元 / 小时） | 应分配工资额（元） |
|---|---|---|---|
| 对内修理 | 1 000 | 8 | 8 000 |
| 对外修理 | 500 | 8 | 4 000 |
| 合计 | 1 500 | 8 | 12 000 |

账务处理为：

借：主营业务成本 8 000

其他业务成本 4 000

贷：应付职工薪酬——工资 12 000

# 练习题

**根据原始凭证信息，作出八方汽车运输公司（一般纳税人）下列经济业务的账务处理。**

（1）运费发票记账联：付款单位双河公司，运费 1 000 元，增值税 90 元。

银行收款回单：付款人双河公司，金额 1 090 元。

（2）运费发票记账联：运费 200 元，增值税 18 元。

银行收款回单：收到包车费 218 元。

（3）本月工资结算表：营运人员工资共计 20 000 元，管理人员工资共计 5 000 元。

职工福利费、职工教育经费、社会保险费计提表：按工资额的 14% 计提职工福利费，按 2.5% 计提职工教育经费，按 30% 计提社会保险费。

（4）折旧计提表：自用车辆、车库折旧费 8 000 元，租出客车折旧费 1 000 元，管理用固定资产折旧费 800 元。

（5）增值税专用发票：车辆保险费 10 000 元，增值税 600 元。

银行付款回单：车辆保险费，金额 10 600 元。

（6）加油费、过路费、过桥费、司机差旅费、修理费和交通违章罚款等发票（普通）、收据、报销单（50 张）：共计 2 000 元。

银行付款回单：付加油费、过路费、过桥费、司机差旅费、修理费、违章罚款等 2 000 元。

（7）收款收据：收八方汽车运输公司事故赔偿款 1 000 元。

银行付款回单：付事故赔偿款 1 000 元。

（8）保险公司理赔单：事故理赔 800 元。

银行收款回单：付款人保险公司，金额 800 元。

（9）租金发票记账联：付款单位天河旅行社，客车租金 3 000 元，增值税 390 元。

银行收款回单：付款人天河旅行社，客车租金，金额 3 390 元。

（10）客运售票收入日报：收入总额 11 000 元。

银行收款回单：票款 11 000 元。

# 第十六章

# 建筑施工企业的会计核算

会计从业人员应当坚持诚信，守法奉公。牢固树立诚信理念，以诚立身、以信立业，严于律己、心存敬畏。学法知法守法，公私分明、克己奉公，树立良好职业形象，维护会计行业声誉。

建筑施工企业，如建筑公司、设备安装公司、工程公司（路桥工程、水电工程）、建设公司等，适用于上述企业的会计即为建筑施工企业会计。

建筑施工企业属生产企业，与工业企业有类似之处。但与工业企业不同的是，建筑施工企业是提供建筑劳务，不生产实物商品，没有销售业务；并且生产周期长，通常在 1 年以上；建筑施工企业的会计核算，除成本、收入的核算，其余业务核算与工业企业相同，因此本章只介绍建筑施工企业的成本、收入的核算，其余业务核算不再重复介绍。本章只讲述一般纳税人的核算方法。

建筑施工企业的会计核算可分为总公司一级核算和项目部（工程处）二级核算，本章只介绍项目部（工程处）二级核算的方法。

# 第一节　工程成本核算的账务处理

## 一、工程成本的内容

工程成本的内容也就是工程成本项目，包括以下五个项目。

**1. 人工费**

人工费是指工程施工的直接人工费用，包括施工人员的工资、职工福利费、社会保险费、职工教育经费等职工薪酬。

**2. 材料费**

材料费是指用于工程的直接材料费用，包括建筑材料、结构件、预制件、水电材料等。如果为清包工工程（包工不包料），施工企业不提供材料而由建设单位自购材料，则工程成本中没有材料成本，或只有少量辅助材料成本。

**3. 机械使用费**

机械使用费是指施工过程中使用施工机械的费用。

**4. 其他直接费**

其他直接费是指除人工费、材料费、机械使用费之外的工程直接费用，包括工具用具使用费（租赁费）、检验试验费、场地清理费、材料二次搬运费、分包工程费等。

**5. 间接费用**

间接费用是指工程处或项目经理部为组织管理工程生产而发生的费用向工程项目分配的部分。

## 二、工程成本核算的科目设置

### （一）工程施工

工程施工科目，用于核算工程成本。发生工程成本记入借方，按完工进度结转已完工程成本时记入贷方，余额代表未完工程的成本。工程施工总账科目下设合同成本、间接费用两个二级科目。

1. **工程施工——合同成本**

合同成本下面按工程项目设明细科目，作为成本计算对象。采用多栏式明细账，按成本项目设专栏。

2. **工程施工——间接费用**

该二级科目用来归集工程处或项目经理部为组织工程施工发生的费用，包括工程处或项目经理部的管理人员和技术人员薪酬、办公费、差旅费、劳动保护费、固定资产折旧费等。月末按一定标准向本工程处或项目部所施工的各项工程分配。

### （二）机械作业

该科目用来归集自设机械站的工程机械作业成本，包括施工机械折旧费、油料费、修理费、驾驶员工资薪酬等。月末向各受益工程分配。

## 三、人工费用的计算和账务处理

人工费用的账务处理为：

借：工程施工——合同成本——甲工程（人工费）

——乙工程（人工费）

——……

——间接费用

贷：应付职工薪酬——工资

——职工福利费

——社会保险费

——职工教育经费

【例 16–1】中大建筑公司第二工程处某月职工工资及相关费用计提表见表 16–1。

表 16–1　工资及三项费用计提表

20××　年×　月　　　　单位：元

| 职工类别 | | 工资 | 福利费（14%） | 社会保险费（30%） | 教育经费（2.5%） | 合计 |
|---|---|---|---|---|---|---|
| 工人 | 甲工程 | 100 000 | 14 000 | 30 000 | 2 500 | 146 500 |
| | 乙工程 | 80 000 | 11 200 | 24 000 | 2 000 | 117 200 |
| 管理人员和技术人员 | | 30 000 | 4 200 | 9 000 | 750 | 43 950 |
| 合计 | | 210 000 | 29 400 | 63 000 | 5 250 | 307 650 |

根据工资结算表和表 16–1，账务处理为：

借：工程施工——合同成本——甲工程（人工费）　　146 500

——乙工程（人工费）　　117 200

——间接费用　　43 950

贷：应付职工薪酬——工资　　210 000

——职工福利费　　29 400

——社会保险费　　63 000

——职工教育经费　　5 250

## 四、材料费用的计算和账务处理

### （一）购入工程材料账务处理

购入工程材料按买价加运杂费入账，根据购货发票、收料单和银行付款回单，账务处理为：

借：原材料——品名

应交税费——应交增值税（进项税额）

贷：银行存款（或应付账款）

### （二）耗用工程材料的核算

耗用工程材料的账务处理为：

借：工程施工——合同成本——甲工程（材料费）

——乙工程（材料费）

……

贷：原材料——A 材料

——B 材料

……

【例 16-2】中大建筑公司第二工程处本月工程材料耗用汇总表见表 16-2。

**表 16-2　工程材料耗用汇总表**

20×× 年 × 月

| 用途 | 水泥 | | | 砖 | | | 黄沙 | | | 金额合计 |
|---|---|---|---|---|---|---|---|---|---|---|
| | 数量（吨） | 单价 /（元 / 吨） | 金额（元） | 数量（块） | 单价 /（元 / 块） | 金额（元） | 数量（立方米） | 单价 /（元 / 立方米） | 金额（元） | |
| 甲工程 | 300 | 400 | 120 000 | 800 | 100 | 80 000 | 500 | 5 | 2 500 | 202 500 |
| 乙工程 | 200 | 400 | 80 000 | 700 | 100 | 70 000 | 400 | 5 | 2 000 | 152 000 |
| 合计 | 500 | — | 200 000 | 1 500 | — | 150 000 | 900 | — | 4 500 | 354 500 |

根据表 16-2，账务处理如下：

借：工程施工——合同成本——甲工程（材料费）　　202 500

——乙工程（材料费）　　152 000

贷：原材料——水泥　　200 000

——砖　　150 000

——黄沙　　4 500

清包工工程没有材料费用或只有少量的辅助材料费用。

还有一种甲供材工程形式，即由甲方（建设单位）提供全部或部分材料的工程，这种工程形式建造合同中包含材料价值，建设单位交来材料时抵作支付工程款处理。施工单位按预收工程款处理，将来抵减应收工程款。施工单位收到建设单位交来的材料时，账务处理为：

借：原材料——名称

应交税费——应交增值税（进项税额）

贷：预收账款——建设单位

## 五、机械使用费的计算和账务处理

机械使用费是指建筑工程使用工程机械的费用。可有以下两种情况。

### （一）支付外部机械施工费

支付外部机械施工费即雇用外单位工程机械进行施工，付给施工费。根据施工费发票和银行付款回单，账务处理为：

借：工程施工——合同成本——某工程（机械使用费）

应交税费——应交增值税（进项税额）

贷：银行存款

### （二）自设机械站

若内部自设有机械站，则核算方法如下。

**1. 机械站发生机械作业成本**

（1）驾驶人员薪酬。

根据工资及有关费用计提表，账务处理为：

借：机械作业

贷：应付职工薪酬——工资

——职工福利费

——职工教育经费

——社会保险费

（2）工程机械折旧费。

根据折旧计提表，账务处理为：

借：机械作业

贷：累计折旧

（3）工程机械油料、修理备用件消耗。

根据领料单，账务处理为：

借：机械作业

贷：原材料——品名

（4）支付工程机械外部修理费及其他费用。

根据发票和银行付款回单，账务处理为：

借：机械作业

应交税费——应交增值税（进项税额）

贷：银行存款

**2. 按月向各项受益工程分配机械作业成本**

分配的计算方法为：

$$每台班（时）作业成本 = \frac{当月机械作业总成本}{当月作业台班（时）数}$$

$$某工程应分配机械作业成本 = 该工程当月使用机械台班（时）数 \times 每台班（时）作业成本$$

原始凭证为机械作业成本分配表。

【例 16-3】中大建筑公司第二工程处某月发生的机械作业总成本为 16 000 元，分配表见表 16-3。

**表 16-3　机械作业成本分配表**

20×× 年 × 月

| 受益对象 | 使用机械台班（时）数（小时） | 分配率（元 / 小时） | 应分配作业成本（元） |
|---|---|---|---|
| 甲工程 | 100 | 80 | 8 000 |
| 乙工程 | 50 | 80 | 4 000 |
| 对外施工 | 50 | 80 | 4 000 |
| 合计 | 200 | 80 | 16 000 |

根据机械作业成本分配表，账务处理为：

借：工程施工——合同成本——甲工程（机械使用费）　8 000

——乙工程（机械使用费）　4 000

其他业务成本——对外机械作业　4 000

贷：机械作业　16 000

## 六、其他直接费的账务处理

### （一）支付工具租赁费、检验试验费、场地清理费、材料二次搬运费、分包工程费等

根据发票和银行付款回单，账务处理为：

借：工程施工——合同成本——某工程（其他直接费）

应交税费——应交增值税（进项税额）

贷：银行存款

### （二）自有工具用具（模板、脚手架等）摊销

领用工具用具时的账务处理为：

借：长期待摊费用——工具用具

  贷：周转材料——名称

按月摊销的账务处理为：

借：工程施工——合同成本——某工程（其他直接费）

  贷：长期待摊费用——工具用具

## 七、间接费用的计算和账务处理

### （一）发生间接费用

**1. 工程经理部管理人员、技术人员薪酬**

账务处理见“三、人工费用的计算和账务处理”。

**2. 工程经理部固定资产折旧**

根据折旧计提表，账务处理为：

借：工程施工——间接费用（工程经理部用固定资产折旧费）

  机械作业（机械站工程机械折旧费）

  贷：累计折旧

**3. 工程经理部水电费、保险费、办公费、差旅费等**

根据发票和银行付款回单，账务处理为：

借：工程施工——间接费用

  应交税费——应交增值税（进项税额）

  贷：银行存款（或库存现金）

### （二）按月向各项工程分配

一般可按工程直接费用分配。分配的计算方法为：

$$分配率 = \frac{间接费用总额}{各项工程直接费用总额}$$

某工程应分配间接费用 = 该工程直接费用额 × 分配率

【例 16-4】中大建筑公司第二工程处某月发生间接费用总额为 50 000 元，分配表见表 16-4。

根据表 16-4，账务处理为：

借：工程施工——合同成本——甲工程（间接费用）  30 000

——乙工程（间接费用）  20 000

  贷：工程施工——间接费用  50 000

表 16-4　间接费用分配表

20×× 年 × 月

| 受益对象 | 直接费用额（元） | 分配率 | 应分配间接费用（元） |
|---|---|---|---|
| 甲工程 | 600 000 | 0.05 | 30 000 |
| 乙工程 | 400 000 | 0.05 | 20 000 |
| 合计 | 1 000 000 | 0.05 | 50 000 |

# 第二节　主营业务收入和主营业务成本的核算

由于施工企业的生产周期长，按照权责发生制，不能等到工程完工才确认收入。因此，主营业务收入和相配比的主营业务成本的确认一般采用完工百分比法，即按完成工程进度的百分比分阶段确认主营业务收入和主营业务成本。

## 一、主营业务收入和主营业务成本确认及收取工程款的账务处理

### （一）完工百分比的计算

按完工百分比法确认主营业务收入和主营业务成本的计算方法如下：

$$\text{累计完工百分比} = \frac{\text{累计发生的工程成本}}{\text{工程合同预算总成本}} \times 100\%$$

$$\text{或} = \frac{\text{累计完成工程量}}{\text{总工程量}} \times 100\%$$

### （二）主营业务收入和主营业务成本的确认和工程款的账务处理

本阶段应确认的收入 = 合同总收入 ×（本阶段累计完工百分比 - 上阶段累计完工百分比）

本阶段应确认的成本 = 合同预算总成本 ×（本阶段累计完工百分比 - 上阶段累计完工百分比）

工程最后阶段应确认的收入和成本计算方法为：

工程最后阶段应确认的收入 = 合同总收入 - 累计已确认的收入

工程最后阶段应确认的成本 = 实际总成本 - 累计已确认的成本

合同收入是指不含增值税的收入。

工程阶段是指按建筑合同规定的时间阶段，如基础工程阶段、主体工程阶段、水电安

装阶段等。在每阶段结束时，按上式计算确认主营业务收入和主营业务成本，同时施工单位应根据向建设单位按合同规定应收的工程款开出增值税专用发票，收取工程款。合同规定各阶段应收的工程款与相应确认的收入可能存在一定差异，到工程完工时差异将抵销为0。

根据本阶段应确认的收入和成本，账务处理为：

借：应收账款——建设单位名称

　　贷：主营业务收入（确认的收入）

借：主营业务成本（应确认的成本）

　　贷：工程施工——合同成本——某工程

根据发票，收取工程款时，账务处理为：

借：银行存款

　　贷：应收账款——建设单位名称（发票工程款金额）

　　　　应交税费——应交增值税（销项税额）（发票增值税）

如果预收工程款时，账务处理为：

借：银行存款

　　贷：预收账款——建设单位名称（预收款金额）

结算工程款时，预收账款抵应收工程款的账务处理为：

借：银行存款（收余款）

　　预收账款——建设单位名称（已预收的工程款）

　　贷：应收账款——建设单位名称（发票价款）

　　　　应交税费——应交增值税（销项税额）（增值税）

【例 16-5】中大建筑公司第二工程处承建了供电局一住宅楼的建造工程，合同总价款 1 000 万元（不含增值税），预算工程总成本 800 万元。工期 3 年，基础工程完工时累计发生工程成本 300 万元，主体工程完工时累计发生工程成本 600 万元，工程竣工时累计发生工程成本 795 万元。按工程成本确定完工进度百分比。适用增值税税率为 9%。

基础工程结束时：完工百分比 =300/800 × 100%=37.5%

应确认的收入 =（37.5%–0）× 1 000=375（万元）

应确认的成本 =（37.5%–0）× 800=300（万元）

根据以上计算，账务处理为：

| | | |
|---|---|---|
| 借：应收账款——供电局 | 3 750 000 | |
| 　　贷：主营业务收入 | | 3 750 000 |
| 借：主营业务成本 | 3 000 000 | |
| 　　贷：工程施工——合同成本——供电局住宅楼 | | 3 000 000 |

此时按合同规定开出增值税专用发票，工程款 3 750 000 元，增值税 337 500 元。

根据发票，收取工程款时，账务处理为：

借：银行存款　　4 087 500

　　贷：应收账款——供电局　　3 750 000

　　　　应交税费——应交增值税（销项税额）　　337 500

主体工程结束时：完工百分比 =600/800 × 100%=75%

应确认的收入 =（75%−37.5%）× 1 000=375（万元）

应确认的成本 =（75%−37.5%）× 800=300（万元）

根据以上计算单，账务处理为：

借：应收账款——供电局　　3 750 000

　　贷：主营业务收入　　3 750 000

借：主营业务成本　　3 000 000

　　贷：工程施工——合同成本——供电局住宅楼　　3 000 000

此时按合同规定时点开出增值税专用发票，工程款 3 700 000 元，增值税 333 000 元。

根据发票，收取工程款时，账务处理为：

借：银行存款　　4 033 000

　　贷：应收账款——供电局　　3 700 000

　　　　应交税费——应交增值税（销项税额）　　333 000

水电工程完工（竣工）时：

应确认的收入 =1 000−（375 + 375）=250（万元）

应确认的成本 =795−（300 + 300）=195（万元）

账务处理为：

借：应收账款——供电局　　2 500 000

　　贷：主营业务收入　　2 500 000

借：主营业务成本　　1 950 000

　　贷：工程施工——合同成本——供电局住宅楼　　1 950 000

此时按合同规定竣工时，应收的工程款，开出增值税专用发票，金额 2 550 000 元，增值税 229 500 元。

根据发票，收取工程款时，账务处理为：

借：银行存款　　2 779 500

　　贷：应收账款——供电局　　2 550 000

　　　　应交税费——应交增值税（销项税额）　　229 500

## 二、应交增值税的计算和账务处理

应交增值税的计算和账务处理与工业企业相同，但有以下两种特殊情况。

### （一）在外县市承包工程的

施工企业在外县市承包工程的，需在工程所在地预缴增值税，再回企业所在地正常纳税，预缴的增值税在企业所在地申报应缴增值税中扣除。

预缴增值税的计算方法为：

应预缴增值税 =［开票并收取的工程款（含税）/（1+ 适用税率）］× 预征率

预缴增值税的账务处理为：

借：应交税费——应交增值税（已交税金）

　　贷：银行存款

在施工单位所在地应缴增值税 = 工程应缴全部增值税 - 已预缴增值税

### （二）清包工工程和甲供材工程

在清包工建筑工程和甲供材工程下，施工企业可以选择简易计税方法缴纳增值税，不抵扣进项税额，有关增值税的计算和账务处理与小规模纳税人类同。

计税方法为：

应缴增值税 =［收取的工程价款 /（1+ 征收率）］× 征收率

分离增值税、调整主营业务收入的账务处理为：

借：主营业务收入（计算的应交增值税）

　　贷：应交税费——应交增值税

缴纳增值税的账务处理为：

借：应交税费——应交增值税

　　贷：银行存款

# 第三节　其他业务收支的账务处理

施工企业的其他经营业务，主要有自设机械站对外机械作业、施工设备和工具对外租赁等。其他经营业务在取得收入的同时，应负担相应的成本。

## 一、对外机械作业收支的账务处理

自设机械站的施工机械除为内部工程服务，也可以对外作业，取得收入，同时应负担作业成本。

### （一）取得对外作业收入的账务处理

取得对外作业收入时，根据发票记账联和收款凭证，账务处理为：

借：银行存款

贷：其他业务收入——对外机械作业

应交税费——应交增值税（销项税额）

### （二）分担机械作业成本的账务处理

月末，要将机械作业成本在内部工程项目和对外作业之间进行分配，根据机械作业成本分配表，按照对外作业应负担的金额，账务处理为：

借：其他业务成本——对外机械作业

贷：机械作业

（参见本章第一节“工程成本核算的账务处理”中“机械使用费的计算和账务处理”部分）

## 二、设备和工具租赁业务收支的账务处理

设备和工具租赁，如模板、脚手架、施工设备出租，在取得租金收入的同时，要承担相应的折旧或摊销费用。

### （一）取得租金收入的账务处理

取得租金收入时，根据发票记账联和收款凭证，账务处理为：

借：银行存款

贷：其他业务收入——设备工具租赁

应交税费——应交增值税（销项税额）

### （二）出租的工具摊销或设备折旧

根据工具摊销或设备折旧计算表中出租的工具或设备应承担的金额，账务处理为：

借：其他业务成本——设备工具租赁

贷：长期待摊费用或累计折旧

# 练习题

**根据原始凭证信息，作出华夏建筑公司某工程经理部下列经济业务的账务处理：**

20×× 年 5 月承建机电学校一住宅楼工程，合同总价款 3 000 000 元，预算总成本 2 000 000 元。

（1）银行收款回单：付款人机电学校，预收工程款 600 000 元。

（2）第一期完工时，累计发生工程成本 1 200 000 元。按完工进度确认主营业务收入和主营业务成本。

（3）机电学校住宅楼工程款结算单：第一期工程款 1 600 000 元。

增值税专用发票：购买方机电学校，工程款 1 600 000 元，增值税 144 000 元。

银行收款回单：付款人机电学校，工程款 1 744 000 元。

（4）增值税专用发票：购货方华夏建筑公司，水泥，金额 500 000 元，增值税 65 000 元。

入库单：水泥，20 吨，金额 500 000 元。

银行付款回单：付款人华夏建筑公司，金额 565 000 元。

（5）增值税专用发票：购买方华夏建筑公司，挖掘机施工费 3 000 元，增值税 270 元。（用于机电学校住宅楼工程）

银行付款回单：挖掘机施工费 3 270 元。

（6）增值税专用发票：购买方华夏建筑公司，模板租赁费 5 000 元，增值税 650 元。（用于机电学校住宅楼工程）

银行付款回单：付款方华夏建筑公司，模板租赁费 5 650 元。

（7）机电学校住宅楼工程材料耗用汇总表：水泥 100 000 元，砖 20 000 元，钢筋 80 000 元。

（8）工资结算单：机电学校住宅楼工程工人工资 250 000 元，技术学院办公楼工程工人工资 200 000 元，工程经理部管理人员、技术人员工资 50 000 元。

（9）固定资产折旧计提表：工程经理部搅拌机、卷扬机、办公设备折旧费合计 20 000 元。

（10）间接费用分配表：机电学校住宅楼工程应分配 40 000 元，技术学院办公楼工程应分配 30 000 元。

（11）机电学校住宅楼工程完工，该工程实际累计发生工程成本 1 900 000 元，确认该工程主营业务收入和主营业务成本。

（12）机电学校住宅楼工程款结算单：第二期工程款 1 400 000 元。

增值税专用发票：购买方机电学校，工程款 1 400 000 元，增值税 126 000 元。

银行收款回单：付款人机电学校，工程款 1 526 000 元。

# 第十七章

## 房地产开发企业的会计核算

会计从业人员应当坚持准则，守责敬业。严格执行准则制度，保证会计信息真实完整。勤勉尽责、爱岗敬业，忠于职守、敢于斗争，自觉抵制会计造假行为，维护国家财经纪律和经济秩序。

房地产开发企业就是从事房屋、土地产品生产开发的企业。其经营业务包括：土地开发经营、房屋开发经营、城市基础设施和公共配套设施开发建设和代建工程开发。

房地产开发企业的产品为房屋、土地，其生产经营类似于工业企业，只是生产周期长，产品为不动产。房地产开发企业会计核算和工业企业相似，除成本、收入的核算有所不同，其他经济业务的核算与工业企业相同。因此，本章主要介绍成本、收入的核算方法。本章仅讲述一般纳税人的核算方法。

# 第一节　房地产开发成本核算的账务处理

## 一、房地产开发成本的内容

房地产开发成本的内容包括以下几方面。

**1. 土地征用及拆迁补偿费**

包括征地费、耕地占用税、拆迁补偿费等。

**2. 前期工程费**

包括规划、设计、可行性研究、勘察、平整、给排水、供电、临时道路等支出。

**3. 基础设施费**

包括小区道路、供水、供电、供气、照明、绿化等建设费用。

**4. 建筑安装工程费**

即房屋的建造成本。

**5. 公共配套设施费**

如锅炉房、车棚、公厕、活动室等建设费用。

**6. 开发间接费用**

指生产管理机构的人员薪酬、折旧费、办公费等。

## 二、房屋开发成本核算的账务处理

房屋开发的形式有自营开发和出包开发两种。

### （一）自营开发

自营开发情况下开发成本核算的账务处理如下。

**1. 支付土地征用及拆迁补偿费的账务处理**

借：生产成本——某商品房项目

　　应交税费——应交增值税（进项税额）

　　贷：银行存款

如同时建设几个商品房项目，则分配计入各商品房项目的成本。

**2. 支付前期工程费和基础设施费的账务处理**

借：生产成本——某商品房项目

应交税费——应交增值税（进项税额）

贷：银行存款（或应付账款）

如同时建设几个商品房项目，则分配计入各商品房项目的成本。

**3. 耗用工程材料、物资的账务处理**

借：生产成本——某商品房项目

贷：原材料——品名

**4. 结算施工人员薪酬的账务处理**

借：生产成本——甲商品房项目

——乙商品房项目

……

贷：应付职工薪酬——工资

——职工福利费

——社会保险费

——职工教育经费

**5. 施工工具用具价值摊销的账务处理**

借：生产成本——某商品房项目

贷：长期待摊费用——工具用具摊销

**6. 支付其他建造直接费用（如机械使用费、检验试验费、场地清理费、二次搬运费、分包工程费等）的账务处理**

借：生产成本——某商品房项目

应交税费——应交增值税（进项税额）

贷：银行存款（或库存现金）

**7. 分配公共配套设施费的账务处理**

（1）发生公共配套设施建设费用。

①耗用材料。

借：生产成本——配套设施

贷：原材料——品名

②结算施工人员薪酬。

借：生产成本——配套设施

贷：应付职工薪酬——工资等

③支付其他费用。

借：生产成本——配套设施

应交税费——应交增值税（进项税额）

贷：银行存款（或库存现金）

（2）向受益房屋分配公共配套设施费。

可采用建筑面积等标准进行分配，分配方法和分配表的格式与第十六章中间接费用分配类同。

借：生产成本——甲商品房项目

——乙商品房项目

……

贷：生产成本——配套设施

**8. 分配间接费用的账务处理**

间接费用发生的核算在本节“四、间接费用的核算”中讲述。

分配的方法与第十六章中间接费用分配类同。

借：生产成本——甲商品房项目

——乙商品房项目

——……

贷：生产成本——间接费用

**9. 工程完工结转商品房成本的账务处理**

根据完工商品房成本结算单，账务处理为：

借：库存商品——某商品房

贷：生产成本——某商品房项目

【例 17-1】某开发商建造的甲商品楼完工，根据生产成本明细账户记录编制的产品成本结算单见表 17-1。

**表 17-1 产品成本结算单**

开发产品名称：甲商品楼　　　　单位：元

| 成本项目 | 金额 |
|---|---|
| 土地征用及拆迁补偿费 | 500 000 |
| 前期工程费 | 100 000 |
| 基础设施费 | 200 000 |
| 建筑安装工程费 | 8 000 000 |
| 公共配套设施费 | 100 000 |
| 间接费用 | 50 000 |
| 合 计 | 8 950 000 |

根据产品成本结算单，账务处理为：

借：库存商品——甲商品楼　　　　8 950 000

　　贷：生产成本——甲商品楼　　　　8 950 000

### （二）出包开发

出包开发情况下开发成本核算的账务处理如下。

**1. 土地征用及拆迁补偿费的账务处理**

账务处理同自营开发。

**2. 前期工程费和基础设施费的账务处理**

账务处理同自营开发。

**3. 支付施工单位工程款的账务处理**

借：生产成本——某商品房项目

　　应交税费——应交增值税（进项税额）

　　贷：银行存款

**4. 将自购工程材料、物资交付施工单位的账务处理**

借：生产成本——某商品房项目

　　贷：原材料——品名

**5. 分配公共配套设施费的账务处理**

账务处理同自营开发。

**6. 分配间接费用的账务处理**

账务处理同自营开发。

**7. 工程完工结转商品房成本的账务处理**

账务处理同自营开发。

## 三、土地开发成本核算的账务处理

作为建造房屋的自用土地开发成本，计入房屋开发成本。土地开发成本是指用作销售的土地开发成本。

### （一）支付土地征用及拆迁补偿费、前期工程费等的账务处理

借：生产成本——某土地

　　应交税费——应交增值税（进项税额）

　　贷：银行存款或应付账款

### （二）结算人工费的账务处理

借：生产成本——某土地

　　贷：应付职工薪酬——工资等

### （三）分配间接费用的账务处理

借：生产成本——某土地

——某房屋

贷：生产成本——间接费用

### （四）开发完工结转土地开发成本的账务处理

根据完工土地成本结算单（格式同表 17-1），账务处理为：

借：库存商品——某土地

贷：生产成本——某土地

## 四、间接费用的核算

间接费用包括生产管理人员、技术人员薪酬，生产管理机构办公费、差旅费、通信费，生产用固定资产折旧费等。

### （一）发生间接费用的账务处理

**1. 结算生产管理人员、技术人员薪酬**

借：生产成本——间接费用

贷：应付职工薪酬——工资

——职工福利费

——社会保险费

——职工教育经费

**2. 计提生产用固定资产折旧费**

借：生产成本——间接费用

贷：累计折旧

**3. 支付生产管理机构办公费、差旅费、通信费等费用**

借：生产成本——间接费用

贷：银行存款（或库存现金）

### （二）按月向各项开发产品分配间接费用

分配的方法与第十六章中间接费用分配类同。根据间接费用分配表，账务处理为：

借：生产成本——甲商品房

——乙商品房

……

——甲土地

——乙土地

……

贷：生产成本——间接费用

# 第二节　营业收入和营业成本的账务处理

房地产开发企业的营业收入包括房地产销售收入和出租收入两种。房地产销售收入为主营业务收入；房地产出租收入属于租赁业务收入，为其他业务收入。相应配比的营业成本也不同，房地产销售为房地产的开发成本，房地产出租为房地产的折旧或摊销成本及维修成本。

## 一、房地产销售的账务处理

### （一）一次性收款、开具发票的销售

**1. 取得销售收入的账务处理**

借：银行存款（含税销售收入）

　　贷：主营业务收入（不含税销售收入）

　　　　应交税费——应交增值税（销项税额）

销项税额 =［（销售收入 – 当期允许扣除的土地价款）/（1+ 适用税率）］× 适用税率

当期允许扣除的土地价款 = 当期销售的房地产用地面积 / 可供销售的用地总面积 × 支付的土地价款

**2. 结转销售成本的账务处理**

借：主营业务成本

　　贷：库存商品——某商品房或某土地

【例 17–2】某开发商本月销售甲商品房 1 000 平方米，已收销售价款 5 000 000 元，发票已开。甲商品房用地面积 500 平方米，该开发项目总用地面积为 10 000 平方米，支付的土地价款为 2 000 万元。每平方米开发成本为 3 500 元。

当期允许扣除的土地价款 =500/10 000 × 20 000 000=1 000 000（元）

销项税额 =［（5 000 000–1 000 000）/（1+9%）］× 9%≈330 275.23（元）

主营业务收入 =5 000 000–330 275.23=4 669 724.77（元）

主营业务成本 =1 000 × 3 500=3 500 000（元）

账务处理为：

借：银行存款　　5 000 000

　　贷：主营业务收入　　4 669 724.77

　　　　应交税费——应交增值税（销项税额）　　330 275.23

借：主营业务成本　　3 500 000

　　贷：库存商品——甲商品房　　3 500 000

### （二）预收款销售

**1. 预收款的账务处理**

预收款销售，即预售。包括买主交来的首付款和买主借款银行转来的房贷款。

借：银行存款

　　贷：预收账款——买主

**2. 收到预收款时，应预缴增值税**

计算方法为：

$$应预缴增值税 = 预收款 /（1+ 适用税率）\times 预征率$$

账务处理为：

借：应交税费——应交增值税（已交税金）

　　贷：银行存款

预缴的增值税，从销售应交增值税中扣除。

**3. 交付商品房，开具发票时的账务处理**

借：预收账款——买主

　　贷：主营业务收入（不含税销售收入）

　　　　应交税费——应交增值税（销项税额）

销项税额的计算与上述相同。

**4. 结转销售成本**

借：主营业务成本

　　贷：库存商品——某商品房

### （三）分期收款销售

**1. 交付房地产的账务处理**

借：分期收款商品——某商品房或某土地

　　贷：库存商品——某商品房或某土地

**2. 按合同约定日期开出发票收款的账务处理**

（1）按收款比例确认收入和销项税额。

借：银行存款

贷：主营业务收入

应交税费——应交增值税（销项税额）

（2）同时按收款比例结转销售成本。

借：主营业务成本

贷：分期收款商品——某商品房或某土地

【例 17-3】某商品房实行分期收款销售，销售合同总价款为 20 000 000 元，按规定计算的销项税额为 1 651 376.15 元，该商品房总成本为 15 000 000 元。按合同约定，第一期收到销售款的 50%。

账务处理为：

| | | |
|---|---|---|
| 借：银行存款 | 10 000 000 | |
| 贷：主营业务收入 | | 9 174 311.93 |
| 应交税费——应交增值税（销项税额） | | 825 688.07 |
| 借：主营业务成本 | 7 500 000 | |
| 贷：分期收款商品——某商品房 | | 7 500 000 |

## 二、房地产出租的账务处理

### （一）将用作销售的房地产转为出租用的账务处理

借：投资性房地产——某出租房地产

贷：库存商品——某房地产

### （二）取得租金收入的账务处理

借：银行存款（或应收账款）

贷：其他业务收入

应交税费——应交增值税（销项税额）

### （三）按月计提出租房地产折旧或摊销出租房地产成本的账务处理

借：其他业务成本

贷：投资性房地产累计折旧（或累计摊销）

### （四）发生出租房地产维修费的账务处理

**1. 耗用维修材料**

借：其他业务成本

贷：原材料——品名

**2. 支付其他维修费**

借：其他业务成本

应交税费——应交增值税（进项税额）

贷：银行存款

## 三、应交增值税和土地增值税的计算和账务处理

### （一）应交增值税

应交增值税计算方法为：

本期销售应交增值税 = 销项税额 − 进项税额 − 预收款已预交增值税

缴纳增值税账务处理为：

借：应交税费——应交增值税（已交税金）

　　贷：银行存款

### （二）应交土地增值税

应交土地增值税计算方法为：

应交土地增值税 = 土地增值额 × 适用最高级次税率 − 扣除项目金额 × 该级次速算扣除系数

账务处理为：

借：税金及附加

　　贷：应交税费——应交土地增值税

房地产开发企业代建工程的核算参照建筑施工企业的核算方法。

# 练习题

**某房地产开发公司开发建设商品楼甲、乙、丙，均采用出包方式施工，各项费用按占地面积分配。商品楼甲、乙、丙实际使用土地面积分别占** 40%、25%、35%。

**发生相关经济业务如下，作出相应的账务处理。**

（1）以银行存款支付土地征用费 4 500 000 元。

（2）支付前期工程费共计 400 000 元，增值税 36 000 元。

（3）房屋开发支付场地基础设施费 2 000 000 元，增值税 180 000 元。

（4）预付施工单位工程款 5 000 000 元。

（5）工程完工结算，应付施工单位工程发票总价款为 9 600 000 元，增值税 864 000 元，支付剩余工程款。

（6）与房屋建设同步建设的非营业性公共配套设施已竣工，共支付价款 800 000 元，增值税 72 000 元。

（7）分配开发间接费用 400 000 元。

（8）各商品楼工程均已竣工验收，结转已完工商品楼成本。

（9）销售甲商品楼总收入（含税）10 000 000 元，发票已开，款项已收。同时结转该楼销售成本。

（10）以分期收款方式售出乙商品楼，总价款（含税）10 000 000 元。按 30% 收到首付款 3 000 000 元，发票已开，款项已收。同时结转相应的销售成本。

（11）将丙商品楼转作出租用。

（12）收到某月丙商品楼租金 500 000 元（含税），发票已开，款项已收。丙商品楼按 30 年折旧，预计残值为 10%。

# 第十八章

## 物业管理企业的会计核算

会计人员应当坚持学习，守正创新。始终秉持专业精神，勤于学习、锐意进取，持续提升会计专业能力。不断适应新形势新要求，与时俱进、开拓创新，努力推动会计事业高质量发展。

## 一、物业管理主营业务收入的核算

物业管理企业的主营业务收入为向业主收取物业费、电梯费、垃圾费等。

因为物业收费主要是面向个人，收入为含税收入，于是账务处理需要换算。物业管理服务适用增值税税率为6%。

根据银行收款回单，账务处理为：

借：银行存款（含税收入）

贷：主营业务收入［含税收入/（1+6%）］

应交税费——应交增值税（销项税额=主营业务收入 ×6%）

## 二、物业管理成本、费用的核算

物业管理成本主要包括人工费、维修费、水电费、办公费、固定资产折旧费、其他费用等。

### （一）人工费的核算

人工费包括物业管理人员、维修工、清洁工、保安人员等工作人员的薪酬。根据工资结算表，账务处理为：

借：管理费用（公司管理人员工资）

主营业务成本（其他人员工资）

贷：应付职工薪酬——工资（工资总额）

支付工资时，根据银行付款回单，账务处理为：

借：应付职工薪酬——工资（工资总额）

贷：应付职工薪酬——社会保险费（扣社会保险费）

银行存款（实发工资）

### （二）维修费的核算

维修费包括维修公共水电、公共设施的费用。

根据耗用材料出库单和维修费发票及银行付款回单，账务处理为：

借：主营业务成本

应交税费——应交增值税（进项税额）（外部维修费的增值税）

贷：原材料（耗用材料、配件）

银行存款（支付外部维修费）

### （三）水电费、办公费及其他费用的核算

水电费，包括公共区域照明用电、电梯用电、物业管理办公用电、门卫室用电、办公室用水、保洁用水、绿地灌溉用水等的费用。

办公费包括电话费、网费、办公用品费等。

其他费用包括垃圾清运费、小区绿化费、文体设施费、发电机用油费等。

根据发票和付款凭证，账务处理为：

借：管理费用（公司管理用）

　　主营业务成本（小区管理用）

　　应交税费——应交增值税（进项税额）

　　贷：银行存款或库存现金

### （四）固定资产折旧费的核算

固定资产折旧费，包括办公设备、办公家具、办公室空调、备用发电机等的折旧费。

根据固定资产计提折旧计提表，账务处理为：

借：管理费用（公司管理用固定资产折旧费）

　　主营业务成本（小区管理用固定资产折旧费）

　　贷：累计折旧

### （五）支付职工福利费

根据购买发票和银行付款回单，账务处理为：

借：管理费用（公司管理用）

　　主营业务成本（小区其他人员用）

　　应交税费——应交增值税（进项税额）

　　贷：银行存款或库存现金

### （六）缴纳职工社会保险费

根据缴费银行付款回单，账务处理为：

借：管理费用（单位支付公司管理人员部分）

　　主营业务成本（单位支付公司其他人员部分）

　　应付职工薪酬——社会保险费（个人支付部分）

　　贷：银行存款（缴费总额）

## 三、房屋设施大修的核算

水电设施、墙面、电梯等进行大修、更新时，需要动用商品房大修基金，动用大修基金的换算方法如下。

### （一）申请拨入大修基金的账务处理

借：银行存款

　　贷：专项应付款——某大修项目资金

### （二）支用大修基金进行大修或更新安装的账务处理

借：在建工程——某大修项目

　　贷：银行存款

### （三）大修完工后转销大修基金的账务处理

借：专项应付款——某大修项目资金

　　贷：在建工程——某大修项目

## 四、代收费用的核算

代收费用包括向业主收取的水费、电费、暖气费等。这些收费是代收费用，最后要交给自来水公司、电力局、热力公司，因此，不计入收入，而作为代收款项处理。

### （一）收取水费、电费、暖气费的核算

根据收款收据和银行收款回单，账务处理为：

借：银行存款

　　贷：其他应付款——自来水公司

　　　　　　　　——电力局

　　　　　　　　——热力公司

### （二）缴付水费、电费、暖气费的核算

根据缴费发票和银行付款回单，账务处理为：

借：其他应付款——自来水公司

　　　　　　——电力局

　　　　　　——热力公司

　　贷：银行存款

## 五、物业管理其他业务收入的核算

其他业务收入包括收取的停车费、广告费等。由于收取停车费、广告费等是物业管理公司的附营业务，因此，作为其他业务收入核算。根据收款凭证，账务处理为：

借：银行存款或库存现金

　　贷：其他业务收入

　　　　应交税费——应交增值税（销项税额）

以上是增值税一般纳税人的账务处理方法，小规模纳税人有关增值税的账务处理与以前各章类同。

其余经济业务的核算与一般工业企业相同。

# 练习题

**根据彩虹物业管理有限公司下列经纪业务的原始凭证，作出账务处理。**

（1）收费收据：物业管理费用 500 000 元，代收水费 50 000 元，代收暖气费 5 000 000 元。

银行收款回单合计：5 550 000 元，用途，物业收费。

（2）收水费收款收据：金额 50 000 元。收款方，自来水公司，付款方，彩虹物业管理公司。

供暖费收款收据：金额 5 000 000 元。收款方，热力公司，付款方，彩虹物业管理公司。

银行付款回单：金额 50 000 元，用途为水费。

银行付款回单：金额 5 000 000 元，用途为供暖费。

（3）工资结算表：公司管理人员工资 30 000 元，小区工作人员工资 200 000 元。

（4）工资发放表：应发工资 230 000 元，扣缴社会保险费 21 500 元，实发工资 208 500 元。

银行付款回单：金额 208 500 元，用途为发工资。

（5）社会保险费缴费明细表：单位缴费：公司管理人员 2 000 元，小区工作人员 30 000 元；个人缴费：共 21 500 元。

银行付款回单：总共金额 53 500 元。

（6）公共设施维修费发票：金额 2 000 元，增值税 260 元。

银行付款回单：金额 2 260 元。用途为维修费。

（7）购货发票：月饼 5 000 元，增值税 650 元。

银行付款回单：金额 5 650 元，用途为购买月饼。

月饼发放表：管理人员合计 1 000 元，小区工作人员合计 4 000 元。

（8）电费发票：公司管理电费 1 000 元，小区管理电费 2 000 元，增值税 390 元。

银行付款回单：金额 3 390 元。用途为电费。

（9）固定资产折旧计提表：公司管理用固定资产折旧费 300 元，小区管理用固定资产折旧费 1 000 元。

（10）银行收款回单：金额 113 000 元，用途为房屋大修基金。

（11）增值税专用发票：修理费 100 000 元，增值税 13 000 元。

银行付款回单：金额 113 000 元。用途为电梯大修。

（12）电梯大修费报告单：材料费 93 000 元，人工费 20 000 元。

（13）增值税专用发票：广告费 200 元，增值税 12 元。

银行收款回单：金额 212 元，用途为楼宇广告费。

# 附录　小企业会计科目表

| 序号 | 编号 | 会计科目名称 | 序号 | 编号 | 会计科目名称 |
| --- | --- | --- | --- | --- | --- |
| | | 一、资产类 | 30 | 1702 | 累计摊销 |
| 1 | 1001 | 库存现金 | 31 | 1801 | 长期待摊费用 |
| 2 | 1002 | 银行存款 | 32 | 1901 | 待处理财产损溢 |
| 3 | 1012 | 其他货币资金 | | | 二、负债类 |
| 4 | 1101 | 短期投资 | 33 | 2001 | 短期借款 |
| 5 | 1121 | 应收票据 | 34 | 2201 | 应付票据 |
| 6 | 1122 | 应收账款 | 35 | 2202 | 应付账款 |
| 7 | 1123 | 预付账款 | 36 | 2203 | 预收账款 |
| 8 | 1131 | 应收股利 | 37 | 2211 | 应付职工薪酬 |
| 9 | 1132 | 应收利息 | 38 | 2221 | 应交税费 |
| 10 | 1221 | 其他应收款 | 39 | 2231 | 应付利息 |
| 11 | 1401 | 材料采购 | 40 | 2232 | 应付利润 |
| 12 | 1402 | 在途物资 | 41 | 2241 | 其他应付款 |
| 13 | 1403 | 原材料 | 42 | 2401 | 递延收益 |
| 14 | 1404 | 材料成本差异 | 43 | 2501 | 长期借款 |
| 15 | 1405 | 库存商品 | 44 | 2701 | 长期应付款 |
| 16 | 1407 | 商品进销差价 | | | 三、所有者权益类 |
| 17 | 1408 | 委托加工物资 | 45 | 3001 | 实收资本 |
| 18 | 1411 | 周转材料 | 46 | 3002 | 资本公积 |
| 19 | 1421 | 消耗性生物资产 | 47 | 3101 | 盈余公积 |
| 20 | 1501 | 长期债券投资 | 48 | 3103 | 本年利润 |
| 21 | 1511 | 长期股权投资 | 49 | 3104 | 利润分配 |
| 22 | 1601 | 固定资产 | | | 四、成本类 |
| 23 | 1602 | 累计折旧 | 50 | 4001 | 生产成本 |
| 24 | 1604 | 在建工程 | 51 | 4101 | 制造费用 |
| 25 | 1605 | 工程物资 | 52 | 4301 | 研发支出 |
| 26 | 1606 | 固定资产清理 | 53 | 4401 | 工程施工 |
| 27 | 1621 | 生产性生物资产 | 54 | 4403 | 机械作业 |
| 28 | 1622 | 生产性生物资产累计折旧 | | | 五、损益类 |
| 29 | 1701 | 无形资产 | 55 | 5001 | 主营业务收入 |

续表

| 序号 | 编号 | 会计科目名称 | 序号 | 编号 | 会计科目名称 |
|---|---|---|---|---|---|
| 56 | 5051 | 其他业务收入 | 61 | 5403 | |
| 57 | 5111 | 投资收益 | 62 | 5601 | 销售费用 |
| 58 | 5301 | 营业外收入 | 63 | 5602 | 管理费用 |
| 59 | 5401 | 主营业务成本 | 64 | 5603 | 财务费用 |
| 60 | 5402 | 其他业务成本 | 65 | 5711 | 营业外支出 |

# 参考文献


[1] 中华人民共和国财政部关于印发《小企业会计准则》的通知 . 财会〔2011〕17 号 .

[2] 财政部会计资格评价中心 . 初级会计实务 [M]. 北京：中国财政经济出版社，2011.

[3]《中华人民共和国增值税法》(2024 年版).